제2판

# 현대생활과 보험

# Modern life & Insurance

도중권

도서출판 청람

# 머리말

산업의 발전은 우리를 편하고 풍요롭게 만들어 주는 반면에 우리에게 필요한 물적인 환경에 의해 '사고'라는 원하지 않는 불청객이 찾아와 인간을 파괴시키기도 한다.

사람은 태어나면서부터 여러 가지 종류의 불확실성을 겪으면서 살아가면서 한편으로는 안정에 대한 욕망을 계속적으로 추구하고 있다. 이러한 불확실성의 존재는 사람의 생활을 보다 흥미롭고 보람되게 만들고 있는 것이다. 미래에 발생하는 모든 일에 관하여 정확히 예측할 수가 있어서 모든 것이 확실성하에서 진행된다면 사람의 고민은 감소될지 모르나 삶에 대한 애착과 노력도 감소될 것이며 삶 자체가 생동감을 잃어버릴 것이다. 이러한 불확실성은 우리들의 생활을 활성화시키며 발전을 위한 필수적 여건이 되는 것이다.

그러나 불확실성의 존재는 사람에게 뜻하지 않은 고뇌와 불행을 가져다 주기도 한다. 예기치 못한 사고로 인한 손실의 불확실성은 가정을 곤경에 처하게 하고 파탄을 야기할 수 있으며 기업은 생존의 위협을 면할 수 없게 된다. 가정의 파탄과 기업의 파산은 개인적 문제인 동시에 사회적 문제로서 그 심각성이 매우 큰 것이다. 가정생활과 기업경영에 있어서 미래에 어떠한 곤경이 발생하며 그 결과가 어떻게 될지 모르는 불확실성을 항상 의식하고 산다는 것은 정신적 · 육체적으로 커다란 고통일 뿐만 아니라 생산적 활동에 대한 의욕을 상실하고 활동으로부터 얻는 만족도 감소하게 된다.

이와 같이 사람들은 지진 · 태풍 등의 천재지변, 질병 · 사망 등의 불의의 사고 그리고 기업의 도산이나 파산 등 수많은 위험에 노출되어 있기 때문에 옛날부터 동서양을 막론하고 이러한 위험에 대비하여 어떤 조치를 강구하여 두고 싶은 생각을 가져왔다.

우리는 살아가면서 이와 같은 수많은 위험에 직면하게 되고 때로는 그 위험을 간과하여 예상치 못한 손해를 입기도 한다. 하지만 위험이라는 것을 정확히 파악하고 슬기롭게 대처한다면 그것은 위험이 아닌 이익으로 돌아올 것이다. 그렇기 때문에 현 경제시장과 같은 상황 속에서는 위험의 예측과 대처가 무엇보다도 중요하다고 할 수 있다.

이러한 위험에 대처하기 위해서 등장한 것이 보험이다. 즉 보험은 사람이 고안한 제도 가운데 가장 유익한 것의 하나이며 위험을 관리하는 대표적 제도인 것이다. 우리 사회는 보험을 이용함으로써 이러한 위험의 문제를 매우 효과적으로 해결할 수 있게 된다.

어느 누구에게도 경제적으로 신세를 지기 어려운 현실에서 보험은 불운을 당한 사람에게는 천사와 같이 고마운 제도이다. 불확실성의 시대를 살고 있는 현대인들이 보험을 외면하고 일생을 살아가기란 매우 어려운 세태가 되고 있는 것이다.

따라서 현대를 살고 있는 우리들이 보험을 이해하고 또한 보험을 실생활에 적극적으로 유용하게 활용할 수 있도록 하기 위하여, 본 책은 가능한 한 보편적이면서도 알기 쉽게 쓰고자 노력하였다. 이를 위해서 우리나라 상법상의 분류에 따라 보험을 분류함으로써 현대인에게 필요한 가장 기본적인 내용을 체계적으로 다루었고, 보험에 대한 사례 및 판례 그리고 보험 상식 등을 수록함으로써 대학생은 물론이고 현대를 살아가는 일반인들도 보험에 관해 관심을 갖게 하여 보험에 관련된 일반적인 지식을 쉽게 습득할 수 있도록 노력하였다.

그리고 본 책은 수많은 보험들을 다 다룰 수가 없어 가장 기본이 되고 꼭 필요하다고 생각되는 우리나라 상법상의 보험 분류에 따라 구성하였다. 그래서 본 책은 제1부 보험의 기초, 제2부 손해보험, 제3부 인보험으로 구성함으로써, 보험을 이해하고자 하는 대학생 및 일반인들이 쉽게 그리고 체계적으로 접근할 수 있도록 하였다.

제1부 보험의 기초에서는 위험의 정의, 위험관리, 보험의 의의와 기본원리, 보험계약의 원리와 기본조건 및 보험에 관련된 기본적인 주요 내용들

을 다루었으며, 제2부 손해보험에서는 손해보험의 의의와 주요 개념, 화재보험, 운송보험, 해상보험, 책임보험, 자동차보험에 대한 각각의 담보위험과 면책위험 그리고 보험기간 등의 내용들을 설명하였다. 그리고 마지막으로 제3부 인보험에서는 생명보험과 상해보험에 대한 기본적인 내용들을 이해하기 쉽게 설명하였다.

그리고 각각의 장에 해당되는 내용의 사례 및 판례 그리고 보험 상식 등은 인터넷 사이트(fins.co.kr, instv.net, klia.or.kr, knia.or.kr, insi.co.kr, news.naver.com 등)를 통하여 가급적 최근의 사례 등을 저자가 임의로 수록하였음을 밝혀 둔다. 또한 상법을 비롯한 보험에 관련된 법들은 법제처(www.moleg.go.kr)의 법령 검색엔진을 통하여 가급적 최근의 법령을 인용하고자 하였다. 보험을 이해하는 데 많은 도움이 되었으면 하는 바람이다.

저자의 부족한 지식과 경험으로 인하여 내용에 있어서 미비한 점이 많이 있으리라 생각되며, 앞으로 독자들의 충고와 비판을 받아 더 알찬 내용으로 수정 · 보완해 나갈 것을 다짐한다.

끝으로 본 책이 간행되기까지 많은 조언과 격려를 해주신 여러 교수님들께 깊이 감사드리며, 특히 동료 교수님들의 따뜻한 격려와 후의에 대해 감사한 마음을 전하고자 한다. 그리고 본 책을 출판하고 편집하는 데 정성을 다해 주신 출판사 사장님과 편집부 직원 여러분께 감사를 드린다. 또한 저자가 본 책을 간행할 수 있도록 언제나 신뢰를 보내주었던 아내와 사랑하는 현정이와 경민이에게 감사한 마음으로 즐겁게 살아달라고 당부하고 싶다.

2014년 2월<br>강릉 내곡동 연구실에서<br>中山 도중권

# 차 | 례 |

## Part 01 | 보험의 기초

## Chapter 08 책임보험



## Chapter 09 자동차보험

PART 01

# 보험의 기초

| Chapter 01 |

# 위험과 위험관리

## 제1절 위험의 개념

### 1. 위험의 정의

위험(risk)이라는 용어는 보험에 있어서 불가결한 개념임과 동시에 중심적인 개념이기도 하다. "위험이 없으면, 보험도 없다(no risk, no insurance)"라는 격언은 이를 가장 극명하게 표현하고 있다고 할 수 있다. 과거 우리들의 조상들은 여러 가지 위험에 직면하여 이를 극복하기 위해 노력하여 왔다. 또한 오늘날 우리들을 둘러싸고 있는 생활환경을 관찰하여 보면, 우리들이 얼마나 다양한 위험에 노출되어 있는가를 쉽게 이해할 수 있다.

예를 들면, 가정생활에 있어서는 화재, 지진과 같은 재해를 입을 위험, 또는 도난, 사기와 같은 종류의 재난, 경제변동으로 야기되는 재산상의 손해와 같은 여러 가지 위험이 인간의 생활을 위협하고 있다. 또 기업에 있어서도 기업 내외에 다양한 위험이 있다. 제조업의 경우를 보더라도 생산공정 중에 발생하는 위험, 운송 도중에 발생하는 위험, 그리고 수요공급의 잘못된 예상 등의 위험이 도사리고 있다.

만약 이와 같은 위험에 대하여 우리들이 아무런 대책을 강구하지 않는다면 위험이 가계나 기업에 커다란 타격을 줄 것은 말할 필요도 없다. 인류의 역사는 이와 같은 위험과의 싸움의 역사이며 위험을 어떻게 극복해 나갈 것이냐라는 문제는 인류의 영원한 과제라 하여도 지나치지 않을 것이다.

위험이란 무엇인가에 관해서는 수많은 정의가 내려질 수 있으나, 위험은 어떤 불확실성(uncertainty)과 관련시켜서 생각할 수 있다. 불확실성이란 미래에 관해 예측이 확실하지 않은 상태를 말하는 것으로 만약 앞으로 일어날 일에 대해 100% 확신한다면 그것에 대해 완전 대비를 할 수 있고 위험이란 존재하지 않는다.

그런데 보험은 손실의 가능성만 존재하고 이익의 가능성은 존재하지 않는 순수위험을 대상으로 하게 되므로 보험학에서의 위험이란 손실발생의 불확실성 또는 우연한 사고발생의 가능성으로 정의할 수 있다.

손실발생의 불확실성으로 정의한 위험에 대한 예를 들어 보자. 자동차를 운전하는 사람들에게는 자동차사고로 인한 손실발생에 관한 불확실성이 존재하고, 담배를 피우는 사람에게는 흡연으로 인한 폐암발생에 관한 불확실성이 존재한다. 또한 새로운 분야로 사업을 확장하고자 하는 경영자에게는 새로운 분야로의 진출에 따른 사업실패에 관한 불확실성이 존재하게 된다.

보험계약을 체결하는 것은 일정한 위험, 즉 어떤 우연한 사고의 발생으로 손실을 입을 가능성이 있기 때문이다. 이러한 손실을 초래할 가능성이 곧 위험이며, 위험이 존재하지 않으면 보험은 존재하지 않는다.

"no Risk, no Insurance(위험이 없으면, 보험도 없다)"라고 하는 경우, 위험이란 이러한 사고발생의 가능성을 뜻한다. 따라서 위험이 존재한다는 것은 사고의 발생이 불확실한 것을 의미한다. 사고가 발생하지 않을 것이 확실하다거나 또는 사고의 발생이 확정적이라면 이미 위험은 존재하지 않으며, 위험이 없으면 보험도 성립되지 않는다.

## 2. 위험의 유사개념

손해발생의 불확실성 또는 우연한 사고발생의 가능성으로 정의할 수 있는 위험과 유사한 개념으로는 위태(hazard), 사고(peril) 등이 있다.

### 1) 위태

hazard(위태)란 사고발생에 영향을 미치는 사정, 상태, 조건, 요인, 환경을 의미한다. 즉, peril(사고)의 증가 혹은 원인이 되는 위험상태 혹은 위험사정을 말한다. 예를 들면 자동차 충돌의 원인이 되거나 혹은 사고를 유발시키는 결빙된 도로라든가, 비행기의 추락을 유발시키는 악천후, 화재를 유발시키는 건조한 산림 등이 이에 해당된다.

위태에는 물리적 위태, 도덕적 위태, 기강적 위태가 있다.

#### (1) 물리적 위태

물리적 위태(physical hazard)란 어떤 사고를 발생 또는 증가시키는 물리적 특성으로부터 오는 하나의 상태 또는 상황을 말한다. 즉 사고발생에 영향을 미치는 객관적이고 실체적인 물리적인 상태를 말한다. 예를 들면, 건물 내 다량의 휘발유 비치, 도로의 결빙, 교통시설의 미비, 자동차 브레이크의 결점, 산림의 건조 등이 있다.

#### (2) 도덕적 위태

도덕적 위태(moral hazard)는 사람의 고의, 부정직, 사기 등과 연관된 위험으로서 사람의 이러한 좋지 않은 정신적 또는 심리적 요인에 의해 위험을 발생시키거나 증가시키는 상태를 의미한다. 즉 사고발생에 영향을 미치는 개인의 주관적이고 고의적인 정신적 상태를 말한다. 예를 들면, 보험금을 노려 공장에 불을 지르는 행위, 보험금을 수취하기 위한 목적으로 한 살인(청부살인)행위, 이 외에도 이웃집에 화재가 발생하였음에도 불구하고 아무런 방재조치를 취하지 않거나 노상에 상품을 가득 쌓아 두고 그대로 방치하는 행위가 이에 속한다.

### (3) 기강적 위태

기강적 위태(morale hazard)란 사고발생에 영향을 미치는 개인의 무관심 또는 부주의를 말한다. 예를 들면, 자동차에 키를 그대로 두고 주차해 놓았다가 차를 도난당하거나, 침대에서 담배를 피우다 그대로 잠이 들어 화재가 발생하는 경우는 개인의 무관심 또는 부주의가 가져다주는 손실이라고 할 수 있다. 일반적으로 이러한 무관심과 부주의는 자기 자신의 재산이나 생명이 보험에 가입되었다고 안심하는 상태에서 비롯하는 경우가 많다. 도덕적 위태는 고의성이 그 주된 요인으로 작용하나, 기강적 위태는 고의성은 없고 단순히 무관심과 부주의가 그 주된 요인으로 한다는 점에서 다르다.

## 2) 사고

peril(사고)는 손해의 원인이 되는 우연한 사고 그 자체라고 할 수 있으며, 보험사고란 이 경우의 위험을 의미한다. 예를 들면, 화재, 자동차의 사고, 도난, 지진, 태풍, 홍수 등이 peril에 해당된다고 할 수 있다.

요컨대, hazard(위태)는 peril(사고)발생에 영향을 미치는 사정 · 상태를 말하며, peril(사고)은 손해의 원인이 되는 우연한 사고를 말하고, risk(위험)는 peril(사고)발생의 가능성을 말한다. 이러한 risk(위험)의 현실화에 의해 손해(loss)가 발생된다.

# 제2절 위험의 분류

## 1. 객관적 위험과 주관적 위험

### 1) 객관적 위험

객관적 위험(objective risk)은 통계적으로 측정될 수 있는 위험으로서 기대손실과 실제손실의 차이로 정의될 수 있다. 기대손실과 실제손실의 차이는 관찰대상의 수가 증가하거나 관찰횟수가 증가하면 할수록 작아지게 되어 손실에 대한 정확한 예측이 가능하게 된다.

### 2) 주관적 위험

주관적 위험(subjective risk)은 개인의 정신적 · 심리적 상태에 따른 위험이라고 정의될 수 있다. 이러한 주관적 위험은 객관적인 관찰과 평가가 불가능하기 때문에 일반적으로 보험의 담보대상이 되지 않는다.

## 2. 순수위험과 투기위험

### 1) 순수위험

순수위험(pure risk)은 투기성이 존재하지 않는 위험으로서, 손실의 가능성만 존재하고 이익의 가능성은 존재하지 않는 위험을 의미한다. 예를 들면, 질병이나 사고로 인한 사망, 화재 및 홍수로 인한 재산피해 등 개인이나 사회적으로 손실만 가져다주는 위험을 순수위험이라고 한다.

### 2) 투기위험

투기위험(speculative risk)은 손실의 가능성과 함께 이익의 가능성도 내포한 위험으로 정의된다. 예를 들어 주식투자의 경우에 있어서 주식 값의 하락에 따른 손실의 가능성도 있지만 반대로 주식 값의 상승에 따른 이익의 가능성도 있는 것이다. 이 외에도 부동산투자, 새로운 사업의 시작, 경마권의 구입 등은 손실과 이익의 가능성을 모두 내포한 투기위험의 좋은 예라고 할 수 있다.

## 3. 동태적 위험과 정태적 위험

### 1) 동태적 위험

동태적 위험(dynamic risk)은 사회적 현상의 변화에 따라 발생하는 위험이다. 사회적 현상의 변화는 경제, 사회, 문화, 기술 등 여러 부문에서 나타나며 이러한 변화가 야기한 불확실성이 동태적 위험이다. 예를 들면, 소득수준의 변화, 소비자 기호의 변화, 생활양식의 변화, 기술의 변화 등이다.

### 2) 정태적 위험

정태적 위험(static risk)은 사회적 현상의 변화와 관계없이 존재하는 위험을 말한다. 정태적 위험은 자연상태에서 발생할 수 있는 각종의 사고원인을 그 원천으로 하고 있다. 예를 들면 지진, 폭풍우, 홍수, 화재, 충돌, 도난 등과 같은 위험이다.

## 4. 기본적 위험과 특수적 위험

### 1) 기본적 위험

기본적 위험(fundamental risk)은 사회 전체 또는 사회의 대다수 사람들에게 영향을 미치는 위험으로서 개인보다는 집단에 영향을 미치는 위험을 의미한다. 예를 들면 경기불황, 급격한 인플레이션, 실업, 홍수, 지진, 폭풍우, 전쟁, 내란, 폭동, 가치관의 변화, 생활습관 등이다.

### 2) 특수적 위험

특수적 위험(particular risk)은 위험으로 인한 결과가 어떤 개인이나 소수의 사람들에게만 미치는 위험을 말한다. 예를 들면 건물의 화재, 은행강도, 자동차사고, 상해, 질병, 사망, 도난, 선박의 침몰, 보일러의 폭발 등이다.

| Chapter 02 |

# 보험의 기초이론

## 제1절 보험의 생성과 발전

### 1. 고대의 보험

#### 1) 서민조합

그리스시대 초기 종교단체가 매월 회원들로부터 일정액의 회비를 납부받고 그 회원이 사망하게 되면 직접 장례를 지내주었다. 회원이 제때 회비를 납부하지 않으면 과태료가 부과되고 회비를 납부하지 않은 상태에서 당해 회원이 사망하게 되면 장례를 지내주지 않았다.

로마사람들은 그 적용범위를 종교단체회원에 국한하지 않고 일반사회에까지 공개했다. 즉, 로마제정시대에 서민조합이라는 제도가 바로 그것이다. 서민조합은 서민계층을 위한 공제조합 형태의 제도였다. 조합원은 일정한 입회금을 납입하고 매월 일정액의 회비를 납부하였다. 가입자가 사망한 경우에는 장례비와 같은 급부가 그 유족들에게 지급되었다. 이와 같은 기능은 오늘날의 생명보험과 유사하였는데, 게르만족의 대이동이 있었던 4세기를 전후하여 소멸되었다.

### 2) 길드

길드는 중세기에서 근세 초에 개인들의 상호부조를 목적으로 형성된 유럽에서의 사적 결합조직이다. 길드는 상호부조만이 아닌 사적인 재판이나 복수까지도 행하는 사회적 · 종교적 성격을 겸하고 있었다. 이러한 성격의 길드는 국가의 질서가 회복됨에 따라 쇠퇴하게 되고 상공업자 중심의 길드가 나타나기 시작하였다.

상공업자가 중심이 된 상인길드는 영주지배하의 소시민과 수공업자들을 통합하여 영주에 대항하도록 하는 과정을 통해 그들의 영향력을 확대하였으며 도시의 자치에 큰 공헌을 하였다.

도시의 자치가 점차 확대되면서 상인길드는 다시 동종의 직업별 길드로 세분화되었다. 12세기에서 13세기에 조직된 수공업자 길드가 대표적이라 할 수 있다.

길드는 길드의 회원이 사망이나 질병, 화재, 도난 등 사고로 인한 손해를 입게 되면 손해에 대한 급부를 제공하는 등 생명보험이나 화재보험과 유사한 기능을 행사한 것으로 볼 수 있다.

### 3) 모험대차

모험대차는 그리스 · 로마시대에 지중해연안의 제 도시에서 행해지던 금전 소비대차의 일종이다. 모험대차는 해상사업을 영위하는 무역업자들이 선박 또는 화물을 담보로 하여 금융업자로부터 일정한 금액을 융자받아 항해가 무사히 종료되면 차용한 원금에 이자를 붙여 상환하는 것이다. 그러나 선박이 항해 도중에 해난이나 해적 등과 같은 해상사고로 인하여 전손이 되거나 항해를 종료하지 못하면 원금이나 이자를 상환하지 않아도 되는 조건의 대차를 의미한다. 모험대차를 약속할 때 담보물이 선박인 경우에는 선박모험대차라고 하고, 화물을 담보로 제공할 때는 적하모험대차라고 하였다.

따라서 모험대차는 융자와 위험부담이라는 두 가지 기능, 즉 은행과 보험회사의 기능을 겸한 것으로 모험대차의 이자는 일반금리보다 고율이었으며, 한 항해당 22%에서 33.3%였다고 한다. 이처럼 이자가 높은 이유는 대부금에 대한 순수한 이자에다 해상사업이 실패할 경우 금융업자가 부담하게 되는 위험담보비용을 합한 것이기 때문이다.

이와 같이 대부를 받는 사람은 대부금에 대한 정상적인 이자 외에도 추가로 할증금(premium)을 지불하여야 하는 바, 이 할증금이 오늘날 보험료에 해당한다. 이렇게 사용되기 시작한 'premium'이란 용어가 지금까지 내려와 보험자가 사고발생 시 손해를 보상할 것을 약속한 대가로서 지불하는 금전인 보험료를 지칭하고 있다.

모험대차는 처음 그리스시대에 나타나기 시작해서 로마시대와 중세기에 지중해를 중심으로 13세기 초까지 성행하였다. 그러나 이자를 죄악시하는 교회법에 의해 로마법왕 그레고리우스 9세가 이자금지령을 발표한 이후 공적으로는 모험대차가 사라지게 되었다.

## 2. 근대의 보험

### 1) 해상보험

해상보험은 근대보험의 효시라고 할 수 있다. 해상보험이 나타나기 이전까지 해상무역으로 인한 손실을 보상하는 보험의 역할을 담당한 것은 모험대차였다. 그러나 모험대차가 그레고리우스 9세의 이자금지령에 의해 자취를 감추게 되었고 또한 해상보험의 수요가 증가함에 따라 종전과 같이 상인이 부업으로는 도저히 사무를 감당할 수 없어 전문적으로 해상보험을 취급하는 사람이 필요하게 되었다. 이렇게 전문적으로 보험업을 영위하는 개개인 몇 사람이 모여 한 단체를 조직해서 서로 보험에 관한 정보를 교환했고, 기타 업무에 관해서도 상호협조를 하게 되었다.

해상보험계약은 14세기에 이탈리아 북부, 지중해 연안의 상업도시인 베네치아, 피사, 제노아 등에서 상인들이 보험자가 되어 영리보험계약이 체결되었다. 그러나 보험사업이 독립된 사업으로 인정을 받아 영업할 정도의 경제적 배경이나 경영적 기반은 확립되어 있지 못했다.

오늘날과 같은 근대적인 해상보험의 형태는 영국에서 시작되었다고 할 수 있다. 영국의 해상보험거래는 16세기 후반까지는 런던의 롬바르트가에서 이탈리아에서 이주한 롬바르트인 상인에 의해 주도되었다.

그러나 엘리자베스 1세가 외국인에 의한 해상보험거래에 제한을 가하면서 해상보험거래가 롬바르트가에서 왕립거래소로 바뀌게 되었다. 그러나 17세기 이후부터는 해상보험거래가 왕립거래소 밖에서도 개인상인 보험업자들 중심으로 이루어지기 시작하였다.

왕립거래소 밖의 해상보험 거래장소로는 당시 유행하던 커피점이 주로 사용되었다. 이 중에 대표적인 것이 템즈강변의 로이즈 커피점이었다. 로이즈 커피점에는 선주, 상인, 은행가와 기타 해상보험과 관련된 사람들이 모였는데, 보험가입이 필요한 사람이 보험가입신청서를 작성해서 커피점 테이블 위에 놓아두면 이를 본 개인상인 보험업자들이 인수여부를 결정하게 된다. 개인상인 보험업자들 중에 보험인수를 하기로 결정한 경우에는 보험가입신청서 밑부분에 서명과 함께 자기가 인수할 위험의 일부분을 백분율로 기재하였다. 여기에서 언더라이터(underwriter)라는 용어가 생겨나게 되었다.

로이즈 커피점에 모여 해상보험거래를 하던 개인상인 보험업자들을 커피점 이름을 따서 로이즈 보험업자로 부르게 되었으며, 로이즈 보험업자들은 두 개의 보험회사가 설립되기 전까지 영국의 대표적인 개인상인 보험업자로서 활동하였다. 1720년에는 세계 최초의 해상보험회사가 영국에서 설립되었다. 이들은 London Assurance Corporation과 Royal Exchange Assurance Corporation으로서, 이들 두 개의 보험회사와 로이즈 보험업자에 의해 해상보험거래가 거의 독점되었다.

로이즈 보험업자는 1774년에 해상보험거래장소를 왕립거래소로 이전하여 근대 로이즈 보험회사의 기틀을 마련하게 되었다. 이어 1871년에는 영국의회가 로이즈 보험업자에게 법인격을 부여하게 되어 로이즈 조합이 설립되었다. 로이즈 보험업자 조직이 조합의 형태로 바뀌었을지라도 개인인 로이즈 보험업자 각자가 보험인수책임을 담당하는 것은 변함이 없었다. 그들은 정식으로 로이즈 인수조합의 일원이 되었으며, 보험인수액의 거대화와 함께 로이즈 인수조합은 기업조합조직에 의한 인수방식을 발전시켜 오늘날까지 세계보험시장에서 주요한 역할을 담당하고 있다.

### 2) 생명보험

생명보험은 사람이 일생을 살아가는 동안 언제, 어느 곳에서 발생하게 될지도 모를 질병, 상해, 사망과 퇴직으로 인한 개인의 소득상실의 위험에 대비하고 과거와 같은 경제생활을 영위할 수 있도록 만들어진 상부상조의 경제적 제도이다.

물론 남은 생애의 생활보장을 내용으로 하는 경제적 구제책은 오래전부터 존재하고 있었으며 현존하는 최고의 생명보험증권은 1583년에 작성된 것이다. 그것은 윌리엄 기본스라는 남자를 피보험자로 하고 리차드 마틴이라는 사람이 보험자가 되어 체결된 보험계약의 내용을 담고 있다. 이 보험계약은 당시 왕립거래소 내의 보험회의소(Chamber Assurance)에 등록되었다.

그러나 법인격을 부여받은 회사의 형태를 가진 최초의 보험회사는 상호종신보험회사(Amicable Society for a Perpetual Assurance)로서 1706년 존 하틀리에 의해 설립되었다. 처음에는 보험가입자의 연령에 무관하게 보험료를 책정하여 운영하였으나 1807년부터 보험가입자의 연령에 따라 보험료를 차등 적용하였다.

1762년 생명 및 생존공정보험회사(Society for Equitable Assurance on Lives and Survivorships)가 설립되었다. 이 회사는 보험계리인을 두고 오늘날에 행해지고 있는 것과 같은 연령별의 평균보험료 방식에 의한 생명보험사업을 운영하는 최초의 생명보험회사가 되었다.

### 3) 화재보험

화재보험은 1666년 런던 대화재에서 비롯된다. 런던에서 대화재가 발생한 다음 해인 1667년에 치과의사인 니콜라스 바본에 의해 개인인수의 영업방법으로서 화재보험사업이 시작되었다. 이후 1680년에 바본을 중심으로 4인의 회원으로 자본금 400만 파운드의 합자회사인 최초의 화재보험기업이 발족하였다. 이를 최초에는 화재사무소(Fire Office)라고 불렀으나, 1705년에는 피닉스(Pheonix)라고 개칭을 하여 이후 약 100년간 보험사업을 경영하였다.

1708년 찰스 포비는 The Sun Fire Office를 설립하여 화재보험판매를 개시하였다. 1891년에 The Sun Insurance Office로 명칭을 변경한 이 회사는 경영범위를 영국전역으로 확대하였으며, 화재위험의 정도, 건축물 용도별과 상품종류별로 보험요율을 처음으로 차등 적용하는 등 실질적인 근대 화재보험의 형태를 갖춘 최초의 회사라 할 수 있다.

# 제2절 보험의 의의와 기본원리

## 1. 보험의 의의

인류의 역사는 인간의 생활안정을 위한 노력의 승화된 기록이라 할 수 있다. 생활의 안정을 추구하는 마음이야말로 인간의 기본적 본능이다. 보험은 이 같은 인간의 기본적 본능을 만족시켜 주는 하나의 수단이라 하여도 좋을 것이다.

그런데 우리는 언제 어떠한 재난에 조우하여 경제상의 위기에 직면할지도 모르는 이른바 예측할 수 없는 운명에 놓여져 있기 때문에 잠시도 안심할 수 없다. 즉, 돌연한 가장의 불행으로 인하여 행복해야 할 가정이 완전히 곤궁에 처해 버리거나, 가옥의 소실로 인하여 일생 동안의 고생이 일순간 잿더미로 변해 버리는 경우가 있다. 또 예상할 수 없는 미지의 재해로 인하여 가정경제가 위기에 직면하거나, 사업의 파멸이 초래되는 경우도 있다. 농민들은 항상 수해나 가뭄과 같은 자연재해의 위험하에 놓여 있고, 무역업자나 해운업자는 끊임없이 그 선박 · 적하의 안전을 강구하여야 한다. 이 같은 위험은 언제나 우리 인간의 생활안정 또는 기업경영의 안정을 위협하는 경제적 불안뿐만 아니라 정신적 불안까지도 유발하고 있다.

이 같은 현대의 동태적 경제사회에 대응하여 제 위험을 극복하고 급변하는 사회에서 문화적인 생활 또는 풍요로운 인생을 유지하며 살아가기 위해서는 어떤 대책이 강구되어야 한다.

우리가 보험계약을 체결하는 것은 일정한 위험, 즉 어떤 우연한 사고의 발생으로 손해를 입을 가능성이 있기 때문이다. 이 손해를 초래할 사고발생의 가능성이 곧 위험(risk)이며, 위험이 존재하지 않으면 보험이 존재하지 않는다. 위험이 존재한다고 하는 것은 사고의 발생이 불확실한 것을 의미한다. 사고가 발생하지 않을 것이 확실하다거나 또는 사고의 발생이 확정적이라면 이미 위험은 존재하지 않으며 따라서 보험계약도 존재하지 않는다. 그러므로 "위험이 없으면, 보험도 없다(no risk, no insurance)"고 말할 정도로 위험과 보험은 동전의 양면과 같은 것이다.

보험은 우연한 사고로 생기는 경제적 불안을 해소하기 위하여, 같은 위험에 놓여 있는 다수의 경제주체가 하나의 공동위험단체를 구성하여 합리적으로 산출된 보험료를 지급하고, 발생한 손실을 보상하는 경제제도이다. 즉 우연한 사고로 생기는 경제적 불안을 해소하기 위하여 보험계약자가 보험자에게 보험료를 지급하고 보험자는 피보험자(손해보험) 또는 보험수익자(인보험)에게 사고발생 시 보험금을 지급해 주는 경제제도라 할 수 있다.

보험이 경제생활의 일부분으로 정착할 수 있는 것은 이러한 사고발생 가능성의 위험 때문이며, 보험은 주로 잠재적 위험으로 인한 불안에 대한 경제적 방어수단이다. 위험은 모든 위험이 보험의 대상이 되는 것은 아니다. 객관적 · 확률적으로 측정이 가능한 손실에 대하여 보험이 성립된다.

그런데 보험제도는 위험에 대하여 적극적으로 사고의 발생을 방지하고자 하는 것이 아니라, 소극적으로 사고발생으로 인하여 생긴 손해를 보상할 것을 목적으로 한다. 또한 보험은 손해를 보상하되 우연적이고 우발적인 손해만을 보상한다. 따라서 보험은 고의적이고 의도적인 사고에 의한 손해는 보상하지 아니하고, 우연적이고 우발적 사고에 따른 손해만 보상하게 된다.

## 2. 보험의 필수요건

일반적으로 보험은 순수위험만을 그 부보대상으로 삼고 있으나, 실제적으로는 순수위험이라도 일정한 조건을 갖추어야만 보험의 대상이 된다. 보험자의 입장에서 보험의 필수요건은 다음 네 가지이다. 첫째, 손실의 발생은 우연적이고 고의성이 없어야 한다. 둘째, 다수의 동질적 위험이 존재하여야 한다. 셋째, 손실은 명확하고 측정이 가능해야 한다. 넷째, 손실은 대재난이 아니어야 한다.

### 1) 우연성 · 비고의성

보험대상이 될 수 있는 손실이란 반드시 우연적이어야 하고 손실발생의 장소 및 시간을 예견할 수 있어서는 안 된다. 이것은 보험계약자가 고의로 손실을 발생시키거나, 발생한 손실을 고의로 확장시키거나, 과장시키는 것을 방지하기 위한 것이다. 만약 손실이 고의적으로 발생되고 확대 · 과장된다면, 이는 도덕적 위태(moral hazard)에 해당되는 것으로서 보험의 대상이 될 수 없다.

### 2) 다수의 동질적 위험이 존재

보험에서 대상으로 할 수 있는 위험은 동질성(同質性)과 다수성(多數

性)을 갖추어야 한다. 이렇게 위험의 동질성과 다수성을 필요로 하는 이유는, 만약 동질성과 다수성을 갖추게 되면 보험회사는 대수의 법칙(law of large numbers)을 이용하여 위험으로 인한 손실의 규모와 손실의 빈도를 보다 정확하게 측정할 수 있을 뿐 아니라, 이에 따른 보험료 산출도 정확해질 수 있다.

여기서 대수의 법칙이란 관찰대상과 관찰횟수가 많으면 많을수록 예상결과는 실제결과에 접근한다는 법칙을 말한다. 예를 들면, 균형 잡힌 동전을 던져서 앞면과 뒷면이 나올 확률은 각각 0.5이다. 그러나 실제로 10번에 걸쳐 동전을 던진 결과 앞면 8번, 뒷면 2번이 나올 수도 있고 또 얼마든지 다른 결과가 나올 수 있다. 그러나 던지는 횟수를 점점 늘려 백만 번 정도 동전을 던지게 된다면 앞면과 뒷면은 각각 50만 번(=100만 번×0.5)에 가깝게 나올 것이다. 이와 같이 관찰대상이나 관찰횟수를 늘리면 늘릴수록 예상결과는 실제결과(앞 · 뒷면이 나올 확률 0.5)에 가깝게 나타난다.

따라서 관찰할 수 있는 위험의 수가 다수일수록 위험으로 인한 손실예측이 정확하게 된다. 즉 손실의 규모와 손실빈도를 정확하게 예측할 수 있게 된다. 손실에 대한 정확한 예측은 곧바로 정확한 보험료 산출을 가능하게 하여 준다.

위험이 동질적이어야 하는 이유는 공정한 보험료를 부과하기 위해서이다. 예를 들어 콘크리트로 만든 집과 목조로 된 집의 화재에 대한 위험은 동질적이라 할 수 없다. 마찬가지로 가정집과 공장이나 상가가 화재에 대한 동질적인 위험을 가졌다고는 할 수 없다. 만약 화재보험의 경우 나무로 된 가정집과 콘크리트로 된 가정집에 동일한 보험료를 책정하거나, 가정집과 상가에 동일한 보험료를 부과한다면 불공정하게 된다. 왜냐하면 목조로 된 가정집은 콘크리트로 된 가정집보다 화재발생에 대한 위험과 그로 인한 손실의 규모가 상대적으로 많고 크며, 상가는 일반가정집보다 상대적으로 화재에 대한 위험이 높고 그 손실의 규모가 크다고 할 수 있기 때문이다.

### 3) 명확하고 측정이 가능한 손실

보험의 대상이 되는 손실은 발생원인, 발생시기, 발생장소가 명확해야 하고 손실금액을 측정할 수 있어야 한다. 이러한 것들이 명확하게 정해지지 않는다면 손실에 관한 모든 사항을 파악할 수 없고 보험료 산출 등 보험에 필요한 모든 자료를 객관적이고 과학적으로 처리하지 못하게 된다. 그래서 수년에 걸친 건물의 점차적 오손은 정상적으로 담보될 수 없는 손실이다. 실제적으로 담보되기 위해서는 손실은 명확하게 측정할 수 있어야 한다.

손실시기, 손실원인, 손실장소 및 손실금액이 측정될 수 없다면 손실을 예측하는 것 역시 불가능하다. 예를 들면 홍수, 지진, 전쟁, 대량실업 등은 그 발생규모나 발생횟수 면에서 불규칙적이고 일정치 못하기 때문에 통계적인 자료를 가지고 확률적인 계산이 불가능하다. 따라서 이렇게 예측이 불가능하고 규모가 큰 위험은 일반적으로 보험의 대상이 될 수 없고 정부의 정책적인 도움 없이는 처리하기가 힘들다.

### 4) 대재난이 아닌 손실

손실이 대재난이어서는 안 된다는 말은 한 번 사고의 발생으로 보험회사의 지불능력에 심각한 영향을 줄 수 있는 위험은 일반적으로 보험대상에서 제외된다는 것이다. 그 예로서 전쟁위험, 핵폭발위험, 대량실업위험 등이 있다.

또한 태풍, 홍수, 지진 등 천재지변에 가까운 이례적인 사고도 마찬가지의 경우가 될 것이다. 그러나 이러한 위험을 전혀 취급하지 않는다는 것은 현실적으로 불가능하기 때문에 재보험 등을 이용하여 위험을 분산시키기도 한다.

## 3. 보험의 기본원리

### 1) 대수의 법칙

보험제도의 운영은 손해를 발생 전에 정확하게 예측할 수 있는 경우에만 가능하게 된다. 손해를 정확하게 예측할 수 있는 경우에는 위험을 경감시킬 수 있다. 그 같은 경감은 "대수의 법칙(law of large numbers)"이라는 수학적 원리에 기인한다.

여기서 대수의 법칙이란 관찰대상과 관찰횟수가 많으면 많을수록 예상결과는 실제결과에 접근한다는 법칙을 말한다. 예를 들면, 균형 잡힌 동전을 던져서 앞면과 뒷면이 나올 확률은 각각 0.5이다. 그러나 실제로 10번에 걸쳐 동전을 던진 결과 앞면 8번, 뒷면 2번이 나올 수도 있고 또 얼마든지 다른 결과가 나올 수 있다. 그러나 던지는 횟수를 점점 늘려 백만 번 정도 동전을 던지게 된다면 앞면과 뒷면은 각각 50만 번(=100만 번×0.5)에 가깝게 나올 것이다. 이와 같이 관찰대상이나 관찰횟수를 늘리면 늘릴수록 예상결과는 실제결과(앞 · 뒷면이 나올 확률 0.5)에 가깝게 나타난다.

다른 예로서, 어떤 특정의 가옥에 대하여 금후 1년 사이에 화재로 인한 소실여부를 예측하는 것은 거의 불가능하지만, 관찰의 대상을 넓히고 장기간에 걸쳐서 화재발생의 실적을 관찰하면, 거기에 일정한 규칙성이 존재한다는 사실을 알 수 있다. 즉, 발생빈도에 관한 확률을 통계적으로 파악할 수 있는 것이다.

이와 같이 개개의 경우만을 본다면, 그 발생이 우연적인 것이어서 전혀 예측이 불가능한 경우에도 이것을 장기간에 걸쳐 대량으로 관찰해 보면 그 발생에 대한 일정한 확률을 파악할 수 있는데, 이것을 대수의 법칙이라 한다. 환언한다면 대수의 법칙이란 특정의 우연적 사고, 예를 들면 화재의 과거발생률을 불특정다수에 대하여 장기간에 걸쳐 관찰하면, 일반 사정에 특별한 변화가 없는 한 미래의 발생률인 확률은 과거의 그것과 비교해서 큰 차이가 없다는 법칙을 말한다.

손해보험에 있어서 화재나 교통사고와 같은 위험은 다수 집적되면 될수록 대수의 법칙이 보다 잘 작용하여 불확실성을 감소시킬 수 있지만, 지진이나 풍수해와 같은 거대한 이상 재해위험의 발생 혹은 인공위성의 발사위험과 같이 동종 · 동질의 계약이 대량으로 획득될 수 없는 경우에는 대수의 법칙이 작용하지 않아 위험의 분산이 충분히 가능하지 않다. 그 때문에 재보험의 이용이 반드시 필요하다.

한편, 생명보험에 있어서는 인간의 사망확률은 다수 집적되면 될수록 대수의 법칙이 잘 작용하고 불확실성의 감소가 가능하게 되어 위험의 정도를 상당히 작게 할 수 있어 보험회사의 경영이 바람직한 상태가 된다. 더구나 생명보험에서는 보험계약이 성립하고 보험단체가 성립하면 그 단체 내에서 위험분산과 평균화가 이루어져 위험의 동질성도 수반되기 때문에 다수의 계약을 모으는 것이 생명보험회사의 경영을 안정시키는 중요한 요인이 된다.

### 2) 수지상등의 원칙

수지상등(收支相等)의 원칙이란 보험가입자가 납입하는 보험료 총액과 보험회사가 지급하는 보험금 및 경비의 총액이 같도록 보험료를 결정하는 원칙을 말한다.

## 제3절 보험의 사회적 기능과 폐해

보험은 개인과 기업을 포함해 사회에 많은 이익을 제공하는 등 사회에 중요한 역할을 한다. 그러나 보험은 이러한 이익과 함께 사회적으로 폐해도 끼치게 된다.

## 1. 보험의 사회적 기능

### 1) 손실보상

손실보상은 보험의 가장 기본적이고 중요한 기능이라 할 수 있다. 손실보상이란 보험회사가 보험사고로 인해 손실을 당한 개인이나 기업 등에게 보상을 해주는 것을 의미한다. 여기에서 손실보상이란 경제적으로 손실발생 이전의 상태로 회복시켜 주는 것을 의미한다.

보험의 손실보상기능에 의해서 가계나 기업은 손실로 인한 어려움에서 벗어나게 되어 재산과 자산의 보전이 확실하고도 신속하게 이루어지게 되어 경제적으로 안정성을 유지하게 되고 나아가 사회의 안정으로 연결된다.

### 2) 손실통제

보험회사는 손해의 발생을 미리 방지하고 발생된 손해는 최소화하기 위한 활동을 전개한다. 보험회사에서 전개하는 손실통제활동으로는 손해의 발생을 미리 방지하는 손해방지와 이미 발생한 손해를 최소화하는 손해경감이 있다.

손해보험회사의 손해방지의 예로는 화재예방교육, 교통사고예방교육 등이 있고, 생명보험회사의 경우는 정기적인 건강검진 및 건강에 관한 세미나나 정보제공 등이 있다. 손해경감의 예로는 스프링쿨러의 설치, 비상계단의 설치, 소화기의 배치 등과 에어백의 설치를 들 수 있다.

보험회사의 손실통제활동을 통해서 사회 전체적으로는 손실에 의한 비용이 감소되는 혜택을 보게 된다.

### 3) 불안감소

보험은 개인이나 가계, 기업의 경제적인 걱정과 근심을 감소시키는 역할을 한다. 가계의 경우, 가장의 갑작스러운 사망으로 인한 생계비에 대한 불안이나 가옥의 화재로 인한 손실 등으로 인한 경제적인 불안은 보험을 구매함으로써 거의 감소된다.

보험은 불안을 감소시킴으로써 기업투자를 가능하게 하고 기업의 능률을 향상시킨다. 해상무역의 초기에는 항해술이나 선박 건조기술이 미약하여 좌초나 침몰위험이 높았다. 해상보험이 없었을 당시에는 소수의 모험적인 투자가만이 무역업에 종사하였으나, 해상보험이 출현한 이후에는 보다 많은 사람들이 해상무역에 종사하게 되었다. 해상보험은 국제무역의 발전에 중추적인 역할을 하였다고 해도 과언이 아닐 것이다.

이처럼 보험을 구매하였다는 사실이 미래에 발생할지 모를 손해에 대한 걱정과 근심 등의 불안감을 제거하거나 경감시키게 된다. 또한 손실이 발생한 경우라도 보험에 가입되어 있다는 사실만으로도 손실에 대한 불안이 상당부분 덜어지게 된다.

### 4) 투자재원 마련

보험에 있어 보험료는 선불로 지급되기 때문에 보험회사는 부가보험료 부분과 당면한 손실을 보상하기 위한 보험료 부분을 제외하고는 징수한 보험료를 기업이나 가계 등에 대출하게 된다. 특히 생명보험과 같은 장기보험은 장기적으로 고정적인 자금운용이 가능하다.

대출된 돈은 투자재원으로 활용되어 공장건설 등에 투자됨으로써 경제성장을 촉진시키고 고용을 증가시켜 국가의 경제발전에 이바지하게 된다.

### 5) 신용증대

개인이나 기업이 보험에 가입되어 있으면 보험사고로 인한 손실이 발생할지라도 손실에 대한 보상이 이루어지게 된다. 이로 인해 그 개인이나 기업의 신용은 증대하게 된다.

예를 들어, 은행이 개인에게 빌딩을 담보로 대출을 해주는 경우 그 건물이 화재로 인해 손실을 입을 경우를 대비해 화재보험가입을 요구하게 된다. 이 경우 빌딩의 소유자가 화재보험에 가입하게 되면 화재로 인해 빌딩이 큰 손실을 입었을지라도 은행은 그 손실을 보험회사로부터 보상받을 수 있기 때문에 대출을 해주게 된다. 이는 결과적으로 보험으로 인해 빌딩소유자의 신용이 증가하는 효과가 있게 된다.

### 6) 여유자금의 활용

개인과 가계, 기업은 미래에 있을지도 모를 위험으로 인해 초래되는 손실에 대비하여 여러 가지 위험관리기법을 활용하게 된다. 위험관리기법에서 위험전가의 대표적 방법인 보험이 없다면 이들은 위험을 보유하는 방법을 선택하여야 한다.

그러나 보험을 활용하게 되면 상대적으로 적은 액수인 보험료를 지급하여 위험을 전가하고, 나머지 여유자금을 생산적인 활동이나 운영자금 등으로 활용할 수 있게 된다.

## 2. 보험의 사회적 폐해

### 1) 운영비용의 발생

보험의 기능이 제대로 발휘되기 위해서는 여러 가지 비용을 발생시키는데 이 비용은 보험자가 징수하는 보험료에 포함되어 있다. 즉 보험료에는 순보험료와 부가보험료가 있는데, 이를 합하여 총보험료라고 한다. 순보험료는 보험사고발생 시 보험금지급에 충당되는 금전이고, 부가보험료는 보험계약의 체결 및 유지 · 관리 등에 필요한 경비(사원의 급료, 대리점수수료, 광고선전비, 건물임대료 등)에 충당되는 금전으로 보험회사의 사업경비를 말한다.

일반적으로 부가보험료가 총보험료에서 차지하는 비율은 보험의 종류나 보험자의 형태에 따라 다르나 대개 20~30%에 해당되며 이를 보통 경비율이라고 부른다.

### 2) 도덕적 위태와 기강적 위태의 조장

보험의 존재는 도덕적 위태와 기강적 위태를 조장하는 폐해가 있다. 도덕적 위태는 고의적, 의도적, 부정직으로 손실발생의 가능성을 창출하거나 증가시키는 상태로서 보험금을 받기 위해 고의적으로 화재를 일으키거나 살해행위 등을 야기하게 된다.

기강적 위태는 보험에 가입되어 있다는 사실 때문에 부주의나 무관심을 야기하는 상태로서 손실발생에 무관심하거나 주의를 기울이지 않게 된다. 예를 들면, 화재보험에 가입한 후 화기물질 보관에 소홀해지거나 자동차 보험가입 후에 자동차 운행이나 관리 등에 소홀하게 되는 경우 등이다.

보험의 존재로 인한 도덕적 위태와 기강적 위태의 조장으로 인한 손실의 발생은 결과적으로 사회적인 손실로 연결된다.

### 3) 보험금 과잉청구

보험 때문에 많은 보험금 청구가 과장된다. 보험계약자가 의도적으로 손실을 유발하지는 않았으나 보험금 청구가 과장되는 경우가 있다. 바꾸어 말하면, 보험금이 보험계약자가 실제로 입은 경제적 손실을 능가하는 경우가 있다.

예를 들면, 변호사들이 고객의 이익을 위한다는 명목하에 과도하게 배상청구를 하든가 또는 의사들이 과잉진료를 통해 의료비를 과도하게 청구하든가 또는 환자들이 입원기간을 고의적으로 연장하는 행위들은 이러한 경우에 해당한다고 볼 수 있다. 이러한 보험금의 과잉청구는 보험료의 인상을 가져오고 선의의 피해자를 낳게 하는 등의 사회적 비용을 증가시키게 된다.

요컨대, 보험의 사회적 기능은 사회적 폐해를 능가한다. 보험은 불안을 감소시키고, 보상기능은 사회적 · 경제적 안정에 크게 기여한다. 즉 개인과 기업의 경제적 안정이 유지된다. 보험의 사회적 폐해는 사회가 보험혜택을 확보하기 위한 희생으로 간주될 수 있다.

## 제4절 보험범죄

### 1. 보험범죄 연구의 필요성

좋은 점만 있고 부작용이 없는 제도란 거의 있을 수 없다. 마치 칼의 양날과 같아서 그것을 좋게 이용하면 득(得)이 되지만 그를 악용 · 남용하면 실(失)이 된다는 것과 마찬가지라 할 수 있다. "위험을 보증한다는 사회적 제도"로서의 보험이라 해서 역시 예외일 수는 없다. 따라서 보험과 관련해서도 많은 범죄가 나올 수 있는 소지가 있는 것은 부인할 수 없다.

최근 많은 보험 분야에서 보험제도를 부당하게 악용하려는 보험범죄행위가 급속하게 증대하고 있고, 또한 보험범죄의 형태도 그 수법이 다양하고 피해금액이 대형화되고 있다. 더욱이 인명을 볼모로 하는 죄질이 나쁜 범죄건수가 증가하고 있어 그로 인한 우려의 목소리도 높아지고 있다.

보험살인과 같은 극단적인 형태의 보험범죄발생건수는 극히 한정된 것이지만, 인명에 관계되는 이상 완전하게 방지해야 한다. 완전방지를 위한 대책이란 일반적인 도덕적 위험의 배제 또는 차단을 통해서만이 비로소 가능하다. 따라서 발생건수나 사취되는 보험금액이 보험 경영적으로는 문제가 되지 않는다 하더라도 완전방지를 위한 일반적인 도덕적 위험의 배제를 위해 노력하는 것이 범죄에 의한 희생자를 미연에 구제함과 동시에 선량한 보험계약자의 이익을 증진하고 보험사업에 대한 국민의 신뢰를 확보할 수 있는 계기가 될 수 있음을 간과해서는 안 된다.

## 2. 보험범죄의 개념

보험범죄란 보험계약을 악의로 이용해서 보험회사로부터 보험금을 사취하는 것을 말한다.

일반적으로 보험범죄는 보험사기로 불려지는데, 양자 간에 엄밀한 구별이 없는 것처럼 보이기도 하나, 보험사기는 보험범죄보다 광의의 개념이라 할 수 있다. 예를 들면, 보험계약자가 보험가입 시에 피보험자의 질병의 이력 등을 보험회사에 알려주어야 하는 고지의무에 위반하여 지병을 감추고 생명보험계약을 성립시킨 경우는 보험사기라고 말할 수 있으나 보험범죄는 아니다.

즉 보험사기는 보험계약을 악용하여 보험금을 사취하는 보험범죄를 포함하여 보험금 사취 없이 단지 허위진술 등으로 보험계약을 성립시킨 경우도 해당된다.

## 3. 보험범죄의 형태

### 1) 보험사고의 고의적 유발

이는 보험계약자 등이 고의로 보험사고를 일으키는 것이다. 예를 들면 화재보험에서 방화행위, 생명보험에서 피보험자 살해행위, 상해보험에서 자신의 신체를 손상시키는 행위 등의 보험사고를 고의로 일으켜 보험회사로부터 보험금을 사취한다.

### 2) 보험사고의 날조

이는 실재하지 않는 보험사고를 발생한 것처럼 위장하는 것이다. 예를 들면 생명보험에서는 타인의 시체를 피보험자의 시체로 위장하고, 상해 · 질병보험에서는 실제로는 건강한 사람이 병에 걸렸다는 등으로 속여서 보험회사로부터 보험금을 사취한다.

### 3) 보험사고의 피해를 과장

이는 실제로 발생한 보험사고에 대하여 허위의 진술을 함으로써 보험회사로부터 보험금을 사취한다. 예를 들면 도난보험에서 도난당한 물품의 양이나 가격을 허위로 신고하여 보험금을 사취하는 경우 또는 생명보험에서 피보험자가 자연사하였거나 자살하였음에도 이를 불의의 사고사로 위장하여 재해특약에 따른 재해 사망보험금을 사취하는 경우 또는 상해 · 질병보험에서 상해나 질병이 완치되었음에도 불구하고 입원기간을 늘림으로써 보험회사로부터 과대한 입원 급부금을 사취하는 경우이다.

# 제5절 보험의 분류와 그 유사제도

## 1. 보험의 분류

### 1) 인보험과 물보험

보험사고발생의 객체가 인간이냐 물건이냐에 따라서 보험을 인보험(人保險)과 물보험(物保險)으로 나눌 수 있다.

인보험은 사람의 생명 · 신체에 관하여 발생하는 사고에 관한 보험으로서 생명보험이나 상해보험 등이 이에 속한다. 이에 반하여 물보험은 물건, 기타의 재산에 관한 사고에 대한 보험으로서 화재보험 · 자동차보험 · 해상보험 · 운송보험 등이 이에 속한다.

### 2) 민영보험과 공영보험

민영보험은 보험사업의 경영주체가 민간 보험업자인 보험으로서 사영보험이라고도 불린다. 민영보험에는 로이즈[01]와 같은 개인 경영의 형태와 유럽 각국에서 보여지는 각종 조합경영의 형태, 나아가서는 주식회사[02] 및 상호회사[03]에 의한 회사경영의 형태가 있다. 우리나라의 모든 민영보험회사는 주식회사 형태이며 상호회사는 현재 존재하지 않는다.

공영보험은 보험사업의 경영주체가 정부기관인 보험으로서, 이들은 주로 사회정책 또는 경제정책 실현의 수단으로 보험을 취급하고 있다. 우리나라의 공영보험은 사회보험과 국영보험으로 분류되는데, 사회보험의 분야에 속하는 것으로 국민연금보험, 고용보험, 건강보험, 산재보험 등[04]이 있다. 그리고 국영보험으로서 대표적인 것이 무역보험[05]과 우체국보험[06]

---

**01** 런던로이즈(Lloyd's of London)는 세계적으로 가장 유명한 해상보험시장이며 재보험시장으로 가장 중요한 곳이다. 런던로이즈는 보험회사가 아니고 하나의 협회 조직으로 협회의 회원들이 보험을 판매할 수 있도록 거래장소와 각종의 서비스를 제공한다. 런던로이즈는 개인적 자격으로 리스크를 인수하며 사고발생 시 무한책임을 지게 된다. 런던로이즈는 협회의 자격으로 모든 보험거래를 관리하여 런던로이즈의 이름으로 보험증권을 발급하며 보험사고처리를 관장하고 있다. 런던로이즈는 재무적 신용도를 높이기 위하여 개인회원의 자격을 매우 엄격하게 관리하고 있다. 거액의 리스크 인수자금을 적립해 두어야 하며 모든 보험료는 보험료 신탁기금에 저축되어야 하고 보험금 및 사업비 지급 이외에는 인출이 상당한 기간 동안 허용되지 않는다. 개인회원이 재무적으로 보험금지급이 어렵게 되면 중앙보증기금에서 손실을 보상하게 된다.

**02** 주식회사의 소유자는 주주이며 주주는 영리추구를 목적으로 주식회사에 투자하여 궁극적으로 보험사업의 이익과 손실에 대한 권리와 책임이 있다. 모든 주식회사의 공통적 성격으로 주주총회는 이사회를 선출하고 이사회는 회사를 직접 경영하는 임원진을 임명한다. 이사회는 회사의 재무적 성과에 대하여 최종적 책임을 진다.

**03** 상호보험회사는 그 소유자가 보험계약자이며 보험계약자 총회에서 이사진을 선임하고 이사회에서 회사를 경영하는 임원진을 임명한다. 상호회사 형태의 보험회사는 이론적인 측면에서 회사 설립의 주요 목적이 영리를 추구하는 것이 아니고 보험계약자가 필요한 보험을 저렴한 가격으로 제공하는 것이다. 즉 보험계약자 모두에게 양질의 보험을 저렴한 가격으로 제공할 목적으로 보험계약자가 스스로 설립한 회사인 것이다. 보험제도의 기본적 성격의 하나가 상호부조라는 것을 감안할 때 상호보험회사는 보험회사의 가장 원초적 형태라고 할 수 있다.

**04** 공무원연금과 사립학교교원연금은 근본적으로 국민연금의 성격과 유사하나 대상을 공무원과 사립학교교직원으로 특수하게 구별하여 시행하는 일종의 사회보험제도이다.

이다.

### 3) 임의보험과 강제보험

임의보험은 개개인이 자기의 판단하에 스스로를 위하여 보험에 가입하는 것으로 가입하지 않아도 무방하며 가입금액도 자유롭게 정할 수 있다. 민영보험의 대부분은 임의보험이다.

강제보험은 국민의 복지증진을 꾀하기 위하여 공적인 어떤 힘을 발동시켜 강제로 가입하게 하는 경우로서 건강보험과 산재보험 등이 이에 해당된다. 공영보험의 대부분은 강제보험이다.

### 4) 원보험과 재보험

원보험(original insurance)은 보험회사가 보험계약자로부터 직접 보험인수를 하여 보험계약을 체결하는 보험이다.

재보험(reinsurance)은 보험자가 보험계약자로부터 인수한 보험계약상의 책임 전부 또는 일부를 다른 보험자에게 다시 전가하는 보험을 말한다. 재보험은 생명보험에서는 이용되는 경우가 적고, 주로 손해보험에서 많이 이용되고 있으며 일종의 책임보험이라고 할 수 있다. 재보험은 보험자의 보험이라고 할 수 있다. 보험계약을 처음에 체결한 보험자를 원수보험자라고 부르며, 원수보험자로부터 리스크를 인수한 보험자를 재보험자라고 한다.

---

05 2010년 7월부터 한국무역보험공사가 출범하여 수출보험 및 수입보험을 포괄하게 되었다. 수출보험은 수입업자의 파산, 대금지연 또는 거절 등의 신용리스크와 수입국에서의 전쟁, 내란 또는 외환거래의 제한 등의 정치적 리스크로 인하여 수출업자 등이 입게 되는 손실을 보상함으로써 수출진흥을 도모하기 위한 정책보험이다. 수입보험은 수입업자의 선급금 미회수위험, 주요 광물 등 안정적 물품확보 등을 위한 정책보험이다.

06 산업통상자원부가 관장하는 우체국보험은 민영보험의 혜택을 받지 못하는 벽지 주민에게 생명보험을 보급하여 도시, 농촌 간의 금융서비스를 균등히 제공하고 국민의 생활안정과 사회복지증진을 도모하고자 하는 것이다. 이 보험제도의 특징은 가입대상의 영세성, 보험가입의 간편성, 사업의 비영리성 및 공익성 그리고 비독점적 정부사업이다.

재보험은 원수보험자가 피보험자이고 재보험자가 보험자가 되는 보험계약이다. 재보험계약에서 원수보험계약의 보험계약자 또는 피보험자와 재보험자는 법률적으로 아무런 권리 · 의무관계가 없다. 즉 재보험자가 직접적으로 원수보험계약자의 손실을 보상할 책임은 없다. 일반적으로 재보험자는 원수보험자의 보상한도 내에서 재보험계약의 조건에 따라 보상책임을 진다.

### 5) 우리나라 상법상의 분류

우리 상법은 보험을 손해보험과 인보험으로 크게 분류한 다음, 손해보험 분야로 화재보험, 운송보험, 해상보험, 책임보험 및 자동차보험의 5종에 대하여 규정하고 있고, 인보험 분야로 생명보험과 상해보험에 대하여 규정하고 있다.

한편, 보험업법에서는 손해보험업과 생명보험업 그리고 제3보험업(상해보험, 질병보험, 간병보험)으로 분류하고 있다. 제3보험업은 손해보험업과 생명보험업이 다 함께 영위할 수 있는 보험이지만, 손해보험업과 생명보험업은 겸업하지 못하도록 하고 있다.

## 2. 보험과 그 유사제도

### 1) 저축

저축은 보험과 마찬가지로 은행, 기타의 금융기관을 통한 장래의 경제불안 대비방법이다. 저축은 발생이나 발생시기의 경제불안에 대한 대비는 물론 발생이 확실한 경제불안에 대한 대비방법으로서 보험보다 포괄적이다.

그러나 보험이 계약과 동시에 불확실한 사고가 발생할 경우 경제적 대비를 충족시키는 반면, 저축은 일정한 기금을 축적시킨 후에만 경제적 대비를 충족시킬 수 있다. 또한 보험은 적은 보험료로서 미래의 위험을 대비할 수 있으나, 저축은 많은 금액의 비축을 필요로 하므로 현실적으로 가능하지 않고 가능하다고 할지라도 생활수준을 상당히 저하시킬 수 있다.

### 2) 투기와 도박

투기와 도박은 돈의 이전이라는 점에서는 보험과 유사하다. 즉, 보험은 사고가 발생하면 적은 보험료를 대가로 많은 보험금을 받는 반면, 사고가 발생하지 않으면 보험료는 전액 보험자에게 이전된다. 마찬가지로 투기와 도박은 적은 돈을 들여 많은 돈을 수취할 수 있고, 많은 돈을 들여 적은 돈을 수취할 수도 있다. 바꾸어 말하면 투기와 도박 및 보험은 사행성이 있다.

그러나 보험은 우연적 사고의 발생에 즈음하여 경제적 보장을 확보하려는 목적을 가지고 있으며, 경제보장 이상의 이득을 얻으려는 것은 아니다. 이에 반하여 투기와 도박은 우연한 사건의 발생이 없었다면 얻을 수 없는 재산상의 결과를 그 우연을 이용하여 얻으려는 것으로 이득이 있음과 동시에 손해의 위험도 있으므로 경제생활을 불안정하게 하는 반면, 보험에서는 가입자에게 우연적 사고가 발생하든 아니하든 경제적 보장이 확보되어 있기 때문에 경제생활의 안정을 도모할 수 있다.

결국 투기 · 도박과 보험의 근본적인 차이점은 투기 · 도박의 경우에는 지금까지 전혀 손실의 가능성이 없었음에도 도리어 손실의 가능성(위험)을 창출하려는 점이며, 보험의 경우에는 기존의 위험을 분산 또는 경감시키려는 점이다.

### 3) 공제

현재 우리나라에서는 보험업법상 민영보험을 취급할 수 있는 것은 주식회사 등에 한정되고 있고, 그 때문에 협동조합이 취급하는 보험은 공제라는 이름으로 구별되고 있다. 즉, 농협공제, 군인공제, 교직원공제, 택시공제, 버스공제 등이 이에 해당한다.

공제는 특정한 목적하에 조직된 단체의 소속구성원(조합원) 간의 상호부조를 위해 운영되는 경제제도이다. 공제는 우연적 사고에 의한 경제불안의 제거, 다수의 경제주체의 결합이라고 하는 점에서 보험과 유사하다.

그러나 보험은 가입대상이 제한되지 않고 많은 판매사원을 동원하여 적극적인 사업을 하는 반면, 공제는 가입대상이 제한(조합원)되어 있고 판매사원을 활용하지 않음으로써 소극적으로 활동하는 점에서 보험과 다르다. 그런데 농협공제 등은 조합원뿐만 아니라 일반인을 대상으로도 상품을 판매하고 있어 공제라기보다는 보험의 한 형태로 운영되고 있다.

한편, 국가에서 운영하고 있는 우체국보험은 전국의 우체국을 통해 생명보험과 비슷한 상품을 판매하고 있다.

### 보험이야기

#### 1. 남편 생명보험금 노린 '비정한' 아내(fins.co.kr, 2004/10/13)

보험금을 노려 무능력한 남편을 살해하려 한 비정한 아내가 경찰에 붙잡혔다.

충남 서산경찰서는 13일 남편의 손발을 끈으로 묶고 청테이프로 얼굴을 감아 질식사시키려 한 김모(40, 여)씨를 살인미수 혐의로 구속했다.

김씨는 12일 오전 11시 40분께 충남 서산시 읍내동 모 여관 501호에서 잠을 자고 있던 남편 이모(46, 경기 안산시)씨의 손과 발을 나일론줄과 노끈 등으로 묶고 이씨가 평소 복용해 온 신경안정제 등을 강제로 먹인 뒤 이씨의 팬티를 얼굴에 뒤집어 씌우고 청테이프로 얼굴을 칭칭 감았다.

이후 김씨는 같은 날 오후 1시께 1억원짜리 생명보험 2개에 가입하기 위해 보험회사 2곳의 직원 황모(42)씨 등 4명을 여관방 앞으로 불렀다. 여관에 먼저 도착한 모 회사 보험설계사 2명이 서류를 작성한 뒤 김씨에게 '생명보험에 가입하려면 본인의 자필서명이 필요하다'고 요구했지만 김씨는 '남편이 술에 취해 방 안에서 자고 있으니 대신 서명해 주겠다'며 방문을 열어주지 않은 채 이들을 돌려보냈다. 그러나 이를 수상히 여긴 보험회사 직원들이 김씨가 1층 카운터로 간 사이 자필서명을 받으러 501호에 들어갔다가 탈진한 상태인 이씨를 발견했다. 이씨는 이틀 정도 굶은 상태로 30분 정도만 그대로 있었다면 질식사할 정도로 위급한 상황이었다고 경찰은 전했다.

김씨는 경찰에서 처음에는 '강도가 들었다'고 변명했으나 복도에 설치된 폐쇄회로(CCTV)를 확인한 경찰의 추궁 끝에 범행 일체를 자백했다.

지난 1998년 결혼한 김씨는 남편 이씨가 노동일을 하며 벌어온 돈을 고급옷을 구입하는 등 사치스런 생활로 탕진한 뒤 '돈을 적게 벌어온다'며 구박을 일삼았던 것으로 밝혀졌다.

지난달 말까지 경기도 안산에서 10만원짜리 월세방 생활을 해오던 부부는 '남들 모르는 곳에 가서 새롭게 살아보자'는 김씨의 말에 따라 아들(6)과 함께 서산 일대의 여관을 돌며 생활해 왔으며 이곳에서도 김씨는 남편이 무능하다며 끼니까지 굶겼던 것으로 드러났다.

김씨는 경찰에서 '남편이 돈도 잘 못 버는 등 무능력해 아들과 함께 생활하기 위해 범행을 저질렀다'고 말했다.

### 2. 신체장해 속이고 보험금 타내(fins.co.kr, 2004/9/7)

경기도 구리경찰서는 7일 자신의 신체장해를 속이고 교통사고가 나자 장해를 입었다며 보험사로부터 보험금을 타낸 혐의(사기)로 김모(49, 목사)씨를 구속했다.

경찰에 따르면 난청 장해를 지닌 김씨는 지난 2000년 2월 중순 구리시 수택동에서 코란도 승용차가 자신의 스타렉스 승합차 뒷 범퍼를 들이받는 사고가 나자 서울 모 병원에 자신의 장해 사실을 속이고 난청 장해진단서를 발급받아 7개 보험사로부터 8,400여만원의 보험금을 받은 혐의다.

김씨는 또 지난해 12월 교회 앞에 주차된 아내 명의의 승합차를 라노스 승용차가 긁고 가자 사고차량에 타고 있지 않았음에도 일산 모 병원에서 전치 2주의 진단서를 발급받아 D보험사로부터 190여만원의 보험금을 받은 혐의도 받고 있다.

김씨는 보험금 수령 후 지난 2월 일산의 또 다른 병원에서 발급받은 연골부분 파열(의증) 진단서를 D보험사 직원에게 제시하며 보험금을 타내려고 하다 경찰조사에서 허위사실이 발각돼 구속됐다.

### 3. 공장 불 질러 억대 보험금 타려다 덜미(fins.co.kr, 2004/2/2)

경기도 용인경찰서는 2일 자신의 공장에 불을 질러 2억원 상당의 재산피해를 낸 뒤 거액의 보험금을 타려던 혐의(보험사기)로 최모(39, 공장운영)씨를 붙잡아 조사 중이다.

경찰에 따르면 최씨는 지난해 9월 29일 밤 9시께 자신이 운영하는 용인시 모 공장에서 석유난로에 종이박스를 가져다 불을 내는 방법으로 공장건물과 기계 등을 태워 2억원 상당의 피해를 낸 뒤 D보험사로부터 1억 2천만원의 보험금을 받으려다 미수에 그친 혐의다.

최씨는 경기침체로 공장이 어려워지자 공장에 불을 질러 보험금을 타내려 했으나 석유난로 연료뚜껑이 열려 있고 뚜렷한 화인이 없는 점, 화재 직전 거액의 보험에 가입된 사실을 수상히 여긴 경찰에 발각됐다.

### 4. 고의 사고 후 보험금 타낸 일당 적발… 1억대 챙긴 5명 구속 (soscall.co.kr, 2004/8/23)

서울 강서경찰서는 20일 고의로 교통사고를 낸 뒤 보험금을 타낸 혐의(상습사기)로 김모씨(21) 등 5명을 구속하고 이모군(19)을 불구속 입건했다.

경찰에 따르면 이들은 지난해 6월 11일 오전 4시 50분경 서울 관악구 봉천동 까치산고개 언덕길에서 신호를 위반한 박모씨(53)를 상대로 일부러 교통사고를 낸 뒤 보험금 450여만원을 타내는 등 최근까지 같은 수법으로 26차례에 걸쳐 약 1억 4,000만원을 챙긴 혐의다.

조사결과 이들은 일방통행 골목길에서 역주행하는 차량이나 차선위반 차량 등 과실을 범한 운전자와 사고가 날 경우 보험금을 받기 쉽다는 약점을 악용한 것으로 드러났다.

### 5. 보험금 과다청구 병원장 등 6명 구속(soscall.co.kr, 2004/7/5)

교통사고 환자의 진료비와 입원비 등을 부풀려 손해보험사에 보험금을 과다청구해 수억원을 타낸 혐의로 병원장과 사무장 등 6명이 구속됐다.

대구지검 특수부는 5일 대구시 북구 H병원 원장 김모(39)씨와 정형외과, 신경외과 등 교통사고 전문 5개 병원 사무장 5명 등 6명을 사기혐의로 구속했다.

원장 김씨는 지난해 2월부터 지난 4월까지 교통사고 환자의 자동차보험 진료비를 청구하면서 주사료, 방사선료 등을 실제보다 과다청구하는 방법으로 11개 보험회사로부터 2억 2천여만원을 타낸 혐의다.

또 모 병원 사무장 이모(37)씨는 교통사고 환자의 입원일수를 부풀리고 진료기록부를 허위 기재하는 등의 수법으로 보험금을 과다청구해 2001년 8월부터 지난 3월까지 보험사로부터 1억 6천여만원을 타낸 혐의다.

또 나머지 사무장 4명도 같은 수법으로 각각 7,500만원에서 1억 7천만원까지 진료비를 과다청구해 타낸 혐의를 받고 있다.

검찰은 진료비 허위과다청구와 관련, 지난 5월부터 대구시내 교통사고처리 전문 병 · 의원 10개소에 대해 압수수색을 실시하는 등 수사를 벌여 왔으며, 나머지 4개 병 · 의원 가운데 보험료 허위청구금액이 1억원이 넘는 2개 병원 사무장에 대해서도 조만간 구속영장을 청구할 방침이다.

### 6. 금감원도 놀란 엽기 보험범죄(soscall.co.kr, 2004/4/8)

경기침체와 극심한 취업난 속에 세태도 엽기적이다. 한쪽에선 '목숨을 건 보험사기'가 판을 치고 고졸자 중심으로 운영되는 직업훈련원엔 대졸 이상 고학력자들이 몰려든다. 또 이런 와중에 대기업들은 공장의 해외이전과 현지채용에 더 큰 비중을 두고 있다. '혼돈의 시대' 그 처절한 삶의 현실을 돌아본다.

'보험금은 죽음의 로또 당첨금(?)' 흉흉한 보험범죄가 극성을 부리고 있다.

금융감독원 최근 집계에 따르면 지난 2003년 적발된 보험사기 건수는 모두 9,315건이었다. 이는 전년보다 61.8%나 늘어난 것이다. 보험사기는 올 들어서도 줄지 않고 있다. 실업자가 늘고 황금 만능주의가 팽배하는 등 사회가 혼란해진 반증이다.

첫째 사례, 인테리어업을 하던 최모씨(38)는 태국으로 위장 골프여행을 가 자신의 엄지손가락을 칼로 잘랐다. 보험금 때문이었다. 최씨는 골프 카트에 사고를 당한 것처럼 꾸며 3억 2,000만원의 보험금을 타냈다. 해외 조사가 어렵다는 점을 이용한 사건이었으나 결국 치밀한 수사망을 벗어나지 못했다. 더한 경우도 있다. 택시업을 하던 손모씨(41)는 자신의 손과 발을 스스로 묶은 후 달리는 열차에 발목을 절단시키고 이를 강도상해로 위장했다. 4개 보험사를 합해 7억여원 규모 상해보험에 가입한 뒤였다. 워낙 끔찍한 사고여서 누구도 자해로 의

심치 않았을 정도다.

둘째 사례, 강원도 홍천의 김모씨(35)는 배우자에게 드라이브를 하자고 속여 자신의 코란도 승용차에 태운 뒤 춘천호로 돌진했다. 아내의 사망보험금이 목적이었다. 김씨는 아내가 익사하지 않자 목을 졸라 살해한 뒤 교통사고로 위장해 13억원의 보험금을 청구했다. 김씨의 잔인한 행동은 별다른 수입도 없이 월 100만원에 달하는 보험료를 낸 점을 의심받아 발각됐다. 보험금의 유혹은 피붙이도 죽음으로 몰아넣었다. 충남 서산의 이모씨(36)는 지난 1999년 이후 사업실패로 경제적 어려움에 처하자 아들 2명과 조카 2명 명의로 보험에 든 뒤 저수지에 이들을 익사시켜 8억원의 보험금을 청구했다.

셋째 사례, 충북 청원의 정모씨(41)는 부도로 채무에 시달리자 2억 5,000만원을 받을 수 있는 보험에 든 뒤 영화의 한 장면 같은 사기극을 연출했다. 정씨는 노상에서 술 취해 잠들어 있는 노숙자를 유인, 자신의 옷을 입히고 결혼반지까지 끼운 뒤 차에 태운 채 불을 질렀다. 불탄 시체는 영문도 모른 채 감쪽같이 정씨의 대역이 되었다. 007작전을 방불케 하는 이 위장극으로 정씨의 부인이 보험금을 받았지만 5년 뒤 멀쩡하게 살아있는 정씨가 불심검문에 걸리며 만천하에 사건 전모가 드러났다.

### 7. 오른팔로만 5천만원 챙긴 보험사기범(www.fins.co.kr, 2007/03/22)

교통사고를 빙자해 자신의 오른팔로만 수천만원을 챙긴 보험사기범에게 실형이 선고됐다.

특별한 직업이 없어 일거리를 찾고 있던 이모씨는 작년 3월 서울 강남구의 한 동네에서 신호등에 서 있는 SM5 승용차를 발견했다. 이씨는 재빨리 승용차 옆으로 다가간 뒤 차가 서서히 움직이기 시작하자 자신의 오른쪽 팔을 차쪽으로 살짝 들이댔다. 사정을 모르고 있던 운전자는 계속 차를 움직였고 결국 승용차의 왼쪽 백미러와 이씨의 오른팔이 부딪쳤다.

이씨는 팔을 다쳤다며 운전자를 몰아붙였고 당황한 운전자는 어쩔 수 없이 보험회사에 사고신고를 접수했다. 이씨는 하나도 다치지 않았지만 병원에 입원했다. 그리고는 승용차보험회사로부터 치료비 등의 명목으로 940여만원을, 자신이 가입했던 보험회사에도 의료비 등을 청구해 900여만원을 받아냈다.

이씨가 자신의 오른팔만을 이용해 고의로 교통사고가 난 것처럼 사기를 친 횟수는 2002년부터 드러난 것만 10여 차례이고 챙긴 돈은 5천여만원에 이른다. 심지어 부상이 전혀 없는데도 무려 90여 일 동안 입원하기도 했다.

서울중앙지법 형사6단독 이동근 판사는 사기혐의로 구속기소된 이모씨에게 징역 2년을 선고했다고 22일 밝혔다. 이 판사는 판결문에서 '피고인에게 동종 전과가 없기는 하지만 챙긴 금액이 5천만원이 넘고 계획적으로 같은 범행을 수회 반복하는 등 죄질이 좋지 않다'며 실형 이유를 밝혔다.

Chapter 03

# 보험계약의 원리

## 제1절 보험계약의 의의와 기본조건

### 1. 보험계약의 의의

보험에 대한 정의처럼 보험계약에 대한 정의도 학자마다 다르고 법적 규정에 따라 다르다. 이는 시대의 변천과 함께 새로운 형태의 보험이 등장함에 따라 이들 보험계약에 대한 공통적이고 일반적인 정의를 내리는 것이 쉽지 않기 때문이다.

그래서 각국의 보험계약법은 대개 손해보험계약과 생명보험계약에 공통적으로 적용되는 통일적인 정의를 피하고 별개로 서로 다른 정의를 내리고 있는 것이 일반적인 형태지만, 우리나라의 상법은 이와 반대로 손해보험과 생명보험에 관한 통일적인 정의규정을 두고 있다. 즉, 우리나라 상법 제638조는 "보험계약은 당사자 일방이 약정한 보험료를 지급하고 상대방이 재산 또는 생명이나 신체에 관하여 불확정한 사고가 생길 경우에 일정한 보험금액, 기타의 급여를 지급할 것을 약정함으로써 효력이 생긴다"라고 규정하고 있다.

## 2. 보험계약의 성질

### 1) 낙성 · 불요식계약

보험계약은 당사자 쌍방의 의사표시의 합치만으로 성립되는, 즉 보험계약자의 청약에 대한 보험자의 승낙과 같이 계약당사자의 합의만으로 성립되는 낙성계약이며, 그 계약의 성립요건으로서 특별한 요식행위를 요구하고 있지 아니하므로 불요식계약이다. 즉 보험계약의 체결은 구두로 하든 서면으로 하든 상관이 없다. 그러나 실무상 보험계약을 체결함에 있어서는 사전에 보험자가 인쇄해 둔 보험청약서(slip)를 이용하고 또 계약의 성립과 동시에 보험증권을 교부하는 것이 보통인데, 이러한 것은 계약당사자의 편의에 따른 것이며 보험계약의 성립요건이 되는 것은 아니다.

### 2) 유상계약

보험계약은 보험자가 보험계약자에게 계약상 합의된 방법과 범위에서 사고발생 시 그 손해를 보상할 것을 확약하는 대가로서, 보험계약자는 보험자에게 보험료를 지급하는, 즉 계약당사자 상호 간에 대가적인 급부를 할 것을 목적으로 성립되는 계약이므로 유상계약이라 한다. 이때의 보험료는 보험자의 손해보상약속에 대한 대가로서 지급받는 약인(consideration)으로 이러한 대가가 없이 체결되는 계약을 무상계약이라 한다.

### 3) 쌍무계약

보험계약은 보험자가 보험계약자에게 사고발생 시 그 손해를 보상할 채무를 부담하고 보험계약자는 보험자에게 보험료를 지급할 채무를 부담하는, 즉 계약 성립과 동시에 계약당사자 쌍방 간에 채무를 부담하는 쌍무계약이다. 반면에 계약 성립과 동시에 당사자 일방만이 채무를 부담하고 타방은 채무를 부담하지 않는 계약을 편무계약이라 한다. 그런데 보험자는 보험사고가 생기지 않으면 보험금을 지급할 채무가 없는 불확정한 채무이기 때문에 보험자의 채무는 위험담보의 채무라고 하는 것이 타당할 것이다.

### 4) 사행계약

사행계약이라 함은 당사자에게 발생하는 구체적인 손익이 우연성을 가지는 계약을 말하는데, 보험계약은 보험자의 급부(보험금지급)가 우연한 사고의 발생에 의하여 좌우되는 점에서 일종의 사행계약이다. 보험계약에서 작은 보험료를 지불하고 보험사고가 발생하면 보험료의 수십 배 또는 수백 배되는 보험금을 지급받을 수 있다. 그리고 만약 보험사고가 발생하지 않으면 보험료만 지불한 결과를 초래할 수도 있다.

예를 들어, 오늘 보험료 10만원을 내고 자동차보험계약을 체결한 자가 1주일 만에 1,000만원 상당의 손실을 입고 보험자로부터 보상을 받는 경우, 보험계약자 또는 피보험자는 자신이 지불한 돈(10만원)에 비해 엄청난 금액(1,000만원)을 받게 된다. 이와 반대로, 수십 년 동안 보험료를 납입하고도 사고 한 번 안 일어난 경우에는 보험계약자 또는 피보험자가 지불한 금액에 비해 받은 금액은 거의 없는 상황이 된다.

그러나 보험계약의 경우 그 목적이 부의 획득에 있는 것이 아니고 보험자, 피보험자 모두가 위험의 분산 내지는 경감에 그 목적을 두고 있다. 즉, 보험계약은 우연한 사고로 인한 경제적 불안을 해소하는 데 목적이 있다. 반면에, 도박의 경우에는 돈을 얻은 자가 있으면 돈을 잃은 자가 반드시 있기 때문에 돈을 얻은 자의 이득은 돈을 잃은 자의 손해를 전제로 하기 마련이다. 그래서 일확천금의 횡재를 목적으로 하는 도박과 보험은 구별이 된다. 또한 도박의 경우 돈을 잃은 자의 손실은 영원히 회복할 수 없는 데 비하여 보험의 경우는 손실이 발생하면 그 전부 또는 일부가 보상된다는 점에서 도박과 다르다고 할 수 있다.

도박의 대상이 되는 위험은 손실의 가능성뿐만 아니라 이익의 가능성도 존재하는 투기위험이다. 그러나 보험의 대상위험은 손실의 가능성만 존재하는 순수위험이다.

### 5) 부합계약

보험계약은 계약자유의 원칙에 따라 계약조건을 상호 협의하여 정하지 않고 보험자가 제시하는 약관을 보험계약자가 승인함으로써 성립되는 부합계약이다. 다시 말하면 보험계약은 그 성질상 다수의 가입자를 상대로 하여 대량적으로 체결되어 그 계약의 정형화가 요구되기 때문에, 보험자가 미리 정한 보험약관이 보험계약자에게 부합될 경우 이를 승인함으로써 성립되는 부합계약이다. 보험계약은 일반적으로 보험회사가 미리 마련한 정형화된 약관에 따라 체결하게 된다.

보험계약의 내용이 보험자에 의하여 만들어진 것이기 때문에 만약 보험계약의 내용에 애매한 부분이 있으면 보험계약자에게 유리하게 해석하는 것이 일반적 관례이다.

### 6) 최대 선의(善意)의 계약

보험계약은 미래지향적이고 우연적 계약이며 리스크계약의 특성이 있기 때문에 보험자와 보험계약자 사이의 보험거래에 있어서 다른 종류의 상업적 계약에서 요구되는 정도 이상의 선의(善意)가 필요하다.

보험계약에서 최대 선의의 원칙(principle of utmost good faith)은 매우 중요한 영향을 미치며, 이러한 원칙이 준수되지 않는다면 보험제도의 운영은 거의 불가능하다. 보험자와 보험계약자는 보험계약이 추구하는 본래의 목적을 달성하기 위하여 거짓 없고 성실한 자세로 거래에 임해야 한다.

보험자는 계약의 내용과 거래의 절차를 성실하게 알려야 하고, 보험계약자는 보험계약을 체결하는 데 필요한 정보 및 자료를 거짓 없고 숨김없이 최대의 선의로 보험자에게 알려야 한다. 이러한 과정을 통해서만이 진실된 보험계약이 성립될 수 있는 것이다.

## 3. 보험계약의 성립요건

보험계약은 청약과 승낙으로 계약이 성립하지만, 이것이 법적 구속력을 갖기 위해서는 먼저 다음과 같은 네 가지 성립요건을 갖추어야 한다.

첫째, 양 당사자의 의사표시의 합의가 있어야 한다. 이것은 매매당사자가 자유로운 의사에 의한 합의로 계약을 성립시켰다는 상호동의(mutual assent)의 진실성이 있어야 한다는 의미이다. 따라서 강제나 사기에 의한 합의는 무효가 된다.

둘째, 약인(consideration)이 있어야 한다. 약인이라 함은 계약 성립을 위해 계약당사자 간에 서로 약속에 대한 대가를 지불하는 것을 의미한다. 보험자는 위험을 부담하고 보험사고발생 시 보험금지급을 약속하며, 보험계약자는 보험자의 위험부담에 대한 대가로서 보험료를 지급할 것을 약속하는 것과 같이 대가의 상호교환을 말한다.

셋째, 보험계약은 보험의 목적이 합법적이어야 한다. 여기서 보험의 목적이란 부보대상, 즉 손해보험에서는 보험사고의 객체가 되는 경제적 재화 또는 재산이 되며, 인보험에서는 보험사고의 객체가 되는 사람의 생명 또는 신체가 된다. 그러므로 손해보험에서 마약, 절도품, 밀수품, 탈세품 등은 비합법적인 보험의 목적이기 때문에 보험계약은 무효가 된다. 그리고 생명보험에서 만 15세 미만자, 심신상실자, 심신박약자 등의 생명을 보험의 목적으로 하는 계약은 비합법적이기 때문에 보험계약은 무효가 된다. 그러나 상해보험에서는 이들의 신체를 보험의 목적으로 하는 계약도 가능하다.

넷째, 당사자의 행위능력이 있어야 한다. 즉 보험자와 보험계약자 모두 법률행위를 할 수 있는 자격이 있어야 한다. 법적으로 계약을 체결할 수 있는 능력이 없는 사람들이 보험계약을 체결할 때 그 보험계약은 무효가 된다.

보험자는 그 법적 형태가 주식회사 또는 상호보험회사(현재 우리나라에 상호보험회사는 하나도 없다)이어야 하고, 보험회사는 300억원 이상의 자본금 또는 기금을 납입하여야 보험업을 개시할 수 있다. 그리고 보험사업을 적법하게 수행하기 위해서는 금융감독위원회의 영업허가가 있어야 한다.

일반적으로 대부분의 성인들은 합법적인 보험계약자가 될 수 있으나 미성년자, 금치산자 또는 한정치산자 등은 합법적인 보험계약자가 될 수 없다. 만약 이들이 스스로 보험계약을 체결하자면 법정대리인의 동의가 있어야 한다.

## 제2절 보험계약의 당사자

보험계약의 직접적인 당사자로서는 보험자와 보험계약자가 있으며, 보험계약의 이해관계자로서 손해보험에서의 피보험자와 생명보험에서의 보험수익자가 있고, 그 밖에 보험계약의 보조당사자가 있다.

### 1. 보험계약의 직접적인 당사자

#### 1) 보험자(insurer, underwriter)

보험자는 보험계약의 당사자로서 보험계약을 인수하고 보험계약자로부터 보험료를 받는 대신에 보험기간 중 보험사고가 발생할 경우 보험금을 지급할 것을 약속한 자를 말한다. 우리나라의 경우 보험사업은 회사조직이 아니면 영위할 수 없으므로 보험자는 곧 보험회사[01]를 가리킨다. 그러나 외

01 우리나라 보험회사는 보험회사 조직의 일부인 지점과 영업소를 설치하여 운영하고 있다. 지점장과 영업소장을 포함한 사무직원들은 회사로부터 봉급을 받는 정규직원인 반면 보험설계사는 보험판매실적에 따른 수당을 받는 비정규직원이다. 현재 보험회사의 지점조직은 단지 보험판매기능만을 수행하는 것이 아니고 본사의 지역분사로 보험업무를 총괄적으로 취급하고 있다.

국에서는 회사뿐만 아니라 개인도 보험자(underwriter)가 될 수 있다.

### 2) 보험계약자(policy holder)

보험계약자는 보험계약의 당사자로서 보험자와 보험계약을 체결하고 보험료를 지급하기로 약속한 자를 말한다. 즉 보험계약에서 자신이나 타인을 위하여 청약하고 보험자에게 보험료를 지급할 의무를 부담하는 자이다.

## 2. 보험계약의 이해관계자

### 1) 피보험자(insured, assured)

피보험자의 개념은 손해보험과 생명보험에서 각각 다른 의미로 쓰인다.

손해보험의 경우에 피보험자란 보험계약의 직접적인 당사자는 아니지만 피보험이익의 주체로서 보험계약에 의하여 보호되는 자, 즉 보험사고가 발생한 경우에 보험자로부터 손해의 보상을 받는 자를 말한다. 한편, 보험계약자와 피보험자가 같을 경우는 자신을 위한 보험이라고 하며, 보험계약자와 피보험자가 다를 경우에는 타인을 위한 보험이라고 한다.

생명보험의 경우에 피보험자란 "보험의 목적", 즉 사람의 삶과 죽음이라는 보험사고의 객체가 되는 자, 다시 말해서 그 생명이 보험에 부보되고 있는 자를 말한다. 생명보험의 경우 피보험자는 그 성질상 생명을 가진 자연인에 한정되며 생명의 위험이 없는 법인은 피보험자가 될 수 없다. 또한 만 15세 미만자, 심신상실자, 심신박약자는 피보험자가 될 수 없다. 보험계약자 자신이 피보험자가 될 수도 있으며 타인을 피보험자로 할 수 있다. 그런데 만약 타인을 피보험자로 하는 경우에는 보험계약체결 시에 그 타인의 서면에 의한 동의를 얻어야 한다. 즉 타인을 피보험자로 할 경우에는 피보험자의 동의가 있어야 하며 동의가 없는 경우에는 무효가 된다.

### 2) 보험수익자(beneficiary)

보험수익자란 용어는 손해보험에서는 사용되지 않고 인보험에서만 사용된다. 보험수익자란 손해보험에서의 피보험자를 의미하기 때문이다. 생명보험의 경우 피보험자는 자연인에 국한하나, 보험수익자는 자연인은 물론 법인도 될 수 있다.

인보험에서 사용되는 보험수익자는 보험사고발생 시 보험자로부터 보험금을 지급받는 보험금 청구권자로서 보험계약자가 보험계약 시 지정할 수 있다. 만약 보험계약자가 보험계약체결 시 보험수익자를 지정하지 않은 경우에는 피보험자를 보험수익자로 본다. 한편, 보험계약자가 보험수익자를 변경하고자 할 경우에는 보험금의 지급사유가 발생하기 전에 피보험자의 서면에 의한 동의가 있어야 한다. 그런데 만약 피보험자보다 보험수익자가 먼저 사망했는데도 보험계약자가 보험수익자를 변경하지 않은 상태에서 피보험자가 사망한 경우에는 보험수익자의 법정상속인이 보험금을 지급받는다.

한편, 보험계약자와 보험수익자가 같을 경우는 자신을 위한 보험이라고 하며, 보험계약자와 보험수익자가 다를 경우에는 타인을 위한 보험이라고 한다.

## 3. 보험계약의 보조당사자

### 1) 보험대리점(insurance agent)

보험대리점은 보험사업자를 위하여 보험계약체결, 보험료 수령, 영수증 발급, 계약상담 등을 대리하는 자를 말한다. 보험대리점은 “일사전속제”가 적용되지 않아 여러 보험회사(생명보험 및 손해보험 겸업도 가능)와의 계약체결을 통해 보험모집을 할 수 있다. 보험대리점을 영위하기 위해서는 금융감독원에 보험대리점 등록을 해야 한다.

보험대리점은 보험회사와의 계약에 따라 일정한 상품에 대해 판매 및 계약을 대행하고 수수료를 받는 독립된 사업자이다.

### 2) 금융기관 보험대리점(bancassurance)

방카슈랑스는 프랑스어인 banque(은행)와 assurance(보험)의 합성어로서, 은행, 증권회사 등의 금융기관이 보험회사의 대리점 자격으로 보험계약의 체결을 대리하고 보험회사로부터 수수료를 받는 것을 의미한다.

은행 등의 금융기관은 이미 구축되어 있는 점포망 및 판매조직을 활용하여 보험상품을 판매하기 때문에 보험료가 저렴하고 또한 여러 보험회사의 다양한 상품을 비교하여 선택 가입할 수 있다. 또한 은행상품과 보험상품의 장점만 취한 복합상품도 접할 수 있으며 보험, 예금, 투자상품 등 포괄적인 금융정보 및 개인자산관리 컨설팅서비스를 종합적으로 받을 수 있다.

금융기관 보험대리점은 금융기관 점포를 방문한 사람에게 보험가입 권유 후 모집하거나, 인터넷 홈페이지를 이용하여 불특정다수를 대상으로 보험상품을 안내 또는 설명하여 모집할 수 있다.

한편, 금융기관의 본점, 지점 등 점포별로 2인까지만 모집에 종사할 수 있으며, 방문판매 또는 금융기관 점포 외의 장소에서 모집은 할 수 없다.

### 3) 보험중개사(insurance broker)

보험중개사는 특정 보험회사에 소속되지 않고 독립적으로 보험계약의 체결을 중개하는 자로서, 보험중개사 자격시험에 합격한 뒤 금융감독원에 등록을 하여야 한다.

즉 보험대리점과는 달리 보험자와 완전히 독립하여 보험계약자를 위해 최선의 보험요율과 조건으로 보험계약을 주선하는 전문직업인이다. 다른 보험조직은 보험회사를 대리 또는 대표하는 조직인 데 반하여, 보험중개사는 보험계약자의 이익을 위해 활동한다는 점이 다르다.

보험중개사는 보험사업자와 보험계약자의 중간에 서서 객관적으로 다수의 보험회사 상품 중에서 소비자가 요망하는 최적의 상품을 중개해 주는 자이다. 보험중개사는 보험을 가입한 보험회사로부터 판매수수료를 받는 것이 일반적 관례이다. 그리고 보험중개사는 보험계약자와 보험자 간의 계약체결 후 발생되는 결과에 대해 법적인 책임을 지지 않는다.

### 4) 보험설계사

보험설계사란 보험사업자를 위하여 보험계약의 체결을 중개하는 자로서, 보험업법에 따라 금융감독원에 등록하여야 하나 현재는 등록업무를 위임받은 손해 · 생명보험협회에 등록하여야 한다.

보험가입자 보호 및 건전한 보험모집질서 확립을 위하여 "일사전속주의"를 채택하여 보험설계사의 소속 보험회사 이외의 보험회사를 위한 보험모집 행위를 금지하고 있다.

이러한 보험설계사는 보험회사에 종속되어 있고 보험회사의 직접적인 지휘 · 감독을 받으며 일정한 비율의 수당을 대가로 보험모집에 종사하고 있다.

### 5) 보험의

보험의(保險醫)는 생명보험계약과 관련된 것으로서 피보험자의 신체검사를 담당하고 그 결과를 보험자에게 제공하는 의사를 말한다. 보험의는 보험자가 고용하거나 위임계약에 의하여 관계를 맺게 되며 보험대리점처럼 고지수령권이 있다.

# 제3절 보험계약의 성립 및 주요 용어

## 1. 보험계약의 성립

보험계약은 보험계약자의 청약과 보험회사의 승낙으로 이루어진다.

### 1) 청약

청약이란 계약을 성립시킬 목적으로 청약자가 피청약자에게 행하는 확정적인 의사표시이다. 즉 보험계약자가 보험회사에 대하여 일정한 보험계약을 체결할 것을 목적으로 행하는 의사표시이다. 금융감독원의 인가를 받은 보험계약청약서를 사용해야 한다.

### 2) 청약 철회

보험계약자는 청약일 또는 제1회 보험료 등을 납입한 날로부터 15일 이내에 보험계약의 청약을 철회할 수 있다. 다만, 가입이 강제되는 의무보험에 대해서는 청약을 철회할 수 없다.

### 3) 청약에 대한 승낙과 거절

보험회사는 계약의 청약을 받고 제1회 보험료 등을 받은 경우 청약일(건강진단계약의 경우는 진단일)부터 30일 이내에 승낙 또는 거절하여야 하며, 만일 30일 이내에 승낙 또는 거절의 통지가 없으면 승낙된 것으로 본다.

보험회사가 청약을 승낙한 때에는 지체 없이 보험증권을 보험계약자에게 교부한다. 만일 보험회사가 청약을 거절한 경우에는 거절통지와 함께 받은 금액을 보험계약자에게 반환한다.

### 4) 승낙 전 보험사고

보험회사가 보험계약자로부터 계약의 청약과 함께 제1회 보험료 등을 받고 그 청약을 승낙하기 전에 보험금지급사유(보험사고)가 발생한 경우 그 청약을 거절할 사유(예컨대, 고지의무위반이 있거나 피보험자가 받아야 할 신체검사를 받지 아니한 경우 등)가 없는 한 보험회사는 계약상의 책임을 진다. 그러나 보험자의 책임의 시기가 개시되지 아니한 경우에는 계약상의 책임을 지지 아니한다.

## 2. 보험계약의 주요 용어

### 1) 보험의 목적

보험의 목적은 보험사고의 객체가 되는 경제적 재화 또는 재산, 보험사고의 객체가 되는 사람의 생명 또는 신체를 의미한다. 다시 말해 보험의 목적은 보험계약의 대상(부보대상)을 말한다.

즉 손해보험에서의 보험의 목적은 보험사고의 객체가 되는 경제적 재화 또는 재산을 의미하고, 인보험에서의 보험의 목적은 보험사고의 객체가 되는 사람의 생명이나 신체를 의미한다.

### 2) 보험사고

보험사고란 보험계약에서 보험자의 보험금지급사유를 발생시키는 사고 또는 사실을 의미한다.

손해보험에서는 보험자의 보험금지급사유를 발생시키는 사고(화재, 충돌 등)를 보험사고라 하지만, 생명보험에서는 보험자의 보험금지급사유를 발생시키는 사실을 보험사고라 한다.

예컨대, 생존보험에서의 보험사고는 피보험자가 보험기간이 종료되었을 때 생존해 있는 것을 의미하고, 사망보험(정기보험)에서의 보험사고는 피보험자가 보험기간이 종료되기 전, 즉 보험기간 내에 사망하는 것을 의미한다. 생사혼합보험(양로보험)의 보험사고는 피보험자가 보험기간 내에 사망하거나 보험기간이 종료되었을 때 피보험자가 생존해 있는 것 모두를 보험사고로 여긴다.

### 3) 보험료

보험료(premium)는 보험자의 위험부담에 대한 대가로서 보험계약자가 보험자에게 지급하는 금전을 말한다. 보험료에 대하여는 보험계약자가 제1차적으로 지급의무를 지지만, 보험계약자가 파산을 선고받거나 보험료의 지급을 지체하는 때에는 제2차적으로 피보험자(손해보험) 또는 보험수익자(인보험)도 지급할 의무가 있다.

보험료에는 순보험료와 부가보험료가 있는데, 이를 합하여 총보험료라고 한다. 순보험료는 보험사고발생 시 보험금지급에 충당되는 금전이고, 부가보험료는 보험계약의 체결 및 유지 · 관리 등에 필요한 경비(사원의 급료, 대리점수수료, 광고선전비, 건물임대료 등)에 충당되는 금전으로 보험회사의 사업비를 말한다.

### 4) 보험금

보험금은 보험사고가 발생하였을 때 보험자가 손해보험의 경우에는 피보험자에게, 생명보험의 경우에는 보험수익자에게 지급하는 금전을 말한다.

손해보험의 경우 보험금액 또는 보험가입금액이란 현실적으로 부보된 금액으로 손해발생 시에 보험자가 부담하는 보상책임의 최고한도액을 의미한다. 손해보험은 실손보상의 원칙에 따라 보험금액 한도 내에서 피보험자가 입은 실제 손해액을 보상하게 된다. 그러므로 전손의 경우에는 보험금액과 보험금이 동일하지만 분손의 경우에는 동일하지 않다.

생명보험에서는 피보험자의 경제활동력 상실을 보험사고로 간주한다.

그런데 이러한 피보험자의 경제활동력은 그 측정이 곤란하다. 그래서 피보험자의 경제활동력을 둘러싸고 발생할 수 있는 분쟁을 미연에 방지하기 위하여 계약 시에 사전에 정해진 보험금을 지급하는 정액보상의 형태를 취하고 있다. 그러므로 생명보험의 경우에는 보험사고가 발생하면 이미 약정된 보험금을 지급하게 된다. 따라서 생명보험에서는 계약체결 시 약정한 보험금액과 보험사고발생 시 지급되는 보험금은 동일하다.

### 5) 보험기간과 보험계약기간

보험기간은 보험자의 책임이 존속되는 기간을 말한다. 즉, 보험자가 보험사고가 발생한 경우에 손해보상 또는 일정 금액을 지불해야 할 책임이 개시한 후 종료할 때까지의 기간을 의미한다. 보험자는 보험기간 중에 발생한 위험(보험사고)에 의해서 생긴 손해를 보상할 책임을 진다.

상법 제656조는 보험기간은 보험계약 당사자 간에 다른 약정이 없는 한 최초의 보험료를 받은 때로부터 개시한다고 규정하고 있다. 따라서 보험계약이 체결되었을지라도 최초의 보험료가 지급되지 않으면 보험기간이 개시되지 않으므로 보험자는 보험금지급책임을 지지 않는다.

한편, 보험계약기간은 보험계약이 유효하게 존속하는 기간, 즉 보험계약 성립의 때로부터 그 종료에 이르기까지의 기간을 가리킨다. 보험계약의 성립은 보험계약자의 청약과 보험자의 승낙이 있을 때 이루어진다.

### 6) 보험증권

보험증권(insurance policy)은 보험계약의 성립 및 그 내용을 증명하기 위하여 계약의 내용을 기재하고 보험자가 서명하여 보험계약자에게 교부하는 증서를 말한다. 보험증권에는 보험약관을 비롯하여 계약의 내용이 되는 특정사항이 기재된다.

상법 제640조는 “보험자는 보험계약이 성립한 때에는 지체 없이 보험증권을 작성하여 보험계약자에게 교부하여야 한다. 그러나 보험계약자가 보험료의 전부 또는 최초의 보험료를 지급하지 아니한 때에는 그러하지 아니하다"고 규정하고 있다.

보험계약은 요식계약이 아니고 낙성계약이기 때문에 보험증권의 발행·교부는 보험계약 성립의 전제요건은 아니다. 또한 보험계약자의 서명은 필요로 하지 않고 보험자만이 보험증권에 기명·날인하므로 계약서도 아니다. 더욱이 보험증권의 소지가 없으면 보험금 청구권이 인정되지 않는 것도 아니므로 유가증권도 아니다.

### 7) 보험약관

#### (1) 보험약관의 의의

보험약관은 보험자가 미리 작성한 보험계약의 내용을 이루는 정형적이고 표준적인 계약조항을 말한다. 보험자가 일방적으로 보험약관을 작성하는 것은 보험자는 불특정다수인을 상대로 보험계약을 체결해야 하므로 보험계약 때마다 보험계약자와 개별적인 합의를 통해 계약조항을 준비한다는 것은 거의 실현 불가능하기 때문이다. 따라서 보험자가 미리 정한 일반적이고 표준적인 조항에 대해 보험계약자가 포괄적으로 승인하게 될 때 보험계약이 체결된다. 이러한 보험계약의 성질을 부합계약성이라 한다.

보험약관에는 보통보험약관(표준약관)과 특별보험약관이 있다. 보통보험약관은 특정 종류의 보험계약에 공통으로 적용되는 조항을 규정한 기본적인 보험약관으로서 모든 보험상품약관의 모체가 된다. 한편, 특별보험약관은 보통보험약관(표준약관)의 규정을 변경, 보충, 배제하는 계약조건을 정해 놓은 약관을 말한다.

#### (2) 보험약관에 대한 해석원칙

보험약관을 해석할 때에는 이를 객관적으로 해석하여야 한다. 그러므로 약관은 계약자에 따라 구구하게 해석되지 않고 일관성을 가지고 동일하게 해석되어야 한다. 그 다음으로 약관과 다른 당사자의 합의 또는 개별약정이 있을 경우 개별약정이 우선한다. 이 원칙은 특별보험약관이 보통보험약관에 우선하여 적용하는 것과 일맥상통한다. 마지막으로 약관의 뜻이 애매한 때에는 보험자에게 불리하게 그리고 보험가입자에게 유리하게 해석하여야 한다(문서작성자 불이익의 원칙).

### (3) 보험약관 교부 및 설명의무

보험회사는 보험계약을 체결할 때 보험계약자로부터 자필서명[02]을 받은 청약서 부본 및 보험약관을 보험계약자에게 교부하고 보험약관의 중요한 내용을 보험계약자에게 설명하여야 한다.[03] 이것을 보험약관의 교부 및 설명의무라 한다.

보험약관의 중요한 내용이라 함은 보험료와 그 납입방법, 책임개시일, 보험사고 내용, 해지사유 및 보험회사의 면책사유 등 계약당사자의 권리 및 의무와 관련된 사항이라 할 수 있다. 그리고 보험약관의 교부 및 설명의무자는 보험회사이지만 현실적으로 보험설계사 및 보험대리점이 보험회사를 대신하여 보험약관의 교부 및 설명의무를 진다.

만약 보험약관의 교부 및 설명의무를 위반한 때에는 보험계약자는 보험계약 성립일로부터 1월(생명보험의 경우 청약일로부터 3개월) 내에 그 계약을 취소할 수 있다. 계약이 취소된 경우 보험회사는 보험계약자에게 이미 납입된 보험료를 돌려주어야 한다.

또한 보험약관의 교부 및 설명의무위반으로 인하여 보험계약이 무효[04]가 되어 보험금을 받지 못하게 된 경우에는 보험자가 이에 대한 손해배상책임을 지게 된다. 그리고 보험약관 교부 및 설명의무를 위반하여 보험계약

02 전자서명법 제2조 제10호의 규정에 의한 공인인증기관이 인증한 전자서명을 포함한다.

03 다만, 컴퓨터를 이용하여 보험거래를 할 수 있도록 설정된 가상의 영업장(사이버몰)을 이용하여 계약을 체결하고 전자문서 및 전자거래기본법에서 규정하는 절차에 따라 약관 및 청약서 부본을 전자문서로 송신하고 계약자 또는 그 대리인이 당해 문서를 수신하였을 때에는 약관 및 청약서 부본을 교부한 것으로 보며, 약관의 중요한 내용에 대하여 계약자가 사이버몰에서 확인한 때에는 약관의 중요한 내용을 설명한 것으로 본다.

04 예컨대, 타인을 피보험자로 하는 생명보험계약에서는 계약체결 시까지 피보험자의 서면에 의한 동의를 얻지 못하면 무효가 된다는 사실을 설명하지 않은 경우 등

자 등이 고지의무를 위반한 경우에는 보험자가 고지의무위반을 주장할 수 없다.

## 제4절 고지의무와 통지의무

### 1. 고지의무

#### 1) 고지의무의 의의

고지의무(duty of disclosure)란 보험계약자 또는 피보험자가 보험계약 체결 당시에 보험자에 대하여 중요한 사실을 고지하고 그 중요한 사실에 대하여 부실고지를 하지 아니할 의무를 말한다.

보험계약의 체결 시 보험자는 위험을 인수할 것이냐, 또 인수한다면 그 보험요율을 어떻게 정할 것이냐를 결정하기 위하여 위험(risk)에 대한 정확한 평가를 하여야 한다. 이것을 위해서는 보험자가 스스로 자발적인 조사를 할 수도 있다. 그러나 다수의 보험계약자를 대상으로 하는 보험계약에 있어서는 일일이 보험의 객체에 대한 조사를 실시하여 위험을 선택한다는 것이 사실상 불가능하다. 따라서 보험자는 보험계약자 등의 협조를 얻어 위험을 선택할 수밖에 없는데, 여기에 고지의무제도의 뜻이 있다.

그래서 보험계약자 또는 피보험자는 보험자에게 보험사고발생의 가능성을 측정하는 데 중요한 사항에 관하여 완전하고 올바르게 진실을 알릴 것이 요구된다.

요컨대 고지의무는 보험자가 사고발생의 가능성을 측정하는 데 도움이 되도록 보험목적의 위험사정에 대하여 가장 잘 알고 있는 보험계약자로 하여금 보험계약체결 전에 자기가 알고 있는 중요한 사항(material facts), 즉 신중한 보험자가 보험의 인수여부 및 보험료를 산정하는 데 영향을 미치는 일체의 사항을 고지할 의무를 말한다.

고지의 방법에 대하여는 법률상 특별한 제한이 없으므로 구두에 의하든 서면에 의하든 상관이 없으나, 실무상으로는 보험계약청약서(slip)에 질문란을 두어 그곳에 기재하도록 하고 있는 것이 일반적이다.

보험계약자는 보험자의 질문 유무에 관계없이 중요한 사항을 자발적으로 고지하게 되어 있으나, 구체적으로 무엇이 중요한 사실인가의 판단을 보험의 전문적 지식을 가지지 않은 사람에게 요구하는 것은 비합리적이기 때문에 실제로는 보험자가 보험계약청약서에 질문란을 두고 고지를 요하는 사항을 기재하여 보험계약자에게 이에 대한 진술을 요구하는 방식을 취하고 있는데, 이를 질문표제도라고 한다. 상법 제651조의2는 보험자가 서면으로 질문한 사항은 중요한 사항으로 추정한다고 규정하고 있다.

### 2) 고지의무위반의 효과

보험계약체결 전에 보험계약자가 고의 또는 중대한 과실로 인하여 중요한 사항을 고지하지 아니 하거나 부실의 고지를 한 때에는 고지의무위반이 된다. 여기서 불고지(non-disclosure)란 중요한 사실을 알고 있으면서 알리지 않은 것(묵비한 것)을 말하며, 부실고지(misrepresentation)란 사실과 달리 진술한 것(허위진술)을 말한다.

그런데 보험계약에 있어서 고지의무는 보험자가 보험계약자에게 그 이행을 강제하거나 또는 그 불이행에 대하여 손해배상을 청구할 수 있는 것이 아니라, 고지의무위반의 효과로서 보험계약을 해지하고 보험금의 지급을 거절할 수 있다.

즉 보험사고의 발생 후에도 보험자는 고지의무위반을 이유로 보험계약을 해지할 수 있다. 이때 보험자가 이미 보험금을 지급한 경우에는 그 반환을 청구할 수 있고, 아직 보험금을 지급하지 않은 경우에는 보험금을 지급할 책임이 없다.

한편, ① 보험자가 보험계약 당시에 고지의무위반을 알았거나 중대한 과실로 인하여 알지 못한 때, ② 보험자가 고지의무위반을 안 날로부터 1개월이 초과하거나 계약체결 후 3년이 초과한 때, ③ 고지의무위반으로 인한 보험사고가 아닌 때에는 비록 고지의무를 위반했더라도 보험자는 보험계약을 해지할 수 없다.

## 2. 통지의무

### 1) 통지의무의 의의

보험계약체결 전의 의무인 고지의무에 비해 통지의무란 보험계약체결 후 보험기간 중에 보험사고의 발생을 안 때 또는 사고발생의 위험이 현저하게 변경 또는 증가된 사실을 안 때에는 보험계약자 또는 피보험자나 보험수익자는 이러한 사실을 지체 없이 보험자에게 통지해야 하는데 이를 통지의무라 한다. 이러한 통지의무는 보험자에게 사고발생 원인, 손해의 종류 · 범위의 확정, 손해방지에 필요한 조치를 취할 기회를 주기 위한 것이다.

한편, 보험기간 중에 보험계약자 또는 피보험자나 보험수익자의 고의 또는 중대한 과실로 인하여 사고발생의 위험을 현저하게 변경 또는 증가시키지 아니할 의무를 부담하는데 이를 위험유지의무라 한다.

### 2) 통지의무위반의 효과

보험계약자 또는 피보험자나 보험수익자가 보험사고의 발생을 알고도 통지를 게을리한 경우에는 보험자는 계약을 해지할 수 없으나, 통지를 게을리하여 손해가 증가된 때에는 그 증가된 손해에 대해 보상할 책임이 없다.

한편, 보험기간 중에 사고발생의 위험이 현저하게 변경 또는 증가된 사실을 알고도 통지를 게을리한 경우 보험자는 그 사실을 안 날로부터 1월 내에 계약을 해지할 수 있고, 위험이 현저하게 변경 또는 증가된 사실을 통지받은 경우에는 보험자는 1월 내에 보험료의 증액을 청구하거나 계약을 해지할 수 있다. 그리고 보험기간 중에 보험계약자 또는 피보험자나 보험수익자의 고의 또는 중대한 과실로 인하여 사고발생의 위험이 현저하게 변경 또는 증가된 경우 보험자는 그 사실을 안 날로부터 1월 내에 보험료의 증액을 청구하거나 계약을 해지할 수 있다.

다만, 보험기간 중 위험의 현저한 변경 또는 증가로 인한 보험사고가 아닌 때에는 비록 위험이 현저하게 변경 또는 증가되었다 하더라도 보험자는 보험계약을 해지할 수 없다.

**보험이야기**

**1. 보험수익자를 상속인으로 정하였는데…(blog.naver.com, 2004/2/10)**

사망 시 수익자를 "상속인"으로 지정한 경우 또는 사망 시 수익자로 지정된 사람이 사망하였음에도 수익자 변경을 하지 않고 있다가 보험사고가 발생한 경우(이때는 지정된 사망 시 수익자의 "상속인"이 보험수익자가 된다)에 누가 보험금을 받아갈 수 있느냐 하는 문제가 발생한다.

상속을 받는 사람을 상속인이라 하고 사망한 사람을 피상속인이라 하는데, 상속인 자격을 가지는 사람이 여러 명이 될 수 있고, 다툼의 가능성이 있으므로 우리나라에서는 법으로 상속순위를 정하여 변경할 수 없도록 하고 있다(민법 제 1000조). 민법이 규정하고 있는 상속순위는 다음과 같다.

- 제1순위 : 피상속인의 직계비속
- 제2순위 : 피상속인의 직계존속
- 제3순위 : 피상속인의 형제자매
- 제4순위 : 피상속인의 4촌 이내의 방계혈족
- 배우자 : 직계비속이 있으면 직계비속과 같은 순위, 직계비속이 없으면 직계존속과 같은 순위, 직계비속과 직계존속이 없으면 단독상속인이 된다. 단, 상속분은 직계비속이나 직계존속보다 1.5배를 더 가지게 된다.

**(1) 직계비속**

맏아들인지의 여부, 출가여부 및 성별과 관계없이 모두 동일한 비율로 상속하는 것이 원칙이다. 다만, 피상속인의 배우자가 있는 경우에는 배우자에게 직계비속 상속분의 50%를 더 상속하게 된다.

예를 들어서 자녀만 3명(A, B, C)이 있는 경우에는 각각 1/3의 비율로 상속받게 된다. 이를 도식화하면 다음과 같다.

A : 1/(1+1+1) = 1/3

B : 1/(1+1+1) = 1/3

c : 1/(1+1+1) = 1/3

한편 배우자(D)가 있고 자녀가 3명(A, B, C)이 있는 경우에는 자녀는 각각 1/4.5를 받게 되고, 배우자는 1.5/4.5를 받게 된다. 이를 도식화하면 다음과 같다.

A : 1/(1+1+1+1.5) = 1/4.5

B : 1/(1+1+1+1.5) = 1/4.5

C : 1/(1+1+1+1.5) = 1/4.5

D : 1.5/(1+1+1+1.5) = 1.5/4.5

**(2) 직계존속**

직계존속 간은 동일한 비율로 상속하게 된다. 다만, 피상속인의 배우자가 있는 경우에는 배우자에게 직계존속 상속분의 50%를 더 상속하게 된다.

예를 들어 미혼인 남자가 사망 시 그 남자의 부모(A, B)는 각각 1/2의 비율로 상속을 받게 된다. 이를 도식화하면 다음과 같다.

A : 1/(1+1) = 1/2

B : 1/(1+1) = 1/2

한편 남편이 사망할 경우 시부모(A, B)는 각각 1/3.5을 받게 되고 배우자(C)는 1.5/3.5를 상속받게 된다. 이를 도식화하면 다음과 같다.

A : 1/(1+1+1.5) = 1/3.5

B : 1/(1+1+1.5) = 1/3.5

C : 1.5/(1+1+1.5) = 1.5/3.5

**(3) 형제자매 또는 4촌 이내의 방계혈족**

동일한 상속순위에 해당하는 상속권자에게는 모두 동일한 비율로 상속한다.

하지만 통상적으로 일반적인 가정에는 부모, 즉 직계존속이 존재하거나, 자녀, 즉 직계비속이 존재할 뿐만 아니라 직계존 · 비속 모두 존재하지 않는다 하더라도 배우자가 있는 경우에는 배우자가 단독 상속인으로서의 자격을 가지므로 배우자가 모두 상속하게 된다.

따라서, 여기서 따져 볼 필요는 없을 것 같다.

결국, 법정상속인이란 피상속인이 사망 시 유언이 없고, 공동상속인 간의 협의분할도 원만히 이루어지지 않을 경우 상속순위나 상속비율에 있어서 기준점이 되는 것이라 보면 되고, 일반적인 가정에서는 부모, 자녀, 배우자 등이 법정상속인의 자격을 가지는 것이라 이해하면 되겠다.

### 2. 보험계약 무효라도 손해배상책임 인정(fins.co.kr, 2003/11/13)

보험설계사가 보험계약서에 필요한 기재사항을 정확히 알려주지 않아 보험계약이 무효가 되었다 하더라도 보험사는 보험금에 해당하는 만큼의 손해배상책임을 져야 한다는 판결이 나왔다.

서울지법 민사합의13부(재판장 김희태 부장판사)는 13일 '보험계약체결 시 남편의 서면동의가 필요한데도 모집인이 이를 알려주지 않아 계약이 무효화됐다'며 최모씨가 H보험사를 상대로 낸 보험금 청구소송에서 '피고는 원고에게 9천만원을 지급하라'고 원고 일부승소 판결했다.

재판부는 판결문에서 '피보험자의 사망을 보험사고로 하는 보험계약을 체결할 때는 피보험자의 서면동의가 필수적임에도 최씨는 피보험자인 남편의 서면동의 없이 계약을 했으므로 이 계약은 무효여서 H사는 보험금을 지급할 필요가 없다'고 밝혔다.

재판부는 그러나 '계약 무효는 보험설계사가 남편의 서면동의가 필요하다는 점을 최씨에게 알리지 않았고 서면동의를 요구하지도 않았기 때문에 초래됐다'며 '이는 보험설계사의 보험약관 및 설명의무를 위반한 것으로서 피고는 보험금에 해당하는 금액의 손해배상책임을 져야 한다'고 말했다.

최씨는 지난 1998년 6월 남편에게 사망사고가 생길 경우 보험금을 받기로 하는 보험계약을 H사와 체결했고, 한때 보험료가 연체돼 2002년 10월 계약 부활을 위해 청약서를 다시 작성하기도 했으나 보험모집인 김모씨에게서 이런 유형의 보험계약에는 남편의 서면동의가 필요하다는 점을 고지받지 못했다.

### 3. 계약 시 보상 질병과 관련 없는 병력과 고지의무(보험매일, 2003/02/22)

보험 분쟁 중 가장 빈번하게 발생하는 것이 고지(告知)의무이다. 고지의무란 보험계약 시 보험계약자와 피보험자가 보험회사에 알려야 하는 사항이다. 아무거나 다 알려야 하는 것은 아니고 건강상태 · 병력 등 보험계약과 관련된 중요한 사항을 알려야 한다. 계약자는 보험계약 시 청약서에 인쇄된 고지사항만 사실대로 기재하면 보통은 고지의무를 다하게 되는 것이다.

고지의무를 위반하면 보험회사는 계약을 해지하게 되고 사고가 나도 보험금을 지급하지 않는다. 중요한 것은 계약자가 고지를 사실과 다르게 했거나, 아예 고지하지 않은 사실(불고지)과 보험사고 사이에 인과관계가 없으면 보험회사는 보험금을 지급해야 한다는 사실이다. 예컨대 다리골절로 치료를 받은 사실을 고지하지 않았다가 폐암이 걸린 경우 다리골절과 폐암 사이는 아무런 인과관계가 없으므로 보험회사는 보험금을 지급해야 한다.

이런 사실을 일반인이 잘 모르는 점을 악용하여 보험회사가 보험금을 지급하지 않는 사례가 늘고 있다. 실제 사례를 보면 무릎십자인대 파열로 치료한 사실을 고지하지 않았다가 간암에 걸린 계약자에게 보험회사에서 고지의무위반이라고 계약을 해지한 경우가 있다.

PART
02

# 손해보험

Chapter 04

# 손해보험의 개념

## 제1절 손해보험의 의의

가계, 기업은 물론이고 모든 개별경제주체는 풍수해, 화재, 폭발, 교통사고, 해난, 추락 등 여러 가지 육상위험, 해상위험, 항공위험 등에 의하여 소유하는 재산 등이 멸실되거나 손상을 입기도 하며, 신체에 상해를 입거나 수익의 상실 또는 손해배상책임을 지는 등 다양한 경제적 손해의 가능성에 직면하고 있다.

손해보험은 이와 같은 개별경제주체가 입게 되는 다양한 손해보상을 목적으로 하는 경제제도이다. 즉, 손해보험은 다양한 위험으로 인하여 경제적 손해를 입게 되는 개별경제주체가 다수 결합하여 합리적으로 계산된 보험료를 갹출하여 공동준비금을 마련하고 이로써 손해보상을 행한다는 경제제도이다.

상법 제638조는 손해보험과 인보험을 포함하여 "보험계약은 당사자 일방이 약정한 보험료를 지급하고 상대방이 재산 또는 생명이나 신체에 관하여 불확정한 사고가 생길 경우에 일정한 보험금액 기타의 급여를 지급할 것을 약정함으로써 효력이 생긴다"고 규정하고 있고, 상법 제665조에서는 "손해보험계약의 보험자는 보험사고로 인하여 피보험자가 입은 재산상의 손해를 보상할 책임이 있다"고 규정하고 있다.

위 상법상의 조항을 근거로 하여 손해보험을 정의하면, 손해보험이란 보험계약자가 보험료를 지급하는 대가로 보험자는 보험사고로 인한 피보험자의 재산상의 손해를 보상하는 보험이라고 할 수 있다.

손해보험으로 상법에서 규정하고 있는 것은 화재보험, 운송보험, 해상보험, 책임보험, 자동차보험 등이 있다.

## 제2절 손해보험의 주요 원리

### 1. 피보험이익

#### 1) 피보험이익의 의의

손해보험계약의 목적은 담보위험에 의하여 입은 보험목적물에 대한 손해를 피보험자에게 보상하는 것이다. 이러한 손해를 보상받기 위하여 피보험자는 보험목적물에 이해관계를 가져야 한다. 만약 이해관계가 없다면 손해를 당할 일도 보상받을 일도 없게 된다. 따라서 피보험이익이란 보험목적물에 대한 특정인의 이해관계를 의미한다고 할 수 있다. 다시 말해 피보험이익이란 보험목적물이 멸실 또는 손상됨으로써 경제적으로 손실을 입게 되는 특정인이 보험계약에 의거하여 보험자로부터 보호받는 이익을 말한다. 즉 손해보험계약은 보험목적물의 멸실 또는 손상에 대해 보상하는 것이 아니고, 보험목적물의 멸실 또는 손상으로 인하여 피보험자가 입은 재산상의 손해를 보상하는 것이다.

만약 "갑"이라는 사람이 자기와 아무 관계도 없는 옆집을 보험목적물로 하여 화재보험에 가입하고 보험료를 지불하였다고 가정하자. 보험기간 동안에 발생할 수 있는 상황은 두 가지로 화재가 발생하는 경우와 발생하지 않는 경우이다. 화재가 발생하지 않으면 "갑"은 보험료만 지불하게 되는 셈이 된다. 그러나 화재가 발생하면 보험료의 수십 배 또는 수백 배가 되는 보험금을 받게 된다. 이 경우에 "갑"은 옆집에 대하여 피보험이익이 없기 때문에 보험금과 보험료 차이에 해당하는 순이익을 갖게 되는 결과가 초래된다. 피보험이익이 없는 사물을 대상으로 보험에 가입할 때 그것은 사고발생에 따른 보험금 취득을 목적으로 하는 도박이 되며 때로는 보험계약자가 고의적으로 사고를 유발케 하여 사회적으로 문제를 야기하게 된다. 즉 도덕적 위태(moral hazard)를 증가시키는 중요한 요인이 된다.

그래서 "피보험이익이 없는 곳에 보험은 없다(no insurable interest, no insurance)"라는 말과 같이 피보험이익이 존재하지 않으면 사고가 발생해도 손실을 보지 않으므로 손해보험은 성립되지 않는다. 따라서 피보험이익이 없는 보험계약은 도박에 지나지 않으며 그러한 보험계약은 무효이다.

## 2) 피보험이익의 요건

손해보험계약이 법적인 효력을 발생하기 위해서는 피보험이익이 있어야 하고, 이것이 없는 계약은 무효인데, 손해보험계약이 유효하게 되기 위해서 피보험이익은 다음과 같은 요건을 갖추어야 한다.

### (1) 적법성

피보험이익은 적법한 것이어야 한다. 즉 법의 금지규정에 위반하거나 공서양속에 반하지 않는 것이어야 한다. 예컨대, 밀무역에 사용되는 선박, 수출입이 금지된 화물, 절도품, 탈세 또는 도박과 관련된 목적물은 법의 보호를 받지 못하므로 피보험이익이 되지 못한다.

### (2) 경제성

피보험이익이 경제성을 가져야 한다는 것은, 피보험이익은 반드시 금전적으로 평가할 수 있어야 한다는 것을 뜻한다. 손해보험은 보험목적물에 대한 경제적 손해를 보상하는 것에 그 목적이 있다. 따라서 아무리 중요한 것이라도 그 가치를 금전적으로 산정할 수 없다면 그것은 피보험이익의 요건인 경제성을 갖지 못하므로 보험계약이 성립될 수 없다. 그러므로 피보험이익은 반드시 금전적으로 산정할 수 있어야 한다. 만약 피보험이익을 금전적으로 산정할 수 없는 경우에는 손해발생 시 손해액을 산정할 수가 없기 때문에 피보험이익이 될 수 없다. 예를 들어 연인으로부터 받은 편지나 조상대대로 물려받은 골동품 등이 아무리 큰 정신적 가치나 전통적인 가치가 있다 하더라도 그 가치를 금전적으로 산정할 수 없다면, 특정인은 이에 대한 피보험이익을 가졌다고 할 수 없고 따라서 보험계약의 대상이 될 수 없다.

#### (3) 확정성

피보험이익은 손해발생 시까지는 금전적으로 확정되고 그 귀속이 결정되어야 한다. 그렇지 않으면 보험사고가 발생하더라도 보험금과 이를 지급받을 피보험자가 불확실하게 된다. 즉 피보험이익은 보험계약체결 시에는 존재하지 않아도 되지만, 적어도 손해발생 시까지는 피보험이익의 존재 및 그 귀속이 확정되어야 한다. 왜냐하면 그때까지 피보험이익이 확정되지 않으면 손해를 확정할 수 없어 손해보상도 할 수 없게 되기 때문이다.

한편, 적하보험에서의 협회적하약관 제11조 제1항에는 "이 보험의 보상을 받기 위해서 피보험자는 손해발생 시에 보험목적물에 대해 피보험이익을 가져야 한다"고 규정하고 있다. 따라서 보험사고가 발생하면 피보험자는 손해발생 시에 보험목적물에 대해 피보험이익을 가지고 있었다는 것을 증명해야 하고, 이를 증명하지 못하면 클레임(claim)으로 성립되지 않는다.

### 3) 보험가액과 보험금액

#### (1) 보험가액(insurable value)

보험가액이란 피보험이익의 평가액, 즉 보험목적물의 경제적 가치를 말하며, 보험사고가 발생한 경우에 피보험자가 입게 되는 손해액의 최고한도액을 말한다. 그러므로 보험가액은 보험기간 중 고정되어 있는 것이 아니라 시간의 경과, 장소의 이동, 물가의 변동 등에 따라 끊임없이 변동하게 된다. 따라서 해상보험을 포함한 각종 손해보험이 피보험자가 입은 손해의 보상을 목적으로 하는 이상, 보험자가 보상책임을 져야 할 손해액은 원칙적으로 손해발생 시의 가액을 기준으로 하여 결정된다.

그러나 해상보험과 같이 장소를 이동하는 선박이나 화물이 대상인 보험에서는 손해가 발생한 때와 장소에서의 보험가액 산정이 곤란할 뿐만 아니라 손해가 발생한 때와 장소 자체를 알 수 없는 경우도 적지 않다. 따라서 해상보험은 보험계약체결 시 계약당사자가 보험가액을 협정하는 것이 보통이다. 그래서 해상보험자가 보상할 손해액은 사전에 협정된 협정보험가액에 의해 결정된다.

이와 같이 보험계약체결 시 계약당사자가 협정하여 보험가액을 확정한 보험을 기평가보험(valued policy)이라고 하고, 보험계약체결 시 보험가액을 확정하지 아니한 보험을 미평가보험(unvalued policy)이라 한다. 기평가보험에 있어서는 별도 규정이 없는 한 평가하여 협정한 보험가액은 보험기간 중 변하지 않는 것으로 하고 있는데 이것을 '보험가액불변경의 원칙'이라 한다. 해상보험은 기평가보험이, 화재보험은 미평가보험이 일반적으로 이용되고 있다.

### (2) 보험금액(insured amount)

보험(가입)금액이란 현실적으로 부보된 금액으로, 손해발생 시에 보험자가 부담하는 보상책임의 최고한도액이다. 보험금액은 보험가액의 범위 내에서 계약당사자가 자유로이 정할 수 있다. 그러나 실손보상의 원칙에 따라 보험금액이 보험가액을 초과할 수 없다. 그리고 보험자는 보험금액을 한도로 하여 보상책임을 지게 된다.

보험계약자가 보험료 절약 등을 이유로 반드시 보험가액의 전액을 보험금액으로 하지 않는 경우도 있으므로 실제로는 보험가액의 평가를 생략하고 보험금액만을 정하고 이것을 보험료 산출의 기초로 삼아 보험자가 지급하는 보상금액의 최고한도로 정하는 경우가 많다.

### (3) 보험가액과 보험금액과의 관계

① 전부보험(full insurance)

전부보험은 보험가액과 보험금액이 동일한 경우를 말하며, 통상적으로 해상적하보험은 전부보험으로 부보한다. 예를 들어 가액 1천만원의 화물에 대해 1천만원으로 부보한 경우에는 1천만원이 보험가액이자 보험금액이 되어 전부보험이 된다. 전부보험은 실손보상의 방법으로서 보험금액 한도 내에서 실손해액 전액이 보험금으로 지급된다.

② 일부보험(under insurance)

일부보험은 보험가액보다 보험금액이 적은 경우를 말한다. 예를 들어 가액 1천만원의 화물에 대해 5백만원으로 부보한 경우에는 1천만원이 보험가액이고 5백만원은 보험금액이 되어 일부보험이 된다. 이와 같이 일부보험은 보험계약체결 시 보험료를 절감하기 위하여 의식적으로 체결하는 경우도 있고, 미평가보험에 있어서는 계약체결 시 전부보험으로 부보하여도 보험계약체결 후 운송 중에 물가가 상승하여 자연히 일부보험이 되는 경우도 있다.

일부보험인 경우 손해보상방법에는 두 가지가 있는데, 이는 당사자의 합의에 의해 정할 수 있다. 첫째는 비례보상의 방법이며 둘째는 실손보상의 방법이다. 비례보상의 방법은 보험금액의 보험가액에 대한 비율로서 손해를 보상하는 방법으로 예컨대, 1천만원의 화물에 대해 5백만원으로 부보했을 경우 3백만원의 손해가 발생했다면, 보험자는 3백만원 × 5백만원/1천만원 = 150만원(손해금액×보험가입금액/보험가액 = 보상금액)만을 보상해 준다. 따라서 보상되지 않는 부분은 피보험자 자신의 부담이 된다. 실손보상의 방법은 보험금액 한도 내에서 실제 손해액을 보상하는 방법이다. 이는 손해액이 보험금액에 달할 때까지 실제 손해액을 보상하며, 실제 손해액이 보험금액을 초과할 때에는 초과부분은 보상하지 않는다. 상기 예에서는 보험자가 실손해액 전액인 3백만원을 보상해 준다.

### ③ 초과보험(over insurance)

초과보험은 보험금액이 보험가액을 초과하는 경우를 말한다. 예를 들어 가액 1천만원의 화물에 대해 2천만원으로 부보한 경우에는 1천만원이 보험가액이고 2천만원은 보험금액이 되어 초과보험이 된다. 이러한 초과보험은 원칙적으로 계약체결 당시 당사자에 의하여 보험가액 이상으로 보험금액을 정한 때에 생긴다. 초과보험의 경우 피보험자는 손해발생으로 인하여 이득을 취하게 되어 실손보상을 원칙으로 하는 손해보험의 원리에 위배될 뿐만 아니라, 피보험자가 고의로 보험사고를 발생시킬 위험이 있기 때문에 각국은 이에 대하여 규제하고 있다. 즉 초과보험이 보험계약자의 사기로 인하여 체결된 때에는 보험계약은 무효가 된다.

### ④ 중복보험(double insurance)

중복보험이란 동일한 피보험이익에 대하여 동일한 피보험자를 주체로 하여 복수의 보험자와 복수의 보험계약이 존재하고 또한 그 보험금액의 합계가 보험가액을 초과하는 경우로서 초과보험의 특수한 형태이다. 따라서 복수의 보험계약이 존재해도 동일한 보험자와 계약을 체결한 경우에는 단순한 초과보험이며 또 피보험이익이 다르면 중복보험이 아니다. 중복보험의 경우에는 손해액×각자 인수한 보험금액/보험금액의 합계액으로 보상책임을 지게 된다.

예컨대, 10,000달러의 화물에 대하여 A보험자와 9,000달러, B보험자와 6,000달러를 각각 보험가입금액으로 하여 보험계약을 체결하였다면 보험가입금액이 보험가액보다 5,000달러가 초과되어 중복보험이 된다. 이 경우 만약 전손이 발생하였다고 하면, 두 가지 보험증권의 보험가입금액을 합계하고 비례 분할해서 산출하여 각각 보상하게 된다. 즉 A보험자는 6,000달러(10,000×9,000/15,000)를 그리고 B보험자는 4,000달러(10,000×6,000/15,000)를 각각 보상하게 된다.

## 2. 실손보상의 원칙

실손보상의 원칙(principle of indemnity)이란 보험사고로 인한 손해발생 시 보험자는 피보험자가 실제로 입은 손해만을 보상한다는 원칙이다. 다시 말해 실손보상의 원칙은 보험사고로 인한 손해발생 시 피보험자는 실제 손해액만을 보상받아야지 보험으로 인해서 이득을 보아서는 안 된다는 원칙으로, 손해보험에서의 보상의 기본이 되는 원칙이다.

실손보상의 원칙이 손해보험에서 중요한 원칙으로 인정되는 이유는 첫째, 피보험자의 실제적 손해를 보상함으로써 피보험자가 보험사고 직전의 경제력을 유지할 수 있도록 하는 데 있다. 둘째, 보험이 도박화되는 것을 방지하는 데 있다. 만약 보험사고로 피보험자가 실제 손해액 이상으로 보상받게 된다면 고의나 사기 또는 부정직으로 인한 도덕적 위태(moral hazard)를 조장하게 되어 결과적으로 보험계약의 도박화를 야기하게 된다. 따라서 실손보상의 원칙에 의해 보상한도를 실손해액으로 함으로써 이러한 문제를 방지할 수 있게 된다.

## 3. 대위(subrogation)

### 1) 대위의 개념

손해보험은 보험사고발생으로 인해 피보험자가 이득을 취득하는 것을 금하는 이득금지의 원칙이 지배하고 있다. 그래서 대위제도는 오로지 해상보험에 한정된 것이 아니고 손해보험 일반을 통해서 행하여진다. 손해보험계약에 있어서 보험자가 보험사고에 의해서 발생한 손해를 보상하는 것은 피보험자에게 이득을 보게 하는 것이 아니다. 즉 손해보험은 실손보상의 원칙에 근거하고 있기 때문에 손해를 입은 피보험자는 실손 이상의 보상을 받을 수 없어야 한다. 그런데 피보험자가 보험자로부터 보험금의 지급을 받고도 보험목적물의 잔존물을 소유하거나 또는 제3자에 대한 손해배상청구권을 그대로 갖고 있다면 피보험자는 부당한 이득을 보게 된다. 대위를 인정하는 이유는 이와 같은 피보험자의 부당한 이득을 방지하려는 데 있다.

대위(代位)란 보험자가 보험금을 지급한 경우, 피보험자가 보험목적물의 잔존물에 대하여 가지는 소유권 및 손해를 발생케 한 제3자에 대한 손해배상청구권을 피보험자를 대신하여 보험자가 취득하는 것을 말한다.

한편, 대위의 원칙은 사회적 관점에서 중요한 역할을 한다. 즉 손실에 대한 궁극적 책임은 손실을 발생시킨 부주의한 사람에게 돌아가야 한다는 사회정의 측면을 강조한다. 대위의 원칙은 또한 보험자가 지급한 전체 보험금의 일부를 제3자로부터 보상받을 수 있기 때문에 보험요율을 상대적으로 인하시키는 효과가 있다. 보험요율을 산정할 때 이러한 효과를 구체적으로 고려하지는 않으나 결과적으로 보험요율이 인하될 수 있는 것이다. 그리고 대위의 원칙은 손실을 고의로 발생시킨다거나 또는 손실을 과장하는 등의 도덕적 위태를 감소시키는 효과가 있다.

실손보상의 원칙이 생명보험 및 대부분의 상해보험(사망보험금 및 후유장해보험금은 정액보상이며 의료비보험금은 실손보상의 원칙이 적용된다)에 적용되지 않는 것과 같이 보험자는 생명보험 또는 대부분의 상해보험에 있어서 대위권을 행사하지 못한다. 이것은 생명보험 또는 상해보험에서 실손보상이라는 개념이 적용되기 어렵기 때문이다.

보험자의 대위권 행사는 원칙적으로 피보험자의 손실이 충분히 보상된 후에 가능하다. 피보험자의 손실이 충분히 복구되지 못한 상태에서 보험자가 대위권을 행사하게 되면 피보험자는 보험계약 때문에 손실을 충분히 복구할 수 없게 되는 불이익을 당하게 된다. 이와 비슷한 논리에서, 보험자는 피보험자에 대하여 대위권을 행사할 수 없다. 피보험자의 부주의 또는 잘못으로 손실이 발생할 경우에 보험자는 피보험자에게 보험계약에서 약속한 보험금을 지급하게 된다. 그리고 보험자가 다시 손실에 책임이 있는 피보험자에 대하여 대위권을 행사한다면 피보험자는 실제로 손실의 보상을 보험자로부터 받지 못한 결과가 된다. 이것은 보험의 본래 목적에 어긋나는 것이다.

보험계약에서 보험계약자 또는 피보험자는 보험자가 갖고 있는 대위권의 가치를 파괴하거나 감소시켜서는 안 된다. 또한 보험계약에 따라 보험금이 피보험자에게 지급된 후에 피보험자와 가해자 사이에 합의로써 보험자의 대위권을 소멸시킬 수 없다. 보험자는 이러한 경우에 피보험자가 가해자로부터 받은 배상금을 요구할 권리가 있다. 보험계약자는 대위의 원칙과 관련하여 실제의 사고가 발생한 상황에서 매우 조심스럽게 행동하지 않으면 보험의 혜택을 받지 못하게 되는 상황에 직면하게 된다. 사고가 발생하면 항상 보험자의 대위권을 보전하는 데 협조하여야 한다. 즉 피보험자는 손해를 발생케 한 제3자에 대한 손해배상청구권을 확보할 의무가 있는 것이다.

한편, 대위는 보험자가 보험금을 지급했을 때 당연히 성립하기 때문에 피보험자가 잔존하는 피보험이익을 보험자에게 양도하는 행위를 필요로 하지 않는다. 또한 대위는 전손과 분손 모두에 적용된다. 그리고 대위권의 행사는 보험자가 지급한 보험금의 한도 내에서만 가능하다. 즉, 대위에 있어서 원칙적으로 보험자는 피보험자에게 보상한 금액 이상을 회수할 수 없다. 만약 대위권의 행사로 보험자가 피보험자에게 지급한 보험금 이상을 회수했다면 그 차액을 피보험자에게 돌려줘야 한다.

### 2) 잔존물대위와 구상권대위

보험자의 대위는 보험자가 취득하는 권리의 종류에 따라 두 가지로 구분된다. 첫째, 피보험자가 보험목적물의 잔존물에 대하여 가지는 권리를 취득하는 경우로, 이를 잔존물대위라 한다. 이러한 잔존물대위는 보험목적물이 멸실 또는 손상된 경우에 보험금을 지급한 보험자는 보험목적물의 잔존물에 대한 피보험자의 권리를 취득하는 것을 말한다. 둘째, 피보험자가 손해를 발생케 한 제3자에 대하여 가지는 권리를 취득하는 경우로, 이를 구상권대위라 한다. 이러한 구상권대위는 손해가 제3자의 행위에 의하여 생긴 경우에 보험자가 피보험자에게 보험금을 지급한 때에는 그 지급한 금액을 한도로 하여 보험자는 피보험자가 제3자에 대해 가지고 있던 권리를 취득하는 것을 말한다. 보험대위의 대종을 이루는 것은 구상권대위이고, 잔존물대위는 실효성이 크지 않을 뿐만 아니라 엄밀하게 따질 경우 이론상 성립할 여지가 없다고 볼 수도 있다.

## 4. 손해방지의무

손해보험의 경우 피보험자 등(보험계약자, 피보험자, 보험계약자 또는 피보험자의 대리인)은 보험사고가 발생하였을 때 그러한 손해를 방지 또는 경감하기 위해 합리적인 조치를 취해야 한다. 이러한 손해방지의무는 약정한 보험사고로 인한 손해의 발생과 확산을 방지할 의무이다. 그러므로 보험자가 담보하지 않는 사고로 인한 손해에 대해서는 이 의무가 존재하지 않는다. 즉 피보험자는 이 보험에서 보상하는 손해가 발생한 경우에 그러한 손해를 방지 또는 경감하기 위하여 합리적인 조치를 취할 의무가 있는데, 이러한 의무를 손해방지의무라 한다.

피보험자 등은 신의성실의 원칙상 보험에 가입하지 않은 상태에서 자기의 재산을 보호하는 정도로 손해를 방지 또는 경감한 경우 손해방지의무를 다한 것이다. 그리고 손해를 방지 또는 경감하기 위한 피보험자의 노력이 실효를 거두지 못한 경우에도 그 비용을 보험자에게 원칙적으로 전가할 수 있다.

피보험자의 손해방지의무위반으로 인하여 확대된 손해에 대해서 보험자는 보상책임을 지지 않고, 나아가서 이미 보험금을 지급한 보험자는 확대된 손해에 대응한 보험금의 상환 또는 손해배상을 청구할 수 있다.

손해방지 및 경감을 위하여 필요 또는 유익한 비용은 보상액과 합하여 이것이 보험가입금액을 초과하는 때에도 보험자가 부담한다. 즉 손해를 방지 또는 경감하기 위하여 합리적으로 지출된 비용(손해방지비용)은 지급보험금에 손해방지비용을 합한 금액이 보험가입금액을 초과하더라도 이를 지급한다.

| Chapter 05 |

# 화재보험

## 제1절 화재보험의 의의

화재보험(fire insurance)이란 화재의 발생으로 인하여 보험의 목적에 발생한 손해를 보상하는 재산보험을 말한다. 즉 화재보험은 보험회사가 화재(벼락 포함)로 인한 손해를 보상할 것을 약정하고 보험계약자가 보험료를 지급할 것을 약정함으로써 성립하는 손해보험의 한 종목이다. 화재보험은 해상보험과 함께 가장 오래된 역사를 지니고 있는 보험으로서 보험계약의 체결 당시 당사자 사이에 보험가액을 협정하지 않은 미평가보험이다. 또한 일정한 기간을 기준으로 보험기간을 결정하는 기간보험이다. 화재보험의 보험기간은 통상 1년이다. 그러나 장기화재보험은 보험기간을 3년 또는 5년으로 하고 있다.

화재보험에는 일반물건(상가를 포함하는 주택 · 상가), 공장물건 및 창고물건 등을 담보대상으로 하는 화재보험과 주택물건만을 담보대상으로 하는 주택화재보험이 있다. 여기서 주택물건이란 다음과 같다.

① 주택으로만 쓰이는 건물 중 다음의 것 또는 그 수용가재

- 독립주택
- 주택의 부속건물로서 가재만을 수용하는 건물
- 연립건물(연동건물), 중층건물 및 아파트로서 각 호(戶), 실(室)이 모두 주택으로만 쓰이는 건물

② 주택병용물건으로서 다음의 용도로 사용하는 건물 및 그 수용가재

- 교습소(피아노, 꽃꽂이, 국악, 재봉 및 이와 비슷한 것)
- 치료(안수, 침뜸, 접골, 조산원 및 이와 비슷한 것)

주택화재보험은 그 내용에 있어서 화재보험과 거의 동일하다. 다만, 주택화재보험이 화재보험과 다른 것은 화재보험은 화재(벼락 포함)로 인한 손해를 보상하는 반면에 주택화재보험은 화재(벼락 포함)뿐만 아니라 폭발 또는 파열로 인한 손해도 보상한다는 점이 다르다. 그러므로 화재보험과 주택화재보험을 구분하여 설명하지 않고 화재보험을 중심으로 설명한다.

## 제2절 화재보험 보통약관의 주요 내용

### 1. 보험목적의 범위

(1) 다음의 물건은 보험증권에 기재하여야만 보험의 목적이 된다.

① 통화, 유가증권, 인지, 우표 및 이와 비슷한 것

② 귀금속, 귀중품(무게나 부피가 휴대할 수 있으며 점당 100만원 이상), 보옥, 보석, 글, 그림, 골동품, 조각물 및 이와 비슷한 것

③ 원고, 설계서, 도안, 물건의 원본, 모형, 증서, 장부 및 이와 비슷한 것

④ 야적의 동산

(2) 다음의 물건은 다른 약정이 없으면 보험의 목적에 포함된다.

① 건물

- 건물의 부속물 : 피보험자 소유인 칸막이, 대문, 담, 곳간 및 이와 비슷한 것
- 건물의 부착물 : 피보험자 소유인 간판, 네온사인, 안테나, 선전

탑 및 이와 비슷한 것

- 건물의 부속설비 : 피보험자 소유인 전기, 가스, 난방, 냉방설비 및 이와 비슷한 것

② 가재 : 피보험자와 같은 세대에 속하는 사람의 소유물

## 2. 보상하는 손해

보험회사는 보험에 가입한 물건이 화재(벼락 포함, 주택화재보험에서는 폭발 또는 파열도 포함)(이하 '보험사고'라 한다)로 입은 다음의 손해를 보상한다. 여기서 파열이란 화학작용을 수반하지 않은 용적의 급격한 팽창을 말하며, 폭발이란 화학작용을 수반하는 용적의 급격한 팽창과 연소작용을 일으키는 현상을 말한다.

① 보험사고에 따른 손해

② 보험사고에 따른 소방손해

③ 보험사고에 따른 피난손해(피난지에서 5일 동안에 생긴 위 ①, ②의 손해를 포함한다)

④ 잔존물 제거비용(보험사고가 발생한 경우 손해액의 10% 한도 내에서 잔존물의 해체비용, 청소비용 등)

## 3. 보상하지 아니하는 손해

① 보험계약자, 피보험자 또는 이들 법정대리인의 고의 또는 중대한 과실

② 피보험자에게 보험금을 받도록 하기 위하여 피보험자와 세대를 같이 하는 친족 및 고용인이 고의로 일으킨 손해

③ 화재(벼락 포함, 주택화재보험에서는 폭발 또는 파열도 포함)가 발생했을 때 생긴 도난 또는 분실로 인한 손해

④ 보험목적의 발효, 자연발열, 자연발화로 생긴 손해. 그러나 자연발열

또는 자연발화로 연소된 다른 보험의 목적에 생긴 손해는 보상한다.

⑤ 화재(벼락 포함, 주택화재보험에서는 폭발 또는 파열도 포함)로 기인되지 아니한 수도관, 수관 또는 수압기 등의 파열로 생긴 손해

⑥ 발전기, 여자기(정류기 포함), 변류기, 변압기, 전압조정기, 축전기, 개폐기, 차단기, 피뢰기, 배전반 및 그 밖의 전기기기 또는 장치의 전기적 사고로 생긴 손해. 그러나 그 결과로 생긴 화재(벼락 포함, 주택화재보험에서는 폭발 또는 파열도 포함)손해는 보상한다.

⑦ 원인의 직접 · 간접을 묻지 아니하고 지진, 분화 또는 전쟁, 혁명, 내란, 사변, 폭동, 소요, 노동쟁의, 기타 이들과 유사한 사태로 생긴 화재 및 연소 또는 그 밖의 손해

⑧ 핵연료물질(사용된 연료를 포함) 또는 핵연료물질에 의하여 오염된 물질(원자핵분열 생성물을 포함)의 방사성, 폭발성, 그 밖의 유해한 특성 또는 이들의 특성에 의한 사고로 인한 손해

⑨ 위 제8호 이외의 방사선 조사(照射) 또는 방사능 오염으로 인한 손해

⑩ 국가 및 지방자치단체의 명령에 의한 재산의 소각 및 이와 유사한 손해

⑪ 테러행위로 인한 재산상의 손해

## 4. 보험기간

보험회사의 책임은 보험기간의 첫날 오후 4시에 시작하여 마지막 날 오후 4시에 끝난다. 예컨대, 2014년 4월 10일에 화재보험에 가입한 경우 보험기간은 2014년 4월 10일 오후 4시부터 2015년 4월 10일 오후 4시까지 1년이다.

보험료는 다른 약정이 없으면 보험기간이 시작되기 전에 납부하여야 한다. 그리고 다른 약정이 없으면 보험기간이 시작된 후라도 보험료를 납부하기 전에 생긴 손해는 보상하지 아니한다.

## 5. 지급보험금의 계산

보험회사가 보상할 손해액은 그 손해가 생긴 때와 곳에서의 보험가액에 따라 계산한다. 즉 화재보험은 미평가보험으로서 손해발생시점에서의 보험가액을 기준으로 보상한다.

① 일반물건, 주택물건, 창고물건의 경우

- 보험가입금액이 보험가액의 80% 해당액과 같거나 클 때 : 보험가입금액을 한도로 손해액 전액
- 보험가입금액이 보험가액의 80% 해당액보다 작을 때 : 보험가입금액을 한도로 손해액×보험가입금액/보험가액의 80% 해당액
- 보험가입금액이 보험가액보다 클 때 : 보험가액을 한도로 손해액 전액

② 공장물건 및 재고자산(원 · 부재료, 반제품, 제품, 부산물과 상품 등)의 경우

- 보험가입금액이 보험가액과 같을 때 : 보험가입금액을 한도로 손해액 전액
- 보험가입금액이 보험가액보다 작을 때 : 보험가입금액을 한도로 손해액×보험가입금액/보험가액
- 보험가입금액이 보험가액보다 클 때 : 보험가액을 한도로 손해액 전액

## 6. 잔존 보험가입금액

회사가 손해를 보상한 경우에는 보험가입금액에서 보상액을 뺀 잔액을 손해가 생긴 후의 나머지 보험기간에 대한 보험가입금액으로 한다. 즉 화재보험에 가입된 건물에 화재가 발생해 보상을 받으면, 그 이후 보험기간 동안의 보험가입금액은 보험계약체결 시의 보험가입금액에서 보상액을 뺀

잔액으로 한다. 예컨대, 1억원으로 화재보험에 부보했는데 건물에 화재가 발생해 3천만원의 손실이 발생하여 3천만원을 보상받았다면 보험가입금액(1억원)에서 보상액(3천만원)을 뺀 나머지 잔액인 7천만원이 잔여 보험기간의 보험가입금액이 된다.

그러나 장기화재보험(보험기간 3년 또는 5년)에서는 보험가입금액의 80% 이하 손해라면 보험기간 만기까지 몇 번의 보험사고가 발생하더라도 보험계약체결 시의 보험가입금액이 감소되지 않는다. 그러나 만약 보험가입금액의 80%를 초과하는 손해가 발생하면 보험회사는 보험금을 지급하고 보험을 종료시킨다.

## 제3절 화재보험의 특별약관

화재보험은 단순히 화재만을 담보하지 않고 특약으로서 여러 가지의 다른 위험도 담보하고 있다. 즉 우리나라 화재보험계약의 기본구조는 화재보험, 주택화재보험 등의 보통보험약관을 사용하면서 필요에 따라 특별약관을 첨부하여 사용한다. 우리나라는 기본증권의 보통약관에 포함되지 않은 손실원인, 피보험목적물, 손실형태 그리고 기타 여러 가지 조건들을 특별약관에서 보완하여 쓰고 있다. 현재 사용 중인 특약의 종류는 무수히 많아 모두 설명하는 것은 어렵고 특약의 성격을 보여줄 수 있는 몇 가지 특별약관을 소개하고자 한다.

### 1. 도난위험담보 특별약관

#### 1) 담보위험

보험의 목적이 강도 또는 절도(그 미수를 포함)로 생긴 도난, 훼손 또는

망가진 손해

### 2) 면책위험

① 보험계약자 또는 피보험자의 악의 또는 중대한 과실로 생긴 도난
② 피보험자의 가족, 친족, 고용인, 동거인, 숙박인 또는 감수인(監守人)이 저지르거나 가담한 도난
③ 전쟁, 폭동, 민요(民擾) 또는 그 밖의 사변으로 생긴 손해
④ 화재나 지진, 분화, 해일, 폭발 또는 그 밖의 변재가 일어났을 때에 생긴 도난
⑤ 보험의 목적이 건물 구내 밖에 있는 동안에 생긴 도난
⑥ 상점, 영업소, 창고 또는 작업장 안에 있는 상품, 원료 또는 영업소용 집기 등을 보험의 목적으로 한 때에 고객이나 그 밖의 사람에 의한 좀도둑이나 외부 침입의 흔적 없이 생긴 분실 또는 망실의 손해
⑦ 보험의 목적이 들어 있는 건물을 계속하여 72시간 이상 비워 둔 사이에 생긴 도난

## 2. 구내폭발위험담보 특별약관(주택화재보험은 기본담보)

### 1) 담보위험

보험의 목적이 있는 구내에서 생긴 폭발, 파열로 보험의 목적에 생긴 손해

### 2) 면책위험

기관, 기기, 증기기관, 내연기관, 수도관, 수관, 유압기, 수압기 등의 물리적인 폭발, 파열이나 기계의 운동부분 또는 회전부분이 분해되어 날아 흩어지므로 인해 생긴 손해

## 3. 풍수재위험담보 특별약관

### 1) 담보위험

태풍, 회오리바람, 폭풍, 폭풍우, 홍수, 해일, 범람 및 이와 비슷한 풍재 또는 수재로 보험의 목적에 생긴 손해

### 2) 면책위험

① 보험의 목적에 생긴 분실 또는 도난손해
② 원인의 직접 · 간접에 관계없이 풍재 또는 수재로 생긴 파열 또는 폭발의 손해
③ 원인의 직접 · 간접에 관계없이 지진 또는 분화로 생긴 손해
④ 풍재 또는 수재와 관계없이 댐 또는 제방이 터지거나 무너져 생긴 손해
⑤ 바람, 비, 눈, 우박 또는 모래먼지가 들어옴으로써 생긴 손해
⑥ 추위, 서리, 얼음, 눈으로 생긴 손해
⑦ 풍재의 직접 · 간접에 관계없이 보험의 목적인 네온사인장치에 전기적 사고로 생긴 손해 및 건식전구의 필라멘트만에 생긴 손해

## 4. 붕괴, 침강 및 사태확장담보 특별약관

### 1) 담보위험

붕괴(崩壞), 침강(沈降) 및 사태(沙汰)로 인하여 보험의 목적에 발생한 손해

### 2) 면책위험

① 신축물의 통상적인 침하로 인한 손해

② 인공적으로 조성된 대지의 침하나 지각변동으로 인한 손해
③ 설계결함, 시공결함, 결함재료의 사용으로 인한 손해
④ 화재, 폭발, 지진 또는 탱크나 파이프로부터의 물의 유출로 인한 손해
⑤ 동일한 시설 내에서의 건축물의 해체, 건축, 구조변경, 수리 또는 기초공사나 굴착공사로 인한 손해
⑥ 보험기간 시작 전 이미 사고원인이 있었던 손해

## 5. 전기위험담보 특별약관

### 1) 담보위험

발전기, 여자기(勵磁機), 정류기, 변류기(變流器), 변압기, 전압조정기, 축전기, 개폐기, 차단기, 피뢰기, 배전반 및 이와 비슷한 전기기기 또는 장치 중 일부 또는 전부를 보험의 목적으로 하였을 경우 그 전기기기 또는 장치에 전기적인 사고로 발생한 손해

### 2) 면책위험

자연열화의 손해 또는 안전장치의 기능상 당연히 발생할 수 있는 손해

## 6. 냉동(냉장)위험담보 특별약관

같은 구내에서의 화재로 냉동(냉장)장치 또는 설비가 파괴, 변조(變調)되어 온도의 변화로 보험의 목적인 냉동(냉장)물에 생긴 손해를 보상한다.

## 7. 스프링쿨러누출손해담보 특별약관

### 1) 담보위험

스프링쿨러 설비나 장치가 우연한 사고로 인해 누수 또는 방수됨에 따라 보험의 목적에 생긴 직접 손해

### 2) 면책위험

① 스프링쿨러의 설치, 수리, 변경 도중 및 그 직후 15일 이내에 발생하는 손해
② 건물을 계속하여 30일 이상 비워두거나 점유되지 아니하는 동안에 발생하는 손해

## 8. 산림화재보험 특별약관

### 1) 담보위험

임지 안의 입목이 화재로 입은 손해

### 2) 면책위험

① 동력으로 하는 조각재, 제재 및 그 밖의 가공작업으로 생긴 손해
② 벌채, 주벌, 간벌, 조재, 벌도목 및 풍도목의 반출입, 화입, 목탄제조, 수지의 채취, 표고버섯의 재배, 채취 및 그 밖의 작업으로 생긴 손해

## 9. 특수건물 특별약관

### 1) 담보위험

① 태풍, 회오리바람, 폭풍, 폭풍우, 홍수, 해일, 범람 및 이와 비슷한 풍재 또는 수재로 인하여 보험의 목적에 생긴 손해

② 항공기 또는 그로부터의 떨어지는 물체로 인하여 보험의 목적에 생긴 손해

### 2) 면책위험

① 보험의 목적에 생긴 분실 또는 도난손해

② 원인의 직접 · 간접에 관계없이 풍재 또는 수재로 생긴 파열 또는 폭발의 손해

③ 원인의 직접 · 간접에 관계없이 지진 또는 분화로 생긴 손해

④ 풍재 또는 수재와 관계없이 댐 또는 제방이 터지거나 무너져 생긴 손해

⑤ 바람, 비, 눈, 우박 또는 모래, 먼지가 들어옴으로써 생긴 손해

⑥ 추위, 서리, 얼음, 눈으로 생긴 손해

⑦ 풍재의 직접 · 간접에 관계없이 보험의 목적인 네온사인장치에 전기적 사고로 생긴 손해 및 건식전구의 필라멘트만에 생긴 손해

## 10. 신체손해배상책임담보 특별약관

### 1) 담보위험

특수건물의 화재로 타인이 사망하거나 부상함으로써 건물소유자 손해배상책임에 따라 피보험자가 부담할 손해를 보상한다. 여기서 타인이라 함은 특수건물의 소유자 및 그 주거를 같이하는 직계가족(법인인 경우에는 이사

또는 업무집행기관) 이외의 사람을 말한다.

### 2) 면책위험

① 피해자의 고의, 중대한 과실 또는 법령위반으로 생긴 화재로 피해자 본인이 입은 손해
② 전쟁, 폭동 및 그 밖의 사변으로 생긴 손해
③ 지진 또는 이와 비슷한 천재지변으로 생긴 손해
④ 핵연료물질 또는 핵연료물질에 의해서 오염된 물질의 방사성, 폭발성 그 밖에 유해한 특성 또는 이들의 특성에 의한 사고
⑤ 위 ④ 이외의 방사선 조사(照射) 또는 방사능 오염

## 11. 테러행위면책 추가약관

본 추가약관은 보통약관 및 여타의 특별약관 내용을 다음과 같이 수정한다.

실제 또는 발생이 예견되는 테러사고를 저지 또는 방어하는 행위를 포함하는 테러행위로 인한 직접적 또는 간접적으로 발생한 손해액을 보상하지 않는다. 동시적 또는 연속적 테러행위로 귀결되는 여타의 원인 또는 행위와 상관없이 그 손해액은 면책된다.

그러나 이 테러행위면책약관은 상해손해에 대하여는 적용하지 아니한다.

# 제4절 특수건물

## 1. 특수건물의 의의

특수건물이란 "화재로 인한 재해보상과 보험가입에 관한 법률(화재보험법)"에 규정된 건물로서 다수인이 출입, 근무 또는 거주하는 국가 주요 시설로서 화재로 인한 인명피해는 물론 막대한 재산상의 손해가 예상되는 전국에 소재하고 있는 다음의 건물을 말한다.

연면적 1,000㎡(300평) 이상인 국유건물, 연면적 2,000㎡(600평) 이상인 일반음식점, 단란주점, 유흥주점, 학원, 연면적 3,000㎡(900평) 이상인 병원, 호텔, 숙박업소, 공연장, 방송국, 대규모점포(백화점 · 쇼핑센터 등), 공장, 학교, 농수산물도매시장 및 민영농수산물도매시장 그리고 11층 이상 일반건물(건축물의 옥상부분으로서 그 용도가 명백한 계단실 또는 물탱크실인 경우에는 층수로 산입하지 아니하며, 지하층은 이를 층으로 보지 아니한다)과 16층 이상 아파트 및 부속건물(동일한 아파트단지 안에 있는 15층 이하의 아파트 포함) 등이다.

## 2. 특수건물소유자의 손해배상책임

특수건물의 소유자는 그 건물의 화재로 인하여 타인이 사망하거나 부상한 때에는 과실이 없는 경우에도 그 손해를 배상할 책임이 있다(무과실책임주의). 여기서 타인이라 함은 특수건물의 소유자 및 그 주거를 같이하는 직계가족(법인인 경우에는 이사 또는 업무집행기관) 이외의 사람[01]을 말

01 단, 건물소유자의 종업원배상책임부담보 추가특별약관에 의하여 특수건물의 화재로 종업원이 사망 또는 부상한 경우 화재보험자가 보상하지 아니한다. 그러므로 특수건물소유자는 종업원의 사망 또는 부상에 대하여 시설소유자배상책임보험에 가입할 필요가 있다.

한다.

## 3. 보험가입의무(강제보험)

특수건물의 소유자는 그 건물의 화재로 인하여 타인이 사망하거나 부상한 때에는 그 손해를 배상할 책임이 있으며, 이러한 손해배상책임의 이행을 위하여 그 건물을 신체손해배상특약부화재보험(특약부화재보험)에 가입하여야 한다.

특수건물의 소유자는 그 건물이 준공검사에 합격된 날 또는 그 소유권을 취득한 날로부터 30일 내에 신체손해배상특약부화재보험에 가입하여야 한다. 특수건물의 소유자는 신체손해배상특약부화재보험계약을 매년 갱신하여야 한다. 특수건물의 소유자가 신체손해배상특약부화재보험에 가입하지 아니한 때에는 500만원 이하의 벌금에 처한다.

## 4. 신체손해배상특약부화재보험

특수건물을 화재보험에 부보할 경우에는 화재보험 보통보험약관에 의하여 화재(벼락 포함)로 인한 손해를 보상한다. 그리고 특수건물의 경우에는 특수건물 특별약관이 추가보험료 없이도 자동으로 담보되어 풍수재(태풍 · 회오리바람 · 폭풍 · 폭풍우 · 홍수 · 해일 · 범람 및 이와 비슷한 풍재 또는 수재로 인한 손해)로 인하여 보험의 목적에 생긴 손해, 항공기 또는 그로부터 떨어지는 물체로 생긴 손해로 인하여 보험의 목적에 생긴 손해(재산손해)를 보상한다.

한편, 특수건물의 소유자는 그 건물의 화재로 인하여 타인이 사망하거나 부상한 때에는 그 손해를 배상할 책임이 있으므로 신체손해배상특약부화재보험(강제보험)을 맺어야 한다. 신체손해배상특약부화재보험을 맺으면 특수건물의 화재로 타인이 사망하거나 부상당함으로써 특수건물소유자의 손해배상책임에 따라 피보험자가 부담할 손해를 보상한다. 즉 화재로 인하여 타인이 사망하거나 부상당한 경우, 사망 또는 후유장해인 경우 1인당 최고 8천만원, 부상의 경우 1인당 최고 1,500만원을 보상한다.

**보험이야기**

**1. 그러길래, 청약서를 잘 써야지(금융감독원, 분쟁조정사례 96-42)**

Q : 저는 소규모 공장을 운영하는 사람입니다. 얼마 전 공장에서 화재가 나서 콘크리트 건물 2동과 컨테이너 가건물인 창고 1동 그리고 그 안에 수용되어 있던 재료 등이 모두 불타 15억 정도의 손해를 입었습니다.

화재가 발생하기 전에 저는 모 손해보험회사의 화재보험상품에 가입하여 놓은 상태였는데, 사고 후 보험금을 청구하니 보험회사에서는 청약서상에 콘크리트 건물 2동만 기재가 되었다고 하며 보험금을 5억 정도만 지급한다고 통보하여 왔습니다. 저는 청약서 작성 시 건물과 재료 모두를 가입하는 것을 의도하고 작성하였고, 다만, 가건물은 별로 중요한 것 같지 않아서 기재하지 않았을 뿐입니다.

하지만 사고 시에 가건물에는 많은 재료들을 수용하고 있던 상태이고 이 가건물에 재료가 집중되어 있었기 때문에 피해가 더욱 컸습니다. 제가 가입할 때 분명히 제 공장 전체를 보험에 가입하고자 하는 의도를 가지고 계약을 한 것인데 그래도 보험금지급이 안 되나요?

A : 안타깝지만, 보험금을 받으실 수 없습니다.

선생님의 말씀에 의하면 보험목적물 및 동산(재료)의 수용장소를 명기하여 보험에 가입한 사실을 인정할 수 있으나, 청약서에 가건물창고에 대해서는 명기되어 있지 않고, 가건물의 경우 보험요율이 콘크리트 건물의 최고 2.5배에 달하는데 선생님의 경우는 이러한 조건의 보험료를 납입하지 않은 것으로 판단됩니다.

따라서, 선생님이 납입하신 보험료에 이 가건물과 여기에 수용된 동산에 대한 보험료가 정확히 포함되어 있다면 선생님의 주장에 설득력이 있겠으나, 말씀하신 내용만을 가지고는 모든 부분에 대한 보험가입을 원하셨던 선생님의 의도를 증명하기가 어렵습니다.

화재보험은 특히 보험계약 시에 목적물을 나누어 정확하게 기재하지 않으면, 정확한 보험료의 산정이 불가능하며, 이런 상태로 보험가입하면, 실제로 보험을 가입한 대상에 대한 증명이 불가능합니다. 이러한 이유로, 보험회사의 주장대로 보험금을 추가로 받으실 수 없습니다.

일반적으로 화재보험계약 시에 청약서 작성을 소홀히 하는 경우가 많습니다. 청약서는 법률행위상의 계약서입니다. 계약조건에 따라 보험료의 산정이 달라지고, 이를 근거로 증권이 발행되어, 사고 시에 정확한 보험금을 받을 수 있습니다. 화재보험은 특히 건물의 상태에 따라서 보험료가 달라지기 때문에 정확히 보상을 받기 위하여는 세부적인 사항을 기재하여 정확한 보험료를 납입하여야만, 사고 시에 모두 보상을 받을 수 있습니다.

계약 시 정확하게 청약서를 꼼꼼히 기재한 것이 보험계약의 기본임을 알려주는 사례였습니다.

### 2. 냉동(냉장)설비안의 보관물에 대한 보상(82sos.com)

Q : 정육점을 운영하는 사람인데 건물과 냉동설비를 일반화재보험에 가입했습니다. 그런데 화재가 발생 냉동설비가 파손되어서 그 안에 보관하고 있던 고기가 상했습니다. 이 경우 냉동실 안의 고기도 보상을 받을 수 있습니까?

A : 일반화재보험 보통약관에서 보상하는 손해는 화재에 따른 손해, 소방손해, 피난손해를 보상한다. 그러나 위의 경우와 같이 냉동(냉장)장치 또는 설비가 화재로 파괴, 변조되어 이 장치 내부에 보관하고 있는 고기가 상하는 경우 보험에 가입한 냉동(냉장)장치 자체는 보상을 받을 수 있지만 그 안에 보관하고 있는 고기는 보상을 받을 수 없다. 즉, 화재보험의 보통약관에서는 화재로 인한 직접손해만을 보상하므로 냉장(냉동)장치 파괴라는 "직접손해"는 보상하지만 냉장(냉동)장치 파괴로 인한 "간접손해(고기가 상하는 것)"는 보상하지 않는다. 이와 같이 냉동(냉장)설비 안의 보관물에 대해서 보상을 받고 싶은 경우는 '냉동(냉장)위험담보 특별약관'을 추가가입하고 이에 해당하는 추가보험료를 보험회사에 납입하면 사고 시 보상을 받을 수 있다.

### 3. 불 끄다 상해 입었는데…(news.naver.com, 2003/12/12)

Q : 제재소에서 발생한 화재가 인근 화재보험에 가입된 주택으로 번져서 주택이 손해를 입었다. 어디에서 배상을 받을 수 있는가? 제재소에 손해배상을 청구할 수 있는지 궁금하다.

A : 화재와 관련한 배상책임은 민법 제750조에서 '고의 또는 과실로 인한 위법행위로 타인에게 손해를 가한 자는 그 손해를 배상할 책임이 있다'고 규정하고 있다.

'실화책임에 관한 법률'에서는 실화의 경우 중대한 과실이 있을 때에 한해 이를 적용토록 하고 있다. 따라서 제재소 측이 화재발생에 대한 중대한 과실이 없다면 가정주택 측에서 제재소에 손해배상을 청구할 수 없다. 가정주택에서 가입한 화재보험이 있다면 가입된 보험에서 손해에 대한 보상을 받아야 할 것으로 보인다.

Q : 아파트에서 불이 나 이를 끄려다 상해를 입었다. 화재진압 중 발생한 상해에 대한 보상이 되는가?

A : 주택화재보험에는 보험에 가입한 물건이 화재, 폭발, 파열로 입은 손해를 보상한다. 보험사고가 발생한 때에 손해방지 또는 경감에 소요된 비용도 보상이 된다. 아파트 화재에서 화재를 진압하던 중 발생한 화상 등의 상해는 화재보험의 목적물이 아파트 11층 이상의 특수건물이며 화재보험의 특별약관 중 '신체손해배상책임담보' 특별약관에 가입돼 있다면 보상이 가능하다.

### 4. 화재보험 상담(knia.or.kr/homepage/counsel)

Q : 화재보험에 가입된 건물에 화재가 발생하여 보상받고 얼마 후 화재가 또다시 발생하였으나 이번에는 보험회사에서 약간의 금액만을 보상한다고 합니다. 어찌된 것인가요?

A : 일반화재보험에서는 1억원 상당의 건물에 대한 화재보험에 가입 시 건물에 화재가 발생하여 8천만원의 손실이 발생하였다면 가입금액(1억)에서 손해액을 지급하고 난 2천만원 한도 내에서 잔여보험기간 동안 보상을 하게 됩니다.

하지만 장기화재보험에서는 가입금액의 80% 이하 손해라면 보험기간 만기까지 몇 번의 사고가 있을 경우라도 보상하게 됩니다.

만약 80% 초과 손해가 발생하면 보험회사는 보험금을 지급하고 보험기간은 종료하게 됩니다. 즉 장기손해보험에서는 보험가입금액의 80% 해당액 이하의 분손은 몇 번 발생하더라도 보험가입금액의 감소 없이 사고 전의 보험가입금액이 됩니다. 이를 자동복원제도라고 합니다.

| Chapter 06 |

# 운송보험

## 제1절 운송보험의 의의와 보험기간

### 1. 운송보험의 의의

화물의 소유자인 화주가 운송 중 화물손상 시 손상의 책임이 있는 제3의 운송인으로부터 신속하고 충분한 보상을 받기 어렵고, 우리나라의 교통과 도로여건 및 교통사고 발생률을 감안해 볼 때 예기치 못한 각종 사고로 인한 경제적인 손해에 대비하기 위하여 운송보험에 가입할 필요가 있다.

운송보험은 해상적하보험과 마찬가지로 일정한 구간의 화물운송 중 발생하는 위험을 담보하는 구간보험의 일종이며, 기평가보험이다. 국내에서 철도, 차량 등을 이용하여 제조공장에서 물류창고까지의 공산품, 수출입화물 등 모든 화물의 육상운송(호수나 하천 포함) 중 발생할 수 있는 사고에 대비하여 화주가 보험의 목적인 화물에 대해 가입하는 보험이다. 요컨대, 운송보험은 국내의 육상(호수나 하천 포함)에서 화물을 운송하는 도중에 생긴 손해를 보상하는 보험이다.

### 2. 보험기간

보험자의 책임은 운송인이 운송할 목적으로 화물을 보험증권에 기재된 발송지의 보관장소(창고 포함)에서 반출(적재위험 포함)할 때 개시하며, 보험증권에 기재된 도착지의 보관장소(창고 포함)에 화물을 반입(하역위험 포함)하거나 도착지의 보관장소에 반입하기 전이라도 도착지의 보관장소에 도착한 후 24시간이 경과된 때에 종료된다.

## 제2절 보험조건과 담보범위

### 1. 전위험담보

면책위험이 아닌 한 모든 외부적 · 우발적 원인에 의한 육상(호수나 하천 포함)에서 운송하는 도중에 생긴 손해를 담보한다.

### 2. 전손 및 분손담보

육상(호수나 하천 포함)에서 운송하는 도중 운송용구의 탈선, 전복, 추락, 화재, 폭발 또는 충돌로 생긴 보험목적물의 전부손해 및 일부손해를 담보한다. 또한 보험목적물(화물)의 적재, 하역 또는 이적 중에 생긴 포장단위당 추락전손을 담보한다.

### 3. 전손담보

육상(호수나 하천 포함)에서 운송하는 도중 운송용구의 탈선, 전복, 추락, 화재, 폭발 또는 충돌로 생긴 보험목적물의 전부손해만 담보한다. 또한 보험목적물(화물)의 적재, 하역 또는 이적 중에 생긴 포장단위당 추락전손을 담보한다.

## 제3절 면책위험

① 보험계약자, 피보험자 또는 이들의 대리인이나 사용인의 고의 또는 중대한 과실

② 화물의 고유의 하자

③ 포장의 불완전

④ 운송지연

⑤ 이사화물 중 유리제품 등의 파손 및 이에 수용된 유동품의 멸실

⑥ 핵물질에 의한 손해

⑦ 방사선 오염으로 인한 손해

⑧ 전쟁으로 인한 손해

⑨ 동맹파업, 태업, 작업장폐쇄, 쟁의행위, 폭동, 소요 등으로 인한 손해 : 추가담보가능

⑩ 억류, 압류 등으로 인한 손해 : 추가담보가능

⑪ 지진(지진에 의한 해일 포함), 분화 등으로 인한 손해 : 추가담보가능

⑫ 보험의 목적이 야적되거나 덮개 없는 차, 완전히 덮혀지지 아니한 운송용구에 적재된 경우(단, 유개화차, 완전히 덮혀진 운송용구에 적재했더라도 발생되었을 손해는 보상) : 추가담보가능

⑬ 보험계약자 또는 피보험자가 자기화물을 자기소유의 차량으로 운송하는 도중에 생긴 손해 : 추가담보가능

⑭ 냉동장치의 파손이나 고장으로 인한 손해 : 추가담보가능

| Chapter 07 |

# 해상보험

## 제1절 해상보험의 의의와 특징

### 1. 해상보험의 의의

해상보험(marine insurance)이란 해상사업(marine adventure)에 관한 사고로 인하여 생길 손해를 보상할 것을 목적으로 하는 보험이며, 손해보험의 일종이다. 손해보험은 우연한 사고로 인하여 생길 재산상의 손해를 보상할 것을 목적으로 하는 보험인데, 이 "우연한 사고"가 "해상사업에 관한 사고"인 보험이 해상보험이다. 영국의 해상보험법(Marine Insurance Act, 1906 : 이하에서는 MIA로 약칭함) 제1조에는 "해상보험계약은 보험자가 피보험자에게 그 계약에 의해서 합의된 방법과 범위에서 해상손해, 즉 해상사업에 수반하는 손해를 보상할 것을 약속하는 계약이다"라고 정의하고 있다. 여기서 해상보험계약과 해상보험이란 용어를 구태여 구별할 필요가 없다. 왜냐하면 해상보험은 일종의 경제제도이며, 해상보험계약은 이론적인 개념인 해상보험을 구체화시키는 과정, 즉 이러한 경제제도를 운용하는 방법이기 때문이다.

이와 같이 해상보험은 항해에 관한 위험을 담보하는 보험이지만, 이와 병행하여 항해에 부수되거나 접속되는 육상 또는 내수로 운송 중의 위험도 하나의 해상보험계약으로 담보할 수 있다. MIA 제2조 제1항에는 "해상보험계약은 명시조건이나 상관습에 의하여 그 담보범위를 확장하여 해상항해에 수반되는 내수로 또는 육상위험의 손해에 대해서도 피보험자를 보호할 수 있다"고 규정하고 있다. 그런데 해상보험자가 해상에서의 위험뿐만 아니라 항해에 부수하여 발생하는 육상 또는 내수로에서의 위험도 확장하여 담보한다고 할지라도 육상 또는 내수로에서의 위험이 해상위험이 되는 것은 아니다.

## 2. 해상보험의 특징

해상보험은 14세기 르네상스 초기에 Genoa, Pisa, Florence 등의 이탈리아의 상업도시에서 Francesco del Bene나 Francesco di Marco Datini 등의 상인들이 보험자가 되어 해상위험을 인수한 것이 그 시작이라고 보는 것이 현재의 통설이다.

그 이후 1666년 런던의 대화재를 계기로 하여 화재보험이 런던에서 생기기까지 3세기간 해상보험이 유일한 보험이었으므로 당시는 보험이라 하면 곧 해상보험을 의미하였다. 따라서 그 3세기간에 형성·발전된 해상보험의 이론과 실제가 오늘날 무수히 많은 각종 손해보험의 원형이 된 것이다. 그러나 해상보험은 손해보험이 Marine과 Non-marine으로 대별되는 것으로도 알 수 있는 바와 같이 다른 손해보험에서는 볼 수 없는 몇 가지 특징을 지니고 있다.

첫째, 해상보험은 역사와 전통이 있는 보험이다.

근대보험의 효시라고 할 수 있는 해상보험은 14세기 이탈리아에서 생성되었지만, 오늘날과 같은 해상보험의 형태는 18세기 영국에서 시작되었다고 할 수 있다. 역사적으로 해상보험계약서가 공식적으로 처음 사용된 것은 영국의 로이드(Lloyd's)시장에서 1779년에 사용한 Lloyd's SG Policy로서, 이 보험증권은 영국시장은 물론 전 세계적으로 국제무역거래에서 통용되어 왔기 때문에 해상보험에 관한 한 실제적으로 Lloyd's SG Policy가 범

세계적으로 약 200년 이상 사용되어 왔으며, 또한 1912년에 런던보험자협회(ILU : Institute of London Underwriters)에서 해상보험증권과 약관을 제정하여 사용하다가 1982년에 적하보험약관을, 1983에 선박보험약관을 개정하여 현재 사용하고 있지만, 그 기본원칙과 중요한 내용은 Lloyd's SG Policy의 그것과 동일하다.

둘째, 해상보험은 국제성이 강한 보험이다.

우리나라에서의 연안 해운거래에 있어서는 국문해상보험증권과 국문해상보험약관이 사용되어 우리나라 상법에 따르지만, 국제무역거래에 있어서 해상보험에 관한 법률과 관습이 나라마다 다르기 때문에 사고발생 시 어느 나라의 법률과 관습에 따라야 할지 문제가 발생할 수 있다. 따라서 국제무역거래에서는 국제적으로 통용이 되는 영문해상보험증권과 영문해상보험약관이 사용되어 보험자의 책임문제와 클레임의 해결에 관해서는 영국의 법률과 관습에 따르게 된다. 그러므로 해상보험을 이해하기 위해서는 영국의 법률과 관습을 이해하는 것이 필수적이다.

한편, 협회적하약관 제19조 준거법조항은 "이 보험은 영국의 법률 및 관습에 따른다"라고 규정되어 있지만, 보통보험약관의 본문약관 중 준거법조항에는 "이 보험증권에 포함되어 있거나 또는 이 보험증권에 첨부되는 어떠한 반대되는 규정이 있음에도 불구하고, 이 보험은 보험자의 책임문제와 손해보상청구의 해결에 관해서는 영국의 법률과 관습에 따를 것에 합의한다"라고 규정되어 있어 특별보험약관과 보통보험약관이 서로 상충된다. 이와 같은 경우 일반적으로 특별보험약관이 보통보험약관보다 우선하여 적용되는데, 이 경우에는 예외로서 보통보험약관의 본문약관 중 준거법조항의 첫머리 문언(notwithstanding anything contained herein or attached hereto to the contrary)에 의해 특별보험약관 제19조가 제한을 받기 때문에 보통보험약관인 본문약관 준거법조항이 우선하여 적용되어 보험자의 책임문제와 클레임의 해결에 관해서만(only as to liability for and settlement of any and all claims) 영국의 법률과 관습에 따르게 된다.

# 제2절 해상보험의 분류와 보험기간

## 1. 해상보험의 분류

### 1) 피보험이익의 종류에 따라

#### (1) 선박보험

선박이 멸실 또는 손상됨으로써 경제적으로 손실을 입게 되는 선주가 선박에 대해 피보험이익을 갖게 된다. 이와 같이 선주가 갖고 있는 선박에 대한 피보험이익을 부보하는 보험을 선박보험이라 한다.

#### (2) 적하보험

적하가 멸실 또는 손상됨으로써 경제적으로 손실을 입게 되는 화주가 적하에 대한 피보험이익을 갖게 된다. 이와 같이 화주가 갖고 있는 적하에 대한 피보험이익을 부보하는 보험이 적하보험이다.

#### (3) 운임보험

FOB조건과 같이 운임후불(freight collect)인 경우에는 운송 중 사고발생 시 선주는 운임을 받을 수 없다. 따라서 사고발생 시 손실을 입게 되는 선주가 운임에 대한 피보험이익을 갖게 된다. 그런데 CIF조건과 같이 운임선불(freight prepaid)인 경우에는 운송 중 사고발생 시 화주는 화물을 매각할 수 없게 되어 운임을 회수할 수 없게 된다. 따라서 사고발생 시 손실을 입게 되는 화주가 운임에 대한 피보험이익을 갖게 된다. 이와 같이 선주 또는 화주가 갖고 있는 운임에 대한 피보험이익을 부보하는 보험이 운임보험이다.

### (4) 희망이익보험

화물이 무사히 목적지에 도착함으로써 화주가 얻을 수 있는 이익이 희망이익이다. 그런데 운송 중 사고가 발생하면 화주는 이러한 이익을 상실하게 되어 화주가 희망이익에 대한 피보험이익을 갖게 된다. 이와 같이 화주가 갖고 있는 희망이익에 대한 피보험이익을 부보하는 보험이 희망이익보험이다.

이와 같이 운임보험과 희망이익보험을 별도로 부보할 수 있지만 일반적으로는 적하의 보험가액에 포함하여 적하보험으로서 부보된다.

## 2) 보험기간의 결정방법에 따라

보험기간은 당사자의 합의에 의해 정해지는데 보험기간의 결정방법에 따라 해상보험은 항해보험과 기간보험으로 나누어진다.

### (1) 항해보험(voyage policy)

항해보험이란 부산으로부터 L.A.까지와 같이 일정한 항해를 기준으로 보험기간을 결정하는 보험을 말한다. MIA 제25조 제1항은 보험목적물을 "at and from, or from one place to another or others"로 부보한 경우 그 보험을 항해보험이라 한다고 규정하고 있다. 항해보험에서는 보험목적물인 선박 또는 적하는 어느 지점에서 다른 지점까지의 항해에 대하여 담보되고 보험자는 그 항해에서 발생한 손해에 대하여 보상할 책임을 진다. 보험목적물이 적하인 경우 주로 항해보험으로 부보한다.

### (2) 기간보험(time policy)

기간보험은 일정한 기간을 기준으로 보험기간을 결정하는 보험을 말한다. 예를 들면 2014년 12월 1일 12시부터 2015년 12월 1일 12시까지와 같이 보험기간을 정하는 것을 말한다. 보험목적물이 선박인 경우 주로 기간보험으로 부보한다.

### (3) 혼합보험(mixed policy)

혼합보험은 일정한 기간 및 항해를 기준으로 보험기간을 결정하는 보험을 말한다. 예를 들면 “from London to Busan for six months(런던에서 부산까지 6개월간)”로 보험기간을 정하는 것을 말한다. 이 혼합보험은 보험목적물이 선박인 경우 사용되었으나, 오늘날에는 별로 이용되고 있지 않다.

## 2. 적하보험에서의 보험기간

피보험화물이 운송을 개시하기 위하여 보험증권에 기재된 지역의 창고 또는 보관장소에서 운송차량에 적재할 목적으로 최초로 움직인 때(적재위험 포함)에 보험자의 책임이 시작되고, 보험자의 책임은 피보험화물이 통상의 운송과정에 있는 동안 계속된다.

보험기간은 다음 중 어느 것이든 먼저 생긴 때에 종료된다.

첫째, 이 보험증권에 기재된 목적지의 최종창고 또는 보관장소에서 운송차량으로부터 하역이 완료된 때(하역위험 포함)

둘째, 이 보험증권에 기재된 목적지 이전에 통상의 운송과정이 아닌 할당, 분배 또는 보관을 하기 위한 기타의 창고 또는 보관장소에서 운송차량으로부터 하역이 완료된 때

셋째, 최종양륙항에서 양륙완료 후 60일이 경과될 때

넷째, 최종양륙항에서 양륙완료 후 목적지를 변경한 경우에는 그 변경된 목적지를 향해 운송의 개시를 위하여 최초로 움직인 때

다섯째, 통상의 운송과정이 아닌 보관을 목적으로 운송차량 또는 컨테이너를 사용하고자 선택한 때

## 제3절 담보위험 및 면책위험

### 1. 담보위험

해상보험에 있어서 보험자가 위험을 담보하는 방식에는 면책위험 이외의 모든 우발적인 사고로 인한 손해를 포괄적으로 담보하는 포괄책임주의와 보험약관에 열거된 위험만이 담보되고 열거되지 않은 위험은 담보되지 않는 열거책임주의가 있다.

ICC(A)조건과 같이 포괄책임주의하에서는 면책위험이 아닌 한 모든 우발적인 사고로 인한 손해를 포괄적으로 담보하므로 여기에선 보험자의 담보위험과 면책위험만이 존재한다. 그러나 ICC(B), ICC(C)조건과 같이 열거책임주의하에서는 보험자가 보험약관에 열거된 위험만을 담보하고 여기에 열거되지 않은 위험은 담보하지 않는다. 이와 같이 보험약관에 열거되지 않은 위험으로서 면책위험이 아닌 위험을 비담보위험이라고 한다. 그러므로 담보위험이 아닌 비담보위험 및 면책위험으로 인한 손해에 대해서는 보험자는 보상책임이 없다.

한편, 포괄책임주의의 경우에는 모든 위험이 일단 보험자의 부담에 속하기 때문에 피보험자는 손해보상청구 시에 해상손해가 보험기간 중에 발생한 사실과 손해액을 증명하기만 하면 되고 특별히 개개의 담보위험발생의 원인된 사실을 증명할 필요는 없다. 따라서 보험자가 손해보상책임을 면하려면 그 손해가 면책위험으로 인하여 발생되었다는 것을 입증하지 않으면 안 된다. 즉 포괄책임주의에서 보험사고의 입증책임은 보험자에게 있다.

그런데 열거책임주의의 경우에는 피보험자가 보험자에 대하여 손해의 보상을 청구하기 위해서는 두 가지 사실을 입증하여야 한다. 하나는 부보된 피보험이익에 손해가 발생하였음을 입증하여야 하고, 또 하나는 손해가 열거위험, 즉 담보위험으로 인하여 발생하였음을 입증하여야 한다. 즉 열거책임주의에서 보험사고의 입증책임은 피보험자에게 있다.

ICC(B)조건 제1조 위험조항에서 담보하는 위험을 살펴보면 다음과 같다.

① 화재 또는 폭발
② 본선 또는 부선의 좌초, 교사, 침몰 또는 전복
③ 육상 운송용구의 전복 또는 탈선
④ 본선, 부선 또는 운송용구와 물 이외의 타물과의 충돌 또는 접촉
⑤ 조난항에서의 화물의 양륙
⑥ 지진, 화산의 분화 또는 낙뢰(ICC(C)조건에서는 비담보)
⑦ 공동해손희생
⑧ 투하
⑨ 갑판유실(ICC(C)조건에서는 비담보)
⑩ 해수, 호수, 하천수의 본선, 부선, 선창, 운송용구, 컨테이너, 리프트밴 또는 보관장소에의 유입(ICC(C)조건에서는 비담보)
⑪ 본선 또는 부선에 선적 시 또는 양륙 시 발생된 포장단위당의 추락전손(ICC(C)조건에서는 비담보)

## 2. 면책위험

① 피보험자의 고의적인 악행
② 통상의 부족손 또는 통상의 자연소모
③ 포장 또는 준비의 불완전
④ 화물 고유의 하자 또는 성질
⑤ 지연
⑥ 선주 등의 파산
⑦ 악의적 손상(ICC(A) : 담보)
⑧ 핵 · 방사성 무기의 사용
⑨ 불내항 · 부적합면책조항
⑩ 전쟁위험면책조항(ICC(A)조건에서는 해적행위 제외)
⑪ 동맹파업위험면책조항

| Chapter 08 |

# 책임보험

## 제1절 책임보험의 의의

### 1. 배상책임위험의 의의

배상책임이란 타인의 법적 권리를 침해 또는 방해함으로써 타인의 인명 또는 재산에 손실을 입혔을 때 금전적으로 배상하여야 하는 책임을 말한다. 개인과 가정생활에서 또는 기업을 경영하는 과정에서 뜻하지 않게 배상책임이 발생할 가능성은 언제든지 있는 것이다. 배상책임위험은 배상책임과 관련된 불확실성을 뜻하는 것으로서 배상책임보험의 담보대상이 되는 위험이다.

배상책임위험은 그 성격상 불특정다수와 관련이 있을 뿐만 아니라 법적 소송이 따르는 관계로 그 관리가 복잡하고 관리에 있어서 법률적 전문성이 많이 필요한 것이다. 따라서 배상책임위험을 담보하는 배상책임보험은 피보험자의 법률적 배상책임에 따른 금전적 손실만을 보상하는 것이 아니고, 피보험자의 법정대리인으로서 모든 법적 절차에 참여하여 법률적 행위와 서비스를 제공하는 것이다.

배상책임위험이 개인, 가정, 기업 그리고 기타 조직활동에 미치는 영향은 해마다 증가하고 있다. 재산위험에 의하여 발생할 수 있는 경제적 손실은 물적 재산의 직접적 손실에 국한하여 유한성이 있으나, 배상책임위험의 경제적 손실은 고정되어 있지 않다. 예를 들면, 재산손실 측면에서 주택에 화재가 발생하여 전손이 발생한 경우 최대손실은 주택가치(예 : 2억원)이고, 자동차사고에 따른 자동차손실의 최대가치는 자동차가치(예 : 2천만원)에 고정시킬 수 있다. 그러나 화재로 인하여 제3자에게 입히는 인명 및 재산의 손실과 자동차사고로 인하여 제3자에게 배상해야 할 인명 및 재산의 손실은 예측하기가 어려울 뿐만 아니라 손실의 최대규모도 유한성이 있다고 할 수 없다.

자동차는 현대사회에서 필수품이 되었을 정도로 널리 보급되었다. 이러한 자동차를 운행하는 데 있어서 가장 큰 경제적 위험은 자동차사고에 따른 제3자에 대한 배상책임손실일 것이다. 순간의 자동차사고가 귀중한 인명을 빼앗기도 하고 축적된 모든 재산을 배상책임손실을 보상하기 위하여 처분하는 상황에 이르게 할 수도 있다.[01]

해마다 증가하는 생산물배상책임 소송은 많은 기업에게 기업의 생사를 좌우할 만큼 커다란 영향을 주고 있다. 또한 의사, 변호사 등 전문직에 종사하는 사람들은 그들의 업무수행과 관련하여 전문직배상책임에 따른 막대한 손실을 배상할 위험에 직면하고 있다. 그리고 기업의 이사와 임원들은 그들의 업무수행과정에서 고의 또는 중대한 과실에 의하여 기업에 손실을 입혔을 때 그것을 배상해야 할 책임이 있는 것이다. 전문직배상책임 및 임원배상책임에 따른 손실의 규모는 상상을 초월할 정도로 클 때가 종종 있다. 전문직 종사자 및 기업의 임원들에게 이러한 배상책임위험은 상당한 부담이 되는 것이다.

한편, 배상책임보험을 통하여 보험자에게 전가하는 것은 단지 배상책임의 결과에 따른 제3자에 대한 경제적 보상(민사상 책임)이며, 피보험자의 제3자에 대한 부정행위의 궁극적 책임은 보험자에게 전가되지 않고 피보험자가 갖고 있는 것이다. 따라서 책임보험은 피보험자의 민사상 책임을 전가하는 것이지 형사상 책임, 행정상 책임 그리고 도덕적 책임 등에 대해서

01 자동차배상책임에 대하여는 자동차보험에서 다루어진다.

는 전가되지 않는다. 즉 민사상 책임은 법원의 결정에 의하여 금전배상이 이루어지며 책임보험의 담보대상이 되지만, 형사상 책임 등은 일반적으로 보험의 대상이 되지 않는다. 형사상 책임은 공공질서의 유지와 국가사회의 안정과 번영을 위하여 국가적 차원에서 벌금 및 금고형 등으로 다스리게 된다.

## 2. 책임보험의 의의

책임보험이란 보험기간 중의 사고로 인하여 피보험자의 법률적 배상책임에 따른 손실을 보상하는 보험을 말한다. 즉 우연한 사고로 인하여 피보험자가 타인에게 신체장해, 재산손상, 인격침해 등을 발생시킴으로써 법률적 배상책임을 부담하는 경우 보험자가 이로 인한 피보험자의 손해를 보상할 것을 목적으로 하는 보험이다.

여기서 신체장해란 사망, 질병, 장해, 부상 등을 포함하며, 재산손상은 유형재산에 대한 물리적 손상과 그에 따른 사용손실 등을 포함하며, 인격침해란 억류, 감금, 무고, 비방, 명예훼손 등 개인에게 인격적 손상을 입히는 것을 말한다.

배상책임보험은 근본적으로 사고에 따른 손실을 자동적으로 보상하는 보험이 아니고, 피보험자의 법정대리인으로서 배상책임을 방어하고 배상책임이 확정되었을 때 배상금액을 지불하는 것이다. 따라서 피보험자의 과실책임 또는 계약책임 등이 입증되지 않으면 보험자는 피해자의 손실을 보상할 책임이 없는 것이다. 그러나 근거 없는 배상책임의 주장에 대하여 보험자는 피보험자를 방어하기 위한 활동을 하고 거기에 따른 비용은 별도로 부담한다.[02]

손해보험은 피보험자를 보호하는 것을 목적으로 한다. 그러나 책임보험

---

02 피보험자를 위한 방어활동은 궁극적으로 보험자의 보험금을 감소시키는 결과를 초래한다.

의 경우에는 피보험자 보호를 넘어 피해자 보호의 기능을 광범하게 가지는 바, 이와 관련하여 상법은 피해자의 직접청구권을 인정하는 등 피해자의 지위를 강화하고 있다. 그리하여 책임보험은 제3자(피해자)를 위한 보험은 아니지만, 실질적으로 제3자(피해자)를 위한 보험으로서 기능한다. 즉 책임보험은 피보험자를 위한 보험이면서 또 한편 피해자를 위한 보험이기도 하다. 왜냐하면 보험금이 최종적으로 피해자에게 지급되기 때문이다.

한편, 배상책임보험계약에서 보험자는 피보험자가 법적으로 배상책임이 있다는 것이 판명되어야 보험금을 지급한다. 그러나 현실적으로 보험자는 피해자인 제3자와 법적인 판결 이전에 보험금지급을 합의하는 것이 더 유리할 때가 있다. 예를 들면, 피보험자의 잘못이 객관적으로 분명하거나 또는 소송을 방어하는 비용보다 배상청구금액이 매우 적을 때에는 예외적으로 보험자는 피보험자를 대신하여 법정판결 이전에 피해자와 합의하여 배상금을 지급할 수 있는 것이다.

## 제2절 책임보험의 주요 내용

### 1. 보험기간

보험회사의 책임은 보험증권에 기재된 보험계약기간의 첫날 0시에 시작하여 보험계약기간 마지막 날 24시에 끝난다. 예컨대, 보험기간은 2014년 12월 1일 0시부터 2015년 12월 1일 24시까지이다.

보험료는 다른 약정이 없으면 보험기간이 시작되기 전에 납부하여야 한다. 그리고 다른 약정이 없으면 보험기간이 시작된 후라도 보험료를 납부하기 전에 생긴 손해는 보상하지 아니한다.

## 2. 보험금지급의무

보험금지급의무가 발생하기 위해서는 보험계약에서 정한 사고로 제3자가 손해를 입어야 한다. 책임보험에서의 보험사고는 피보험자가 제3자에 대해 배상책임을 부담하는 원인이 되는 사고 그 자체라고 할 수 있다. 즉 보험기간 내에 손해의 원인인 사고가 발생하면 이로 인한 손해가 보험기간 경과 후에 발생하더라도 보험자의 책임이 인정된다. 다시 말해, 사고가 보험기간 중에 발생했을 경우에는 비록 피해자의 배상청구가 보험기간이 종료된 이후에 이루어져도 문제가 되지 않는다.

그리고 사고와 상당인과관계가 있는 제3자의 손해가 배상대상이 되지만, 피보험자가 피해자에 대해 배상책임을 부담하는 것을 전제로 한다. 따라서 불가항력으로 인한 손해 등 보험기간 내의 사고로 인한 손해라도 피보험자가 피해자에 대해 배상책임을 지지 않는 경우에는 보험자의 보상책임은 발생하지 않는다.

## 3. 피보험자 등의 의무

책임보험의 보험계약자 또는 피보험자는 보험사고발생 시 지체 없이 이를 보험자에게 통지해야 한다. 그리고 책임보험의 특수성을 반영하여 상법은 추가적인 통지의무를 부과하고 있다. 즉 피보험자가 보험기간 중의 사고로 인하여 제3자로부터 배상청구를 받은 경우 지체 없이 이를 보험자에게 통지할 의무(배상청구통지의무), 그리고 피보험자가 제3자에 대해 변제, 승인, 화해 또는 재판으로 인해 채무가 확정된 때에는 지체 없이 보험자에게 이를 통지할 의무(채무확정통지의무)가 있다.

## 4. 피해자 직접청구권

보험금청구권자는 원래 피보험자이지만, 피해자 보호의 필요가 있어 상법은 피보험자(가해자)가 보험금을 청구한 경우 피해자(손해배상청구권자)인 제3자가 손해배상을 받기 전에는 피보험자에게 보험금을 지급하지 못하도록 하고 있다. 왜냐하면 피보험자가 보험금을 받은 후 이를 피해자에게 손해배상을 이행하는 데 사용하지 않고 다른 목적으로 사용할 수 있기 때문이다. 그래서 피보험자는 우선 피해자에 대한 손해를 배상한 후 보험자에게 보상청구를 해야 보험금을 받을 수 있다.

그런데 이와 같이 피보험자가 피해자에게 배상을 한 후에 피보험자가 보험자에게 보험금을 청구할 경우에는 실무적으로 오히려 합의를 어렵게 하는 등 문제가 야기될 수 있다. 그래서 이러한 폐단을 제거하고 신속한 피해자 구제 및 보호와 책임보험의 실효성을 확보하기 위하여 피해자 직접청구권을 인정하고 있다.

또한 피해자가 직접 가해자인 피보험자를 상대로 손해배상을 받는 것이 번거롭거나 불가능하게 되어 버릴 수도 있다. 예를 들면, 피보험자가 가진 것이 하나도 없거나, 돈이 많다고 하더라도 손해배상을 해주려고 생각도 안 하거나, 사고를 내 놓고서 외국으로 도망가 버리거나 혹은 사고를 야기하면서 자신도 동시에 사망해 버린 경우도 있을 수 있다. 그런 때에는 초상집에 찾아가서 손해배상청구를 해야 하니 복잡한 문제가 아닐 수 없다. 그뿐만 아니라 사고를 낸 피보험자가 조직폭력배라도 된다면 피해자로서는 감히 손해배상청구를 할 엄두도 못 내게 될 것이다. 이처럼 가해자가 책임보험을 가입해 두고 있음에도 불구하고 피해자가 여러 가지 사정으로 인해 손해배상을 못 받게 되는 문제를 해결하기 위해 피해자 직접청구권을 인정하고 있다.

그래서 피해자 직접청구권에 의하여 피해자는 피보험자(가해자)를 상대로 손해배상을 청구하지 않고 직접 보험회사에 손해배상을 청구하여 배상을 받을 수 있다. 이와 같이 피해자 직접청구권에 의하여 보험회사가 피해자(손해배상청구권자)에게 손해배상금을 지급하였을 때에는 그 금액의 한도 내에서 피보험자의 손해를 보상한 것으로 한다.

## 제3절 각종 배상책임보험의 개요

### 1. 시설소유(관리)자배상책임보험

피보험자가 소유, 사용, 관리하는 시설 또는 그 업무와 관련하여 발생한 사고로 타인의 신체에 장해를 입히거나 타인의 재산에 손상을 입혀 법률상 배상책임을 부담함으로써 입은 손해를 보상하는 보험이다.

### 2. 학교경영자배상책임보험

피보험자가 학교경영과 관련하여 소유, 사용, 관리하는 학교시설이나 학교업무의 수행으로 생긴 우연한 사고로 학생을 포함한 제3자에게 신체에 장해를 입히거나 타인의 재산에 손상을 입혀 법률상 배상책임을 부담함으로써 입은 손해를 보상하는 보험이다.

### 3. 주차장배상책임보험

피보험자가 소유, 사용, 관리하는 주차시설 및 그 시설의 용도에 따른 주차업무의 수행으로 생긴 우연한 사고로 주차를 목적으로 수탁받은 차량에 재산손해를 입히거나 기타 제3자에게 신체장해나 재산손해를 입혀 법률상의 배상책임을 부담함으로써 입은 손해를 보상하는 보험이다.

## 4. 차량정비업자배상책임보험

차량정비를 위하여 소유, 사용, 관리하는 시설 및 차량정비업무의 수행으로 생긴 우연한 사고로 정비를 목적으로 수탁받은 차량에 재산손해를 입히거나 기타 제3자에게 신체장해나 재산손해를 입혀 법률상 배상책임을 부담함으로써 입은 손해를 보상하는 보험이다.

## 5. 경비업자배상책임보험

경비업무의 수행으로 생긴 우연한 사고로 경비의 대상에 재산손해를 입히거나 기타 제3자에게 신체장해나 재산손해를 입혀 법률상 배상책임을 부담함으로써 입은 손해를 보상하는 보험이다.

## 6. 임원배상책임보험

회사의 임원이 업무를 수행함에 있어 행한 부당행위(직무상 의무위반, 과실, 허위진술, 태만, 누락 등)로 인하여 회사가 제3자에 대하여 법률상 배상책임을 부담함으로써 입은 손해를 보상하는 보험이다.

## 7. 의료배상책임보험

전문의료인인 의사, 치과의사 그리고 간호사 등이 그들의 의료전문직을 수행하는 과정에서 사고가 발생하여 환자에게 법률상 배상책임을 부담함으로써 입은 손해를 보상하는 보험이다.

의료배상책임보험은 피보험자의 동의 없이 보험자가 배상청구에 대한 합의를 할 수 없다. 전문인들은 그들의 전문직에 대한 명성이 매우 중요하기 때문에 보험자가 소송에 대하여 철저하게 방어 또는 대항할 것을 원하고 있다. 사고에 따른 금전적 해결보다 명예의 보존에 비중을 더 두고 있는 것이다.

## 8. 체육시설업자배상책임보험

체육시설업자가 소유 또는 관리하는 체육시설 및 그 시설의 용도에 따른 업무수행 중 우연한 사고로 인하여 타인에게 신체장해나 재산손상을 입혀 법률상 배상책임을 부담함으로써 입은 손실을 보상하는 보험이다.

## 9. 가스사고배상책임보험

가스사업자가 보험증권에 기재된 가스사업소에서 가스취급업무의 수행 또는 그 결과에 의해 발생한 가스사고로 인하여 타인에게 신체장해나 재산손상을 입혀 법률상 배상책임을 부담함으로써 입은 손해를 보상한다.

용기 등 제조업자가 제조 또는 판매하거나 대여한 가스의 용기, 냉동기, 특정설비, 가스용품이나 그에 부수되는 작업의 결함으로 인하여 용기 등 제조업자의 점유를 벗어난 이후에 발생한 가스사고로 인하여 타인에게 신체장해나 재산손상을 입혀 법률상 배상책임을 부담함으로써 입은 손해를 보상한다.

가스사용자가 보험증권에 기재된 시설 내에서 소유, 사용 또는 관리하는 중 발생한 가스사고로 인하여 타인에게 신체장해나 재산손상을 입혀 법률상 배상책임을 부담함으로써 입은 손해를 보상한다.

## 10. 도로운송업자배상책임보험

운송사업자가 운송의 목적으로 수탁받은 화물을 운송하는 동안 발생한 사고로 인하여 화물에 손상이 생겨 법률적 배상책임을 짐으로써 입은 손해를 보상하는 보험이다.

## 11. 생산물배상책임보험

생산물배상책임은 하자가 있는 생산물에 의하여 소비자 또는 이용자가 인적 또는 물적 손상을 입었을 때, 제조업자 및 판매업자가 피해자에 대하여 지는 법률적 배상책임이다. 제조업자 및 판매업자는 그들이 제조하거나 판매한 상품의 고안 또는 설계의 하자, 제조과정의 하자 그리고 사용설명서 또는 위험경고의 하자 등이 있어서 발생하는 결과에 대하여 책임을 지는 것이다.

생산물배상책임의 소송에 있어서 과거에는 과실책임의 법리가 적용되어 왔으나, 소비자보호를 강화하는 측면에서 절대책임의 법리를 적용하는 경향이 늘고 있다. 과실책임하에서 소비자 등은 제조업자 등이 상품을 설계, 제조 그리고 판매하는 과정에서의 과실이 있었다는 것을 입증해야 하지만, 절대책임하에서 피해자는 가해자의 과실을 입증하지 않아도 객관적으로 손실이 발생하였다는 사실과 그 손실이 제품의 하자에 의해 발생하였다는 것을 입증하면 된다. 따라서 절대책임의 법리가 적용되는 상황에서 소비자 등이 소송에 이길 확률이 높아지는 것이다.

생산물배상책임보험(Product Liability Insurance)은 제조, 유통, 판매 혹은 제공한 생산물의 하자 등으로 인한 사고로 소비자 또는 이용자에게 신체장해 또는 재산손상을 입힘으로써 그 생산물의 제조업자 및 판매업자가 부담해야 할 법률적 배상책임에 대해 보상하는 보험이다.

## 보험이야기

### 1. 초심자, 고급기술 연습 중 부상, 태권도관장 40% 책임져야(fins.co.kr, 2006/2/20)

태권도 초심자가 중상급 기술인 뒤돌려 차기를 혼자 연습하다 다쳤다면 이를 방치한 관장에게 40%의 책임이 있다는 판결이 나왔다.

서울중앙지법 민사30단독 김태훈 판사는 19일 '초심자가 어려운 동작을 혼자 연습하도록 방치해 골절상을 입게 만들었다'며 손모(27, 여)씨와 가족 등 4명이 태권도장 관장 최모(56)씨와 태권도장이 가입한 A보험사를 상대로 낸 손해배상청구소송에서 '피고들은 1,240만원을 배상하라'며 원고 일부승소 판결했다고 밝혔다.

재판부는 판결문에서 '피고는 여자로서 태권도 수련 경험이 없고 수련을 시작한 지 5회째에 불과한 원고가 감당하기 힘든 뒤돌려 차기 동작을 혼자 연습하게 해 관장에게 요구되는 보호감독의무를 이행하지 않은 책임이 있다'고 밝혔다.

재판부는 '피고는 연습과정을 지켜보면서 동작을 교정해 주거나 동작을 감당하기 어렵다고 판단될 경우 즉시 중단시켜야 했는데도 원고가 중상급 난이도의 뒤돌려 차기 동작을 수련한 당일 무리하게 연습하도록 해 사고가 났다'고 덧붙였다.

그러나 재판부는 '사고 당시 피고가 동작을 강요한 것으로는 보이지 않고, 운동능력은 자신이 제일 잘 아는 이상 능력을 고려하지 않은 채 지시받은 동작을 만연히 실행하다 사고가 발생했으므로 피고의 책임을 40%로 제한한다'고 판시했다.

재판부는 '원고는 성년자로서 수련 중 신체안전에 대한 1차적 책임은 자신에게 있는 이상 감당하기 어렵다면 난이도 조절이나 추가 수련, 교정 등을 요구했어야 한다'고 덧붙였다.

경찰관 시험을 준비하던 손씨는 태권도 단증을 따기 위해 2003년 10월 태권도장에 등록해 다섯 번째 수련일에 3~4급자 기술인 뒤돌려 차기 동작을 배워 허리 · 가슴 높이에서 몇 번 연습한 뒤 최씨가 머리 높이의 펀치볼을 차도록 지시해 혼자 연습하다 착지하면서 넘어져 발목이 골절되자 소송을 냈다.

### 2. 세차장, 업무 후 차량도난 책임 없다(fins.co.kr, 2005/12/26)

세차를 맡긴 뒤 업무시간 내에 차량을 되찾아가지 않아 도난 당했다면 운전자 책임이라는 판결이 나왔다.

전주지법 제3민사부(재판장 류연만 부장판사)는 S보험사가 세차장에서 차량을 도난당한 운전자에게 보험금을 지급한 뒤 세차장 업주 한모(35)씨를 상대로 낸 구상금 청구소송 항소심에서 원고패소 판결했다고 26일 밝혔다.

재판부는 판결문에서 '세차장에 맡긴 차량의 관리책임은 당일 업무시간에 한정되는 만큼 업무가 끝난 뒤에 차량을 되찾아가지 않아 도난 당했다면 운전자 과실로 봐야 한다'고 밝혔다.

S보험사는 조모씨가 2003년 12월 23일 오후 4시께 전주의 A세차장에 그랜저 XG의 세차를 맡겼다 밤 사이 차량을 잃어버리자 보험금 1,286만원을 지급한 뒤 주인 한씨를 상대로 구

상금청구소송을 냈다.

### 3. 경고방송 무시한 채 수영했다면 익사했다 하더라도 배상 안 된다(fins.co.kr, 2005/7/18)

해수욕장에서 '바다에 들어가지 말라'는 경고방송을 무시한 채 물놀이를 하다 익사했다면 배상을 전혀 받을 수 없다는 판결이 나왔다.

서울중앙지법 민사합의14부(손윤하 부장판사)는 15일 지난해 여름 해수욕장에서 물놀이를 하다 2~3m 높이의 파도에 휩쓸려 숨진 송모(당시 31세)씨의 유족이 해수욕장과 안전사고 보험계약을 체결한 S보험사를 상대로 낸 손해배상청구소송에서 원고패소 판결했다.

재판부는 '해수욕장 관리직원들이 수차례에 걸쳐 바다에 들어가지 말라고 경고방송을 내보냈고 구조요원들도 사고발생 즉시 구조 · 응급조치를 취한 후 송씨를 병원으로 후송했다는 점에서 보험사는 재산적 · 정신적 피해를 배상할 의무가 없다'고 밝혔다.

송씨 유족은 지난해 8월 경북 울진군의 한 해수욕장에서 파도타기를 하던 송씨가 익사하자 '해수욕장 측이 경고방송을 제대로 내보내지 않았고 안전요원도 충분히 배치하지 않았다'며 1억 8천만원의 손배소송을 냈다.

### 4. 술집 주차장 웅덩이 상해, 업주책임 50%(fins.co.kr, 2005/6/27)

술집 고객이 술집 앞 주차장의 파인 웅덩이에 걸려 넘어져 상해를 입었다면 안전시설을 설치하지 않은 업주에게도 50%의 책임이 있다는 판결이 나왔다.

전주지법 민사11단독 이민호 판사는 27일 술집 앞 웅덩이에 걸려 넘어져 상해를 입은 고객 장모(39)씨에게 산재보험금을 지급한 근로복지공단이 업주 이모(55, 여)씨를 상대로 낸 구상금청구소송에서 '피고는 원고에게 6,400여만원을 지급하라'며 원고승소 판결했다.

재판부는 판결문에서 '피고는 술집 주차장에 손님들의 통행이 예상되므로 웅덩이에 빠지지 않도록 야간에 안전 및 조명시설을 설치, 사고를 예방할 의무가 있다'며 '다만 자신의 주의의무를 게을리한 장씨에게도 책임이 있으니 피고의 책임을 50%로 제한한다'고 밝혔다.

근로복지공단은 산재보험 적용사업장 직원인 장씨가 2002년 6월 전북 완주군 삼례읍 이씨가 운영하는 B가요주점에서 거래처 접대를 마치고 나오던 중 주차장 웅덩이에 걸려 넘어지며 뇌진탕 등 노동력 60%를 상실하는 상해를 입자 치료비와 휴업, 장해급여 등 보험금을 지급한 뒤 업주인 이씨를 상대로 소송을 냈다.

### 5. 놀이기구 사고 탑승자 본인책임도 20%(fins.co.kr, 2005/3/8)

상하좌우로 회전하는 원반 놀이기구를 탔다 의자 뒤쪽의 손잡이를 놓치는 바람에 사고가 났다면 부상자에게도 '손잡이를 꽉 잡지 않은 책임'이 있다는 판결이 나왔다.

서울중앙지법 민사22단독 채동수 판사는 8일 놀이기구를 타다 허리를 다친 정모(23, 여)씨가 놀이기구 운영업체와 보험사를 상대로 낸 손해배상청구소송에서 '피고들은 원고에게 2,926만여원을 지급하라'고 원고승소 판결했다.

재판부는 판결문에서 '놀이기구 운영자는 탑승객들이 손잡이를 꼭 잡을 수 있도록 미리 알려야 할 뿐 아니라 탑승자들이 손잡이를 놓치거나 놓칠 우려가 있을 때는 즉시 기구를 멈춰 사고를 예방해야 한다'며 '피고들은 원고의 치료비와 사고로 인한 수입손실 등을 배상할 책임이 있다'고 밝혔다.

재판부는 '원반 놀이기구가 상당히 위험하다는 것을 충분히 알 수 있었던 원고는 손잡이를 잡는 힘이 약한 상태에서 함부로 탑승해서는 안 될 뿐 아니라 부득이 탑승한 경우에도 손잡이를 꽉 잡는 등 주의를 기울였어야 했다'며 '원고의 과실도 사고의 한 원인이 됐으므로 피고들의 책임을 80%로 제한한다'고 덧붙였다.

정씨는 2003년 6월 말 서울 중구 을지로 모 건물에 설치된 원반 놀이기구를 타다 손잡이를 놓쳐 원반 중앙에 주저앉은 뒤 손을 흔들며 정지시켜 달라고 요청했지만 업체 측이 몇 차례나 더 놀이기구를 작동시키는 바람에 다쳤다며 소송을 냈다.

### 6. 1분 만의 도난, 보험사 책임 없다(보험매일, 2003/7/9)

최근 첨단 경비시스템을 뚫고 1분 만에 3,000여만원어치의 물품을 훔쳐 달아난 도둑에 대해 법원이 경비회사나 보험사의 책임이 없다는 판결을 내려 화제가 되고 있다. 피해자는 골프용품 판매점포를 운영하는 추모씨. 그는 2001년 12월 A경비업체와 배상한도 7억원의 경비서비스계약을 체결했다. A경비업체는 추씨의 점포 내부에 자석감지기 2대와 음향감지기 3대, 열선감지기 4대를 설치하고 강화유리벽으로 된 상품진열장에는 열선감지기를 추가 설치했다.

탐지거리 8m의 음향감지기는 강화유리벽에서 4m 떨어진 곳에 설치됐으며 열선감지기는 고양이 크기 이상의 물체가 움직일 경우 계속해서 이상신호를 내도록 설계돼 있다. A경비업체는 사고 당시 최고 3억 2,000만원을 받을 수 있는 보험에도 따로 가입했다. 그러나 지난해 6월 5일 새벽, 철통같은 보안을 자랑하는 점포에 도둑이 들었다. 오전 3시 38분 31초에 열선감지기가 1차 이상신호를 내자 점포에서 3㎞ 떨어진 곳에서 순찰 중이던 경비업체 직원에게 출동지시가 내려졌고, 다시 3시 39분 2초에 2차 이상신호가 나오자 경찰 112상황실에 신고됐다. 6분 내에 경찰이, 8분 내에 경비업체 직원이 도착했지만 이미 도둑은 진열대에 있던 고급 골프채 35자루(구입가 3,150만원)를 훔쳐 달아난 상태였고, 강화유리벽은 도려낸 것처럼 뻥 뚫려 있었다. 경비업체가 최종확인한 도둑의 철수시각은 오전 3시 39분 32초. 도둑은 1분 1초 만에 모든 '작업'을 완료하고 떠난 것이다.

주인 추씨는 경비업체와 보험회사를 상대로 5,700여만원의 손해배상청구소송을 냈지만 법원은 경비업체의 '불가항력'을 인정했다. 서울지법 민사82단독 송영천 판사는 9일 '이상신호 감지 후 6분 내에 경찰을, 8분 내에 경비직원을 도착시킨 피고 회사의 긴급대응조치는 모두 적절했다'며 '피고 회사가 1차 이상신호 감지 때 바로 경찰에 신고했더라도 1분 1초 만에 철수한 도둑이 잡혔으리라는 보장이 없다'고 밝혔다.

Chapter 09

# 자동차보험

## 제1절 자동차보험의 의의

### 1. 자동차사고의 법률적 문제

자동차사고가 발생하면 가해자에 대하여 형사상의 책임과 민사상의 책임이 주어질 수 있다. 또한 가해자가 도로교통법 등을 위반하여 사고를 야기한 경우에는 면허정지나 면허취소 등의 행정상의 책임도 발생할 수가 있다.

#### 1) 형사상 책임

자동차사고에 따른 자동차보유자 또는 운전자의 가장 괴롭고 심각한 문제는 형사상의 책임이다. 교통사고운전자의 형사처벌은 우리나라의 경우 형법 제268조와 교통사고처리특례법에 의하여 이루어진다.

형법 제268조는 "업무상 과실 또는 중대한 과실로 인하여 사람을 사망 또는 부상시킨 자는 5년 이하의 금고 또는 2천만원 이하의 벌금에 처한다"고 규정하고 있다. 그러므로 자동차 운행 중 과실로 사람을 사망 또는 부상시킨 경우 형사처벌이 수반된다. 다시 말하면, 자동차사고로 인하여 사람을 사망 또는 부상시킨 경우 자동차보유자 또는 운전자는 감옥에 갈 수 있다는 것이다. 선의의 과실 운전자에게는 가혹한 처벌이 아닐 수 없다. 물론 과실이 아닌 고의로 사람을 사망 또는 부상시키면 살인죄가 적용되어 사형까지 가능하다.

교통사고처리특례법은 사고운전자의 형법에 의한 처벌을 완화하고 피해자의 신속한 회복을 촉진시켜 국민생활의 편익을 증진시키고자 만들어진 것이다. 이 특별법에 의하여 선의의 자동차보유자 또는 운전자는 형사처벌의 괴로움을 다소 벗어날 수 있게 되었다. 이 특별법이 없으면 수많은 사고운전자가 감옥에 가게 된다.

교통사고처리특례법에서 사고운전자에 대한 처벌의 특례사항은 크게 두 가지 내용을 포함하고 있다. 하나는 '반의사불벌죄'에 관한 것이고, 다른 하나는 보험가입에 따른 '공소권 배제'에 관한 사항이다.

'반의사불벌죄'의 내용을 요약하면, 업무상 과실치상죄 또는 중과실치상죄와 도로교통법 제151조[01]의 재물손괴죄를 범한 운전자에 대해서는 피해자가 명시한 의사에 반하여 공소를 제기할 수 없다는 것이다. 따라서 교통사고를 야기한 가해자는 피해자와의 합의에 의하여 형사처벌을 받지 않을 수 있다.

다만, '반의사불벌죄'의 적용에 있어서 제외되는 경우가 있는데 ① 사망사고(완치가능성이 희박한 중상 포함), ② 뺑소니사고,[02] ③ 교통사고처리특례법상 11대 중과실사고가 이에 해당한다. 여기서 11대 중과실사고란 신호위반, 중앙선침범,[03] 제한속도 20km/h 초과, 앞지르기 방법 및 끼어들

01 차의 운전자가 업무상 필요한 주의를 게을리하거나 중대한 과실로 다른 사람의 건조물이나 그 밖의 재물을 손괴한 때에는 2년 이하의 금고나 500만원 이하의 벌금의 형으로 벌한다.

02 운전자가 피해자에 대한 구호조치를 취하지 아니하고 도주하거나 피해자를 사고장소로부터 옮겨 유기하고 도주한 경우 등으로 운전자가 피해자의 부상이 없다고 스스로 판단, 자기의 거소를 알리지 않고 간 경우도 포함된다. 뺑소니사고에 의해 피해자가 사망한 경우에는 무기 또는 5년 이상의 징역에 처해진다.

03 차선이 설치된 도로의 중앙선을 침범하거나 고속도로 또는 자동차전용도로를 횡단, 회전 또는 후진하여 운전한 경우를 말한다. 자동차가 중앙선을 완전히 넘어 반대차선으로 들

기 금지위반, 건널목통과방법위반,[04] 횡단보도 보행자보호위반,[05] 무면허운전,[06] 음주 및 약물복용운전, 보도침범사고, 개문발차사고, 어린이보호구역에서의 어린이 상해사고를 말한다. 즉 ① 사망사고, ② 뺑소니사고, ③ 11대 중과실사고 등은 '반의사불벌죄'에서 제외됨으로써 피해자와의 합의에 상관없이 형사처벌을 받게 된다.

한편, 보험 등의 가입에 따른 '공소권 배제'의 내용을 요약하면, 교통사고를 일으킨 자동차가 '보험 또는 공제'[07]에 가입된 경우에는 형법 제268조의 업무상 과실치상죄 또는 중과실치상죄나 도로교통법 제151조의 재물손괴죄에 해당되도 피해자와 원만한 합의가 성사된 것으로 간주한다는 것이다.

### 2) 행정상 책임

교통사고를 일으킨 사고운전자에 대한 행정적 책임에는 운전면허의 취소, 정지처분 및 자동차의 사용정지처분 등이 있다.

### 3) 민사상 책임

민사상의 책임이란 자동차사고의 가해자가 피해자에 대해 민사상 불법행위에 의한 손해배상을 해야 하는 책임을 말한다.[08] 민사상 불법행위의 성

어가는 경우뿐만 아니라 차체의 일부가 중앙선을 넘어가도 중앙선 침범이 인정된다. 그러나 추돌당하거나 눈길 또는 빙판에 미끄러져 중앙선을 침범한 경우와 같이 불가항력적인 경우는 중앙선 침범으로 보지 않는다.

04 철길 건널목을 통과하면서 그 건널목 앞에서 일단 정지를 하고 안전함을 확인한 다음 통과해야 하는 규정에 위반하여 운전한 경우를 말한다.

05 신호등이 있는 횡단보도에서의 사고는 신호위반으로, 신호등이 없는 횡단보도에서의 사고는 보행자 보호의무위반으로 처리한다. 다만, 자전거나 오토바이를 타고 건너다 사고를 당한 경우에는 횡단보도사고로 보지 않는다.

06 운전면허를 받지 아니하거나 운전면허의 효력이 정지 또는 금지 중에 있는 때에는 운전면허를 받지 아니한 것으로 본다.

07 여기서 '보험 또는 공제'라 함은 교통사고처리특례법 제4조 제2항에 의하여 교통사고로 인한 손해배상금 전액을 보상하는 보험 또는 공제를 말한다.

08 민법 제750조는 "고의 또는 과실로 인한 위법행위로 타인에게 손해를 가한 자는 그 손해를 배상할 책임이 있다"고 규정하고 있다.

립여부는 과실책임주의를 원칙으로 판단한다. 따라서 과실책임이 인정되면 피해자에 대하여 금전적 배상을 하면 된다. 즉 민사상 책임은 자동차를 운행 중 타인의 신체나 재물을 손상시켰을 때에 그 손해를 배상하는 것으로, 대인배상 및 대물배상에 가입되어 있으면 보험회사에서 보상하여 주기 때문에 사고운전자는 별도로 손해를 배상하지 않아도 된다.

## 2. 자동차보험의 의의

현대산업이 발달되고 소득수준이 향상됨에 따라 자동차 보유대수는 많아지고 자동차보험에 관한 관심은 날로 증가되고 있다. 특히 우리나라에서는 최근 자동차 대수의 급격한 증가와 함께 교통사고율 세계 1위라는 점을 감안할 때 자동차보험의 중요성이 실로 크다 하겠다. 자동차보험은 우리나라뿐 아니라 전 세계적으로 가장 널리 보급된 재산 및 배상책임보험의 하나로서 자동차를 소유, 사용, 관리하는 과정에서 발생되는 손실을 보상하는 보험이다.

즉 자동차보험이란 피보험자가 피보험자동차를 소유, 사용, 관리하는 동안에 발생한 사고로 인하여 생긴 손해를 보상할 것을 목적으로 하는 손해보험계약이다.

자동차를 "운행"하는 사람은 언제 어떠한 형태로 일어날지 모르는 자동차사고에 대하여 항상 불안감을 가지지 않을 수 없는데, 이러한 불안감을 경제적 측면에서 해소시키기 위하여 보험자에게 일정한 액수의 보험료를 내고 사고가 발생할 경우 인적·물적 손해를 보상받는 제도가 자동차보험이다.

자동차보험 담보종목에는 자동차사고로 인하여 다른 사람이 죽거나 다친 경우 또는 다른 사람의 재물을 파손하는 경우 이를 보상하는 대인배상, 대물배상이 있고 자동차사고로 인하여 피보험자가 죽거나 다친 경우 이를 보상하는 자기신체사고, 무보험자동차에 의한 상해 그리고 피보험자동차가 파손된 경우에 이를 보상하는 자기차량손해가 있다. 그러므로 자동차보험은 배상책임보험의 성격과 상해보험의 성격 그리고 재산보험의 성격을 가지고 있는 종합보험이라고 할 수 있다.

## 제2절 자동차보험 보통약관의 일반사항

자동차보험의 구체적 내용을 이해하기 위하여 개인용 자동차보험 보통약관을 중심으로 주요 내용을 설명하고자 한다. 개인용 자동차보험 보통약관의 구조는 일반사항, 대인배상Ⅰ, 대인배상Ⅱ, 대물배상, 자기신체사고, 무보험자동차에 의한 상해, 자기차량손해 등으로 구성되어 있다. 자동차보험 보통약관의 일반사항부문은 모든 보험계약부문에 공통으로 적용되는 내용인 것이다. 그리고 다른 6가지 담보종목부문은 각각의 보험계약과 관련된 내용을 포함하고 있다. 이들 6가지 담보종목 중 자동차손해배상보장법 제5조 제1항 및 제2항의 규정에 따라 자동차보유자는 대인배상Ⅰ 및 대물배상은 반드시 가입(강제보험)하여야 하고, 나머지 대인배상Ⅱ, 자기신체사고, 무보험자동차에 의한 상해, 자기차량손해는 선택적으로 가입(임의보험)할 수 있다.

### 1. 보험종목 및 가입대상

| 보험종목 | 가입대상 |
|---|---|
| 개인용 자동차 | 법정정원 10인승 이하의 개인소유 자가용승용차 |
| 업무용 자동차 | 개인용 자동차를 제외한 모든 비사업용 자동차 |
| 영업용 자동차 | 사업용 자동차 |
| 이륜자동차 | 이륜자동차 및 원동기장치자전거 |
| 농기계보험 | 동력경운기, 농업용 트랙터 및 콤바인 등 농기계 |

## 2. 보험책임의 지역적 범위

보험회사는 북한지역을 포함한 대한민국 안에서 생긴 사고에 대하여 보험계약자가 가입한 담보내용에 따라 보상한다.

## 3. 보험기간

자동차보험의 보험기간은 책임보험기간과 임의보험기간으로 나누어진다. 임의보험기간은 보험계약기간의 첫날 24시부터 보험계약기간 마지막 날 24시까지이다. 보험증권에 기재된 보험계약기간 이전에 보험료를 받았을 경우 책임보험기간(대인배상Ⅰ)은 보험계약기간의 첫날 0시부터 마지막 날 24시까지이다. 다만, 자동차보험에 처음 가입하는 자동차[09]의 책임보험기간(대인배상Ⅰ)은 보험료를 받은 때부터 마지막 날 24시까지이다.

예를 들면, 보험증권에 기재된 보험계약기간 이전에 보험료를 받았을 경우 책임보험기간(대인배상Ⅰ)은 2014년 12월 1일 0시부터 2015년 12월 1일 24시까지이고, 임의보험기간은 2014년 12월 1일 24시부터 2015년 12월 1일 24시까지이다.

그리고 자동차보험에 처음 가입하는 자동차인 경우 보험료를 오후 3시에 납입했다면 책임보험기간(대인배상Ⅰ)은 2014년 12월 1일 15시부터 2015년 12월 1일 24시까지이고, 임의보험기간은 2014년 12월 1일 24시부터 2015년 12월 1일 24시까지이다.

한편, 보험기간 내에는 대인배상Ⅰ, 대인배상Ⅱ, 대물배상, 자기신체사고, 무보험자동차에 의한 상해, 자기차량손해는 사고횟수에 관계없이 자동복원된다. 다만, 피보험자동차가 전손되었을 경우 보험계약은 사고발생 시

09 자동차보험에 처음 가입하는 자동차라 함은 자동차판매업자 또는 기타 양도인 등으로부터 매수인 또는 양수인에게 인도된 날부터 10일 이내에 처음으로 동 매수인 또는 양수인을 기명피보험자로 하는 자동차보험에 가입하는 신차 또는 중고차를 말한다.

에 종료되어 복원되지 않는다.

## 4. 피보험자동차 양도

보험계약자 또는 기명피보험자가 보험기간 중에 피보험자동차를 양도(한 사람의 권리를 다른 사람에게 이전하는 것)한 경우에는 이 보험계약으로 인하여 생긴 보험계약자 및 피보험자의 권리와 의무는 보험자의 승낙을 얻은 경우에 한하여 피보험자동차의 양수인에게 승계된다. 즉 보험자의 승낙이 없는 경우에는 피보험자동차가 양도된 후에 발생한 사고에 대하여 보험금을 지급하지 않는다.

그러나 대인배상 I 의 경우에는 차량양도 시 보험자의 보험금지급책임이 없도록 하게 되면 이로 인한 피해자 보호에 문제점이 발생하게 된다. 따라서 양도 · 양수로 인한 무보험차량사고의 피해자 보호를 위하여, 대인배상 I 에 대하여 자동적으로 적용되는 특별약관인 "의무보험 일시담보 특별약관"에 의하여 피보험자동차가 양도된 날로부터 15일째 되는 날의 24시까지의 기간 동안은 그 자동차를 보통약관 '대인배상 I ' 규정의 피보험자동차로 간주하고 양수인을 보험계약자 및 기명피보험자로 본다. 보험회사는 보상책임을 지는 기간에 대하여는 단기요율로 계산한 해당 보험료를 양수인에게 청구할 수 있다.

한편, 보험계약자 또는 기명피보험자가 보험기간 중에 사망하는 등으로 인하여 상속인이 피보험자동차를 상속하는 경우에는 이 보험계약도 승계된 것으로 본다. 다만, 보험기간이 종료되거나 자동차의 명의를 변경하는 경우에는 상속인을 보험계약자 또는 기명피보험자로 하는 새로운 보험계약을 체결해야 한다.

## 5. 피해자에 대한 가지급보험금

교통사고 피해의 경우 그 원상회복을 위한 피해자의 경제적 부담이 크고 그 처리기간이 상당히 경과될 수 있으므로 피해자의 경제적 손실을 신속히 보상하기 위한 취지에서 피해자가 보험금 확정 이전에도 그 지급을 청구할 경우 이를 약관상 보험금지급기준 범위 안에서 보험회사가 우선 지급하게 하는 제도가 가지급보험금제도이다.

일반적으로 환자의 치료비 및 차량 수리비의 경우 보험회사가 병원 및 정비업체에 지급보증을 함으로써 우선지급이 이루어진다고 할 수 있으나, 상실수익액 및 위자료 등의 우선지급은 양자 간의 합의가 완전히 종결되기 전까지는 우선 지급이 이루어지기 어려운 경향이 있다.

이는 보험회사가 산정한 상실수익액 등의 보험금과 피해자가 주장하는 보험금이 상이하여 상호 간 분쟁이 발생될 경우, 서로가 산정한 보험금을 기준으로 가지급이 이루어질 것을 주장하기 때문이다.

특히 피해자의 경우 보험회사가 산정한 금액기준으로 가지급금을 받고 향후 보험금 확정 시 추가 금액을 받는 것을 상당히 꺼리고 있다. 가지급금을 보험회사가 산정한 기준으로 일단 수령할 경우, 동 금액이 향후 보험금 확정에 영향을 주어 확정보험금이 줄어들 것을 염려하기 때문이다.

그런데 가지급보험금은 예상 확정보험금을 기준으로 지급되는 것이 원칙이므로 보험금 확정과 관련한 다툼이 있을 경우 가지급보험금이 원활히 지급되지 않으므로 보험회사가 약관상 지급기준에 따라 산정한 보험금을 기준으로 우선 지급하게 하되, 향후 최종 보험금 확정에는 영향을 주지 않음을 명시하여 가지급보험금청구 및 지급의 원활화를 도모하고 있다.

가지급보험금은 피해자로부터 가지급보험금의 지급청구를 받은 날부터 10일 이내에 지급해야 한다.

가지급보험금의 지급에 대한 자동차보험약관의 내용을 보면 다음과 같다.

첫째, 피보험자 또는 손해배상청구권자가 가지급보험금을 청구한 경우에는 보험회사는 자동차손해배상보장법, 교통사고처리특례법 등에 의하여

이 약관에 따라 지급할 금액의 한도 내에서 가지급보험금을 지급한다. 다만, 상기 법령의 적용을 받는 담보 이외의 대물배상, 자기신체사고, 무보험자동차에 의한 상해, 자기차량손해에 따른 가지급보험금은 이 약관에 따라 지급할 금액의 50%의 한도 내에서 지급한다.

둘째, 보험회사는 가지급보험금지급청구건이 자동차손해배상보장법 등 관련 법령상 피보험자의 손해배상책임이 발생하지 아니하거나, 이 약관상 보험회사의 보험금지급의무가 발생하지 아니하는 것이 객관적으로 명백한 경우에는 가지급보험금을 지급하지 아니할 수 있다.

셋째, 피보험자 또는 손해배상청구권자에게 지급한 가지급보험금의 금액은 장래 지급될 보험금에서 공제되나, 최종 보험금의 결정에는 영향을 미치지 아니한다.

## 6. 정부보장사업

자동차손해배상보장사업(정부보장사업)은 보유불명자동차(뺑소니차량, hit and run car), 무보험차, 무단운전자동차, 절취운전자동차(도난차량)에 의한 피해자 보호를 목적으로 한다. 여기서 말하는 피해자는 자동차의 운전자 및 탑승자뿐만 아니라 일반보행자도 포함된다.

자동차손해배상보장사업의 보상금액은 책임보험과 동일하다. 따라서 피해자 1인당 사망 1억원, 부상 2천만원, 후유장해 1억원을 그 한도로 하게 된다.

자동차손해배상보장사업의 법상 사업주체는 국토교통부장관이나 실제 동 사업을 효율적으로 운영하려면 전국에 걸친 보상조직과 점포가 필요하게 되어 정부가 직접 수행하기에는 부적절하다. 그래서 국토교통부장관은 보험사업자 중에서 자동차손해배상보장사업 위탁자(동양, 신동아, 대한, 그린, 쌍용, 제일, 삼성, 현대해상, LG, 동부화재 등 12개 손해보험회사)를 지정하여 처리하고 있다.

한편, 정부보장사업의 재원은 책임보험 등에 가입하여야 하는 자와 주한외교차량, 주한미군 및 주한연합군 이외의 외국인으로서 국토교통부장관이 지정하는 외국인 자동차보유자가 납부하는 분담금으로 한다.

정부보장사업은 자동차를 등록하여 운행하고 있는 차량의 소유자들이 책임보험에 가입하면서 책임보험료의 1%를 추가 납부하여 별도의 기금으로 운영한다. 책임보험가입자 등의 분담금은 당해 납부의무자와 책임보험 등의 계약을 체결하는 보험사업자 등이 계약체결 시에 이를 징수하여 정부에 납부하여야 한다.

정부가 피해자에게 손해를 보상한 때에는 지급한 금액의 한도 내에서 가해자에 대한 손해배상청구권을 대위 행사한다.

그러므로 뺑소니차 피해자에게 보상금을 지급한 후 뺑소니차 운전자가 검거되었을 경우, 그 운전자 또는 자동차보유자에게 대위권을 행사할 수 있으며 이들이 책임보험에 가입하였을 경우에는 해당 보험사업자에게 대위권을 행사할 수 있다. 뺑소니차 등에 대한 대위권은 불법행위로 인한 손해배상청구권의 이전이므로 소멸시효도 불법행위에 의한 손해배상청구권과 같이 손해 및 가해자를 안 날로부터 3년, 불법행위를 한 날로부터 10년이다. 한편, 보험금청구권과 피해자 직접청구권 그리고 정부보장사업청구권의 소멸시효는 모두 2년이다.

## 제3절 배상책임(대인배상, 대물배상)

'대인배상Ⅰ' 및 '대물배상'은 자동차손해배상보장법(자배법)에 의한 '강제보험'을 말하며, 자동차를 소유한 사람이면 누구나 가입하여야 한다. 또한 '대인배상Ⅱ'는 '대인배상Ⅰ'에 가입하는 경우에 한하여 가입할 수 있다.

그런데 자동차손해배상보장법에서 대인배상책임의 보상한도는 피해자 1인당 사망 1억 5천만원, 후유장해 1억 5천만원, 부상 3천만원이다. 다만,

보험금지급기준에 의하여 산출한 사망보험금이 2천만원 미만인 경우에는 2천만원으로 한다(최저 사망보험금). 그래서 자동차보험약관에서는 법률상 대인배상책임한도손해에 대해서 대인배상Ⅰ로 하고 있고, 대인배상Ⅰ로 지급되는 금액을 초과하는 손해를 대인배상Ⅱ로 분류하고 있다. 한편, 자동차손해배상보장법에서 대물배상책임의 보상한도는 사고 1건당 1천만원으로 한다.

## 1. 피해자 직접청구권

피해자 직접청구권에 의하여 피해자는 피보험자(가해자)를 상대로 손해배상청구하지 않고 직접 보험회사에 손해배상청구를 하게 된다. 이와 같이 피해자 직접청구권에 의하여 보험회사가 피해자(손해배상청구권자)에게 손해배상금을 지급하였을 때에는 그 금액의 한도 내에서 피보험자의 손해를 보상한 것으로 한다.

피해자 직접청구권은 피보험자의 보험금청구권과는 독립적으로 발생하는 피해자 고유의 권리이다. 따라서 자동차를 이용한 살인행위 등과 같이 피보험자의 고의에 의한 사고는 보험의 원리상 당연 면책사항으로 피보험자의 보험금청구권은 발생하지 않으나, 피해자는 직접청구권의 행사에 의하여 보호받을 수 있다. 이 경우 보험자는 피해자에게 보상한 후 피보험자에게 대위청구할 수 있다.

## 2. 배상책임(대인배상Ⅰ, 대인배상Ⅱ, 대물배상)의 피보험자의 범위

피보험자는 보험회사에 보상을 청구할 수 있는 사람으로 그 범위는 다음과 같다.

① 보험증권에 기재된 피보험자(기명피보험자)

② 기명피보험자와 같이 살거나 살림을 같이하는 친족으로서 피보험자동차를 사용 또는 관리 중인 자

③ 기명피보험자의 승낙을 얻어 피보험자동차를 사용하거나 관리 중인 자. 다만, 대인배상Ⅱ나 대물배상의 경우 자동차정비업, 주차장업, 급유업, 세차업, 자동차판매업, 자동차탁송업, 대리운전업(대리운전자 포함) 등 자동차를 취급하는 것을 업으로 하는 자가 업무로서 위탁받은 피보험자동차를 사용 또는 관리하는 경우에는 피보험자로 보지 아니한다.

④ 기명피보험자의 사용자 또는 계약에 의하여 기명피보험자의 사용자에 준하는 지위를 얻은 자. 다만, 기명피보험자가 피보험자동차를 사용자의 업무에 사용하고 있는 때에 한한다.

⑤ 위에서 규정하는 피보험자를 위하여 피보험자동차를 운전 중인 자(운전보조자 포함). 다만, 대인배상Ⅱ나 대물배상의 경우 자동차정비업, 주차장업, 급유업, 세차업, 자동차판매업, 자동차탁송업, 대리운전업(대리운전자 포함) 등 자동차를 취급하는 것을 업으로 하는 자가 업무로서 위탁받은 피보험자동차를 사용 또는 관리하는 경우에는 피보험자로 보지 아니한다.

## 3. 무면허운전 또는 음주운전사고부담금

피보험자가 무면허운전 또는 음주운전을 하는 동안의 사고로 인하여 보험회사가 보험금을 지급하게 되는 경우 무면허운전 또는 음주운전사고부담금을 피보험자가 부담하여야 한다.

피보험자 본인이 무면허운전 또는 음주운전을 하였거나, 피보험자의 명시적 · 묵시적 승인하에서 피보험자동차의 운전자가 무면허운전 또는 음주운전을 하였을 때에 생긴 사고로 손해를 입은 경우에는 무면허운전 또는 음주운전사고부담금(1사고당 대인배상 : 300만원, 대물배상 : 100만원)을

부담하여야 한다.

### 4. 과실상계

과실상계는 가해자가 자기의 과실이나 기타 귀책사유로 발생한 결과 이상의 손해에 대하여는 그 책임을 부담할 이유가 없고, 이에 반하여 피해자도 자기의 과실이나 귀책사유로 발생한 손해를 타인에게 전가시킬 수 없다는 책임부담의 공평사상에 입각한 것이다.

한편, 대인배상Ⅰ, 대인배상Ⅱ, 대물배상 및 무보험자동차에 의한 상해의 보험금지급기준에 의하여 산출한 금액에 대하여 피해자 측의 과실비율에 따라 상계한다. 다만, 대인배상Ⅰ, 대인배상Ⅱ 및 무보험자동차에 의한 상해의 경우에는 피해자 측의 과실비율에 따라 상계한 후의 금액이 치료관계비 해당액에 미달하는 경우에는 치료관계비 해당액(입원환자 식대 포함)을 보상한다.

## 제4절 대인배상Ⅰ(책임보험)

### 1. 보상책임과 특성

보험회사는 피보험자가 피보험자동차를 소유, 사용, 관리하는 동안에 생긴 피보험자동차의 사고로 인하여 남을 죽게 하거나 다치게 한 때에 법률상 손해배상책임을 짐으로써 입은 손해를 보상한다.

대인배상Ⅰ은 일반 손해보험과 달리 보험가입자 보호 이외에도 자동차 피해자에 대한 최소한의 구제수단이라는 사회보장적 성격이 강하기 때문에 다음과 같은 특성을 지니고 있다.

### 1) 강제보험

주한 외교사절, 주한 미군, 유엔군이 보유하는 자동차 등 자동차손해배상보장법 및 동법 시행령에 규정된 예외차량을 제외하고는 미가입 운행 시 동법에 의해 처벌되는 강제보험이다.

강제보험에 가입되어 있지 아니한 자동차를 운행하는 경우에는 1년 이하의 징역 또는 500만원 이하의 벌금에 처한다. 또한 계약기간 종료 후 강제보험에 가입하지 아니하는 경우에는 그 미가입의 기간에 따라 이륜자동차(배기량 50cc 이상)는 이륜자동차 1대당 최고 20만원, 비사업용 자동차는 자동차 1대당 최고 60만원, 사업용 자동차는 자동차 1대당 최고 100만원의 과태료를 자동차보유자에게 부과한다.

### 2) 계약인수의무 및 계약해지제한

이러한 보험가입의 강제성 때문에 보험계약자가 임의로 계약해지를 할 수 없는 것이 원칙이고, 보험자에게도 일정한 사유가 없는 한 계약인수가 의무화되어 있다. 즉 대인배상 I 은 강제보험으로 무보험을 허용하고 있지 않으므로 법령에 정한 경우[10]를 제외하고는 보험회사에 인수의무를 부여하고 있다.

### 3) 무면책보험

자동차보험약관에서 대인배상 I 은 피보험자의 고의로 인한 손해에 대해서만 보험자가 면책된다. 그러나 피해자의 직접청구권에 의해 비록 고의로 인한 손해라 하더라도 피해자에게 보험자는 배상할 책임이 있다. 그러므로

10 자동차보유자가 교통사고를 발생시킬 개연성이 높은 경우, 즉 과거 2년 동안 무면허운전금지, 주취 중 운전금지, 사고발생 시의 조치의무를 2회 이상 위반한 경력이 있는 경우 또는 보험사업자가 손해배상책임을 담보하는 것이 현저히 곤란하다고 보험요율산출기관이 인정한 경우에는 다수의 보험사업자가 공동으로 대인배상 I 과 대물배상을 인수할 수 있다.

피해자 입장에서는 무면책보험이라고 할 수 있는 것이다.

한편, 대인배상Ⅰ의 경우에는 무면허운전, 음주운전, 마약 또는 약물운전 등으로 인한 손해도 담보위험으로 보상한다. 그리고 뺑소니차, 무보험차, 무단·절취운전자동차 등의 경우도 대인배상Ⅰ의 보상한도 내에서 정부보장사업에 의하여 피해자에게 보상한다.

## 2. 보상한도

대인배상Ⅰ의 피해자 1인당 보상한도는 사망 1억 5천만원, 후유장해 1억 5천만원, 부상 2천만원이다. 다만, 보험금지급기준에 의하여 산출한 사망보험금이 2천만원 미만인 경우에는 2천만원으로 한다(최저 사망보험금).

대인배상Ⅰ의 보상한도는 피해자 1인당 한도이며 1사고당 한도는 없다. 그러므로 1사고로 10명이 사망했다면 15억원도 지급이 가능하다.

한편, 부상 및 후유장해의 경우에는 부상 및 후유장해의 정도에 따라 1급에서 14급까지 자동차손해배상보장법상 등급구분에 따라 보상금액이 제한된다. 즉, 부상의 경우 '1급 : 3천만원~14급 : 50만원', 후유장해의 경우 '1급 : 1억 5천만원~14급 : 1천만원'이 보상된다.

만약 1인의 피해자가 1급 상해로 치료 중 사망하게 되면 부상보험금 3천만원, 사망보험금 1억 5천만원을 한도로 각각 보상받을 수 있으므로 최고 1억 8천만원까지 보상받을 수 있다.

## 3. 보험금지급기준

대인배상(Ⅰ, Ⅱ), 무보험자동차에 의한 상해의 경우 보험금지급기준은 다음과 같다.

## 1) 사망

대인배상 I 의 경우에는 피해자 1인당 1억 5천만원 한도 내에서 장례비, 위자료, 상실수익액을 지급하고 1억 5천만원을 초과하는 경우에는 대인배상 II 에 의해 지급한다.

한편, 대인배상 I 의 경우 이 보험의 보험금지급기준에 의하여 산출한 사망보험금이 2천만원 미만일 경우에는 2천만원으로 한다(최저 사망보험금).

### (1) 장례비

3백만원

### (2) 위자료(정신적 손해)

① 사망한 피해자의 나이가 19세 이상 60세 미만인 경우 : 4,500만원

② 사망한 피해자의 나이가 19세 미만이거나 60세 이상인 경우 : 4,000만원

### (3) 상실수익액

사망자 본인의 월평균현실소득액(제세액공제)에서 본인의 생활비(월평균현실소득액에 생활비율(1/3)을 곱한 금액)를 공제한 금액에 취업가능월수에 해당하는 라이프닛쯔 계수[11]를 곱하여 산정한다.

즉, (월평균현실소득액－생활비)×취업가능월수에 해당하는 라이프닛쯔 계수 = 상실수익액이다.

현실소득액은 급여소득자인 경우는 피해자가 근로의 대가로서 받은 보수액(사고발생 직전 과거 3개월의 월평균현실소득액)에서 제세액을 공제한 금액으로 한다.

사업소득자인 경우는 세법에 따른 관계증빙서에 의하여 입증된 수입액

11 라이프닛쯔 계수는 법정이율 월 5/12%, 복리에 의하여 중간이자를 공제하고 계산하는 방법이다. [i=5/12%, n=취업가능월수]

$$\frac{1}{1+i} + \frac{1}{(1+i)^2} + \cdots\cdots + \frac{1}{(1+i)^n}$$

(사고발생 직전 과거 1년간의 월평균현실소득액)에서 그 수입을 위하여 필요한 제경비 및 제세액을 공제하고 본인의 기여율을 감안하여 산정한 금액으로 한다.

현실소득액의 입증이 곤란한 자, 가사종사자, 무직자(학생 포함) 등은 일용근로자 임금으로 산정한다.

한편, 취업가능연한을 60세로 하여 취업가능월수를 산정한다. 다만, 법령 또는 단체협약 또는 기타 별도의 정년에 관한 규정이 있으면 이에 의하여 취업가능월수를 산정한다. 예를 들면, 정년이 55세까지인 경우의 급여소득자의 경우 55세까지는 월평균현실소득액을 인정하고 56세부터 60세까지는 일용근로자 임금을 인정한다.

취업시기는 19세로 하되, 군복무 해당자는 그 기간을 감안하여 취업가능월수를 산정한다.

한편, 56세 이상인 자의 취업가능월수는 다음과 같다.

- 56세 이상~59세 미만 : 48월
- 59세 이상~67세 미만 : 36월
- 67세 이상~76세 미만 : 24월
- 76세 이상 : 12월

### 2) 부상

대인배상Ⅰ의 경우에는 상해등급별 보상한도(1급 : 3천만원~14급 : 50만원) 내에서 적극손해(구조수색비, 치료관계비), 위자료, 휴업손해, 기타 손해배상금을 지급하고 상해등급별 보상한도(1급 : 3천만원~14급 : 50만원)를 초과하는 경우에는 대인배상Ⅱ에 의해 보상한다.

만약 '대인배상Ⅰ', '대인배상Ⅱ', '무보험자동차에 의한 상해'의 경우에는 피해자 측의 과실비율에 따라 상계한 후의 금액이 치료관계비 해당액에 미달하는 경우에는 치료관계비 해당액(입원환자 식대 포함)을 보상한다.

한편, 이 약관의 보험금지급기준에 의해 '대인배상Ⅰ', '대인배상Ⅱ', '자기신체사고', '무보험자동차에 의한 상해'에 대한 보험금 산출 시 당해 자동차사고가 있기 전에 이미 가지고 있던 증상(기왕증)에 대해서는 보상하지 아니한다. 다만, 이미 가지고 있던 증상이라도 당해 사고로 인해 추가된 부분에 대해서는 보상한다.

### (1) 적극손해

① **구조수색비** : 사회통념상으로 보아 필요 타당한 실비

② **치료관계비** : 의사의 진단기간 내에서 치료에 소요되는 다음의 비용으로 하되, 관련법규에서 환자의 진료비로 인정하는 선택진료비(특진비용)를 포함한다.

- 입원료 : 입원료는 대중적인 일반병실(기준병실)의 입원료를 지급한다. 다만, 의사가 치료상 기준병실보다 입원료가 비싼 병실(상급병실)에 입원하여야 한다고 판단하여 상급병실에 입원하였을 때에는 그 병실의 입원료를 지급한다. 한편, 병실의 사정으로 상급병실에 입원하였을 때에는 7일의 범위 내에서는 그 병실의 입원료를 지급한다. 만약, 입원일수가 7일을 넘을 때에는 그 넘는 기간에 대하여는 기준병실의 입원료와 상급병실의 입원료와의 차액은 지급하지 아니한다. 그리고 피보험자나 피해자의 희망으로 상급병실에 입원하였을 때는 기준병실의 입원료와 상급병실의 입원료와의 차액은 지급하지 아니한다.
- 응급치료, 호송, 진찰, 전원, 퇴원, 투약, 수술(성형수술 포함), 처치, 의지, 의치, 안경, 보청기 등에 소요되는 필요 타당한 실비를 지급한다.
- 치아보철비 : 금주조관보철(백금관보철 포함)에 소요되는 비용을 지급한다. 다만, 치아보철물이 외상으로 인하여 손상 또는 파괴되어 사용할 수 없게 된 경우에는 원상회복에 소요되는 비용을 지급한다.

### (2) 위자료

① **청구권자의 범위** : 피해자 본인

② **지급기준** : 상해등급에 따라 '1급 : 200만원~14급 : 15만원'을 인정한다.

### (3) 휴업손해

부상으로 인하여 휴업함으로써 수입의 감소가 있는 경우에 한하여 휴업기간 중 피해자의 실제 수입감소액의 80% 해당액을 지급한다.

수입감소액은 급여소득자인 경우는 피해자가 근로의 대가로서 받은 보수액에서 제세액을 공제한 금액으로 하고, 사업소득자인 경우는 세법에 따른 관계증빙서에 의하여 입증된 수입액에서 그 수입을 위하여 필요한 제경비 및 제세액을 공제하고 본인의 기여율을 감안하여 산정한 금액으로 한다. 그리고 가사종사자는 일용근로자 임금으로 산정하지만, 무직자(학생포함)는 수입의 감소가 없는 것으로 한다.

### (4) 기타 손해배상금

위 (1) 내지 (3) 외에 기타의 손해배상금으로 다음의 금액을 지급한다.

① **입원의 경우** : 입원기간 중 한 끼당 4,030원(병원에서 환자의 식사를 제공하지 않거나 환자의 요청에 따라 병원에서 제공하는 식사를 이용하지 않는 경우에 함함)

② **통원의 경우** : 실제 통원한 일수에 대하여 1일 8,000원

## 3) 후유장해

대인배상Ⅰ의 경우에는 장해등급별 보상한도(1급 : 1억 5천만원~14급 : 1,000만원) 내에서 위자료, 상실수익액, 가정간호비를 지급하고 장해등급별 보상한도(1급 : 1억 5천만원~14급 : 1,000만원)를 초과하는 경우에는 대인배상Ⅱ에 의해 보상한다.

### (1) 위자료

① 청구권자의 범위 : 피해자 본인

② 지급기준 : 노동능력상실률에 따라 산정한 금액을 피해자 본인에게 지급한다.

- 노동능력상실률이 50% 이상인 경우

㉠ 피해자의 나이가 19세 이상 60세 미만인 경우 : 4,500만원×노동능력상실률×70%

㉡ 피해자의 나이가 19세 미만이거나 60세 이상인 경우 : 4,000만원×노동능력상실률×70%

- 노동능력상실률이 50% 미만인 경우

| 노동능력상실률(%) | 인정액 |
|---|---|
| 50 미만~45 이상 | 400만원 |
| 45 미만~35 이상 | 240만원 |
| 35 미만~27 이상 | 200만원 |
| 27 미만~20 이상 | 160만원 |
| 20 미만~14 이상 | 120만원 |
| 14 미만~9 이상 | 100만원 |
| 9 미만~5 이상 | 80만원 |
| 5 미만~0 초과 | 50만원 |

- 부상위자료와 후유장해위자료가 중복될 때에는 양자 중 많은 금액을 지급한다.

### (2) 상실수익액

노동능력의 상실이 있는 경우에 피해자의 월평균현실소득액에 노동능력상실률과 노동능력상실기간에 해당하는 라이프닛쯔 계수를 곱하여 산정한다. 즉 월평균현실소득액×노동능력상실률×노동능력상실기간에 해당하는 라이프닛쯔 계수이다.

현실소득액은 급여소득자인 경우는 피해자가 근로의 대가로서 받은 보수액에서 제세액을 공제한 금액으로 하고, 사업소득자인 경우는 세법에 따른 관계증빙서에 의하여 입증된 수입액에서 그 수입을 위하여 필요한 제경비 및 제세액을 공제하고 본인의 기여율을 감안하여 산정한 금액으로 한다. 그리고 현실소득액의 입증이 곤란한 자, 가사종사자, 무직자(학생 포함) 등은 일용근로자 임금으로 산정한다.

노동능력상실률은 맥브라이드식 장해평가방법에 따라 일반의 옥내 또는 옥외 근로자를 기준으로 실질적으로 부상치료진단을 실시한 의사 또는 해당과목 전문의가 진단 · 판정한 타당한 노동능력상실률을 적용하며, 동 판정과 관련하여 다툼이 있을 경우 보험금청구권자와 보험회사가 협의하여 정한 제3의 전문의료기관의 전문의에게 판정을 의뢰할 수 있다.

#### (3) 가정간호비

① **인정대상** : 치료가 종결되어 더 이상의 치료효과를 기대할 수 없게 된 때에 1인 이상의 해당 전문의로부터 노동능력상실률 100%의 후유장해 판정을 받은 자로서 식물인간상태의 환자 또는 척수손상으로 인한 사지완전마비환자 또는 고도 후유장해i로 생명유지에 필요한 일상생활의 처리동작에 있어 항상 다른 사람의 개호를 요하는 자

② **지급기준** : 가정간호 인원은 1일 1인 이내에 한하며, 가정간호비는 일용근로자 임금을 기준으로 보험금수령권자의 선택에 따라 일시금 또는 퇴원일로부터 향후 생존기간에 한하여 매월 정기금으로 지급한다.

## 제5절 대인배상Ⅱ

### 1. 보상책임

대인배상Ⅱ는 이 보험계약에 대인배상Ⅰ이 체결되는 경우에 한하여 가

입할 수 있다.

대인배상Ⅱ는 피보험자가 피보험자동차를 소유, 사용, 관리하는 동안에 생긴 피보험자동차의 사고로 인하여 다른 사람을 죽게 하거나 다치게 한 경우에 그 손해가 대인배상Ⅰ에서 지급하는 금액을 초과하는 경우 그 초과 손해를 보험가입금액 한도 내에서 보상한다.

대인배상Ⅰ과 마찬가지로 대인배상Ⅱ도 1사고당 한도액은 없다. 그러나 피해자 1인당 보상한도인 보험가입금액은 보험계약 시 정한 한도 내에서 보상한다. 보험가입금액은 무한, 3억원, 2억원, 1억원 중에서 선택할 수 있으나, 대부분의 경우 보험가입금액을 무한으로 하여 계약을 체결하고 있다.

## 2. 면책사유

① 보험계약자 또는 피보험자의 고의로 인한 손해

② 전쟁, 혁명, 내란, 사변, 폭동, 소요 및 이와 유사한 사태에 기인한 손해

③ 지진, 분화, 태풍, 홍수, 해일 등의 천재지변에 의한 손해

④ 핵연료물질의 직접 또는 간접적인 영향에 기인한 손해

⑤ 요금이나 대가를 목적으로 반복적으로 피보험자동차를 사용하거나 대여한 때에 생긴 손해. 다만, 1개월 이상의 기간을 정한 임대차계약에 의하여 임차인이 피보험자동차를 전속적으로 사용하는 경우에는 보상한다. 그러나 임차인이 피보험자동차를 요금이나 대가를 목적으로 반복적으로 사용하는 경우에는 보상하지 아니한다.

⑥ 피보험자가 손해배상에 관하여 제3자와의 사이에 다른 계약을 맺고 있을 때 그 계약으로 말미암아 늘어난 손해

⑦ 피보험자 본인이 무면허운전을 하였거나, 기명피보험자의 명시적 · 묵시적 승인하에서 피보험자동차의 운전자가 무면허운전을 하였을

때에 생긴 사고로 인한 손해. 한편, 대인배상Ⅱ에서는 음주운전, 마약 또는 약물운전 중 생긴 사고로 인한 손해는 보상한다.

⑧ 피보험자동차를 시험용, 경기용 또는 경기를 위해 연습용으로 사용하던 중 생긴 손해. 다만, 운전면허시험을 위한 도로주행시험용으로 사용하던 중 생긴 손해는 보상한다.

⑨ 다음에 해당하는 사람이 죽거나 다친 경우

- 기명피보험자 또는 그 부모, 배우자 및 자녀
- 피보험자동차를 운전 중인 자(운전보조자를 포함) 또는 그 부모, 배우자 및 자녀
- 기명피보험자로부터 허락을 얻어 피보험자동차를 운행하는 자 또는 그 부모, 배우자 및 자녀
- 피보험자동차를 운전 중인 자 및 기명피보험자로부터 허락을 얻어 피보험자동차를 운행하는 자의 부모, 배우자 및 자녀에 대하여 기명피보험자의 법률상 손해배상책임이 성립하는 경우에는 동인들에 대하여 그 손해를 보상한다.
- 근로자 재해면책

㉠ 배상책임이 있는 피보험자의 피용자로서 산업재해보상보험법에 의한 재해보상을 받을 수 있는 사람. 이 경우 동법에 의한 보상범위를 넘어서는 손해가 발생한 경우에도 보상하지 아니한다.

㉡ 피보험자가 피보험자동차를 사용자의 업무에 사용하는 경우 그 사용자의 업무에 종사 중인 다른 피용자로서 산업재해보상보험법에 의한 재해보상을 받을 수 있는 사람. 이 경우 동법에 의한 보상범위를 넘어서는 손해가 발생한 경우에도 보상하지 아니한다. 다만, 피용자인 기명피보험자가 개인으로서 법률상 손해배상책임을 지는 경우에는 그 손해를 보상한다.

㉢ 근로자 재해면책조항은 각각의 피보험자 모두에게 개별적으로 적용한다. 다만, 이로 인하여 약관에서 정한 보험금의 한도액이 증액되지는 아니한다.

근로자 재해에 대해 면책하는 이유는 자동차보험의 담보위험은 통상의 자동차위험인 데 비하여 업무상 재해는 통상적인 위험보다 높기 때문에 자동차보험에서 보상하게 되면 업무상 재해행위에 대한 보험료까지 일반자동차소유자들이 부담하게 되는 불합리한 결과를 초래하게 되므로, 노사관계에서 발생하는 재해보상에 대하여는 산업재해보상보험법에 의해 보상받도록 하는 취지이다. 따라서 산업재해보상보험법에 의한 보상범위를 초과하는 손해가 발생하더라도 자동차보험에서는 보상하지 않도록 규정하고 있다. 다만, 산업재해보상보험법에 의하여 재해보상을 받을 수 없는 경우에는 본 약관 면책사유의 적용대상에서 제외된다.

## 제6절 대물배상

### 1. 보상책임

대물배상은 피보험자가 피보험자동차를 소유, 사용, 관리하는 동안에 생긴 피보험자동차의 사고로 인하여 다른 사람의 재물에 손해를 입힌 경우 보험가입금액 한도 내에서 보상한다. 대물배상의 경우 1사고당 보상한도인 보험가입금액은 보험계약 시 정한 한도 내에서 보상한다. 보험가입금액은 1억, 5천만원, 3천만원, 2천만원 중에서 선택할 수 있으나, 자동차손해배상보장법에 의하여 보험가입금액 2천만원으로의 가입은 강제되어 있다. 따라서 자동차손해배상보장법에 의한 대물배상책임의 보상한도는 사고 1건당 2천만원으로 한다.

## 2. 면책사유

① 보험계약자 또는 피보험자의 고의로 인한 손해

② 전쟁, 혁명, 내란, 사변, 폭동, 소요 및 이와 유사한 사태에 기인한 손해

③ 지진, 분화, 태풍, 홍수, 해일 등의 천재지변에 의한 손해

④ 핵연료물질의 직접 또는 간접적인 영향에 기인한 손해

⑤ 요금이나 대가를 목적으로 반복적으로 피보험자동차를 사용하거나 대여한 때에 생긴 손해. 다만, 1개월 이상의 기간을 정한 임대차계약에 의하여 임차인이 피보험자동차를 전속적으로 사용하는 경우에는 보상한다. 그러나 임차인이 피보험자동차를 요금이나 대가를 목적으로 반복적으로 사용하는 경우는 보상하지 아니한다.

⑥ 피보험자가 손해배상에 관하여 제3자와의 사이에 다른 계약을 맺고 있을 때 그 계약으로 말미암아 늘어난 손해

⑦ 피보험자 본인이 무면허운전을 하였거나, 기명피보험자의 명시적 · 묵시적 승인하에서 피보험자동차의 운전자가 무면허운전을 하였을 때에 생긴 사고로 인한 손해. 다만, 자동차손해배상보장법 제5조 제2항의 규정에 따라 자동차보유자가 강제적으로 가입하여야 하는 대물배상 보험가입금액 한도 내(2천만원)에서는 보상한다. 한편, 대물배상에서는 음주운전, 마약 또는 약물운전 중 생긴 사고로 인한 손해는 보상한다.

⑧ 피보험자동차를 시험용, 경기용 또는 경기를 위해 연습용으로 사용하던 중 생긴 손해. 다만, 운전면허시험을 위한 도로주행시험용으로 사용하던 중 생긴 손해는 보상한다.

⑨ 피보험자 또는 그 부모, 배우자 및 자녀가 소유, 사용 또는 관리하는 재물에 생긴 손해

⑩ 피보험자가 사용자의 업무에 종사하고 있을 때 피보험자의 사용자가 소유, 사용 또는 관리하는 재물에 생긴 손해. 이 조항은 근로자 재해

면책조항으로 각각의 피보험자 모두에게 개별적으로 적용한다. 다만, 이로 인하여 약관에서 정한 보험금의 한도액이 증액되지는 아니한다.

⑪ 피보험자동차에 싣고 있거나 운송 중인 물품에 생긴 손해

⑫ 남의 서화, 골동품, 조각물, 기타 미술품과 탑승자와 통행인의 의류나 휴대품에 생긴 손해

⑬ 탑승자와 통행인의 분실 또는 도난으로 인한 소지품에 생긴 손해. 그러나 파손된 소지품에 대하여는 피해자 1인당 200만원의 한도 내에서 실손보상한다.

보험약관의 용어정리에 의하면 "휴대품이란 통상 몸에 지니고 있는 물품으로 현금, 유가증권, 지갑, 만년필, 라이터, 손목시계, 귀금속, 기타 장신구 및 이와 유사한 물품을 말하며, 소지품이란 휴대품 이외에 소지한 물품으로 휴대폰, 노트북, 캠코더, 카메라, CD플레이어, MP3, 워크맨, 녹음기, 전자수첩, 전자사전, 휴대용라디오, 핸드백, 서류가방 및 골프채 등을 말한다"라고 되어 있다.

## 3. 보험금지급기준

대물배상의 경우 자동차손해배상보장법에 의하여 보험가입금액 2천만원으로의 가입은 강제되어 있으므로 사고 1건당 2천만원 한도 내[12]에서 수리비용, 교환가액, 대차료, 휴차료, 영업손실, 자동차시세 하락손해를 지급한다.

12 만약 보험계약 시 사고 1건당 보상한도인 보험가입금액을 5천만원으로 하여 부보하였다면, 사고 1건당 5천만원 한도 내에서 수리비용, 교환가액, 대차료, 휴차료, 영업손실, 자동차시세 하락손해를 지급한다.

## 1) 수리비용

### (1) 수리비

원상회복이 가능한 경우 사고 직전의 상태로 원상회복하는 데 소요되는 필요 타당한 비용으로서 실제 수리비용

### (2) 열처리 도장료

수리 시 열처리 도장을 한 경우 차령에 관계없이 열처리 도장료 전액. 단, 수리비 및 열처리 도장료의 합계액은 피해물의 사고 직전 가액의 120%를 한도로 한다.

## 2) 교환가액

수리비용이 피해물의 사고 직전 가액을 초과하는 경우와 원상회복이 불가능한 경우 사고 직전 피해물의 가액상당액 또는 사고 직전의 피해물과 동종의 대용품의 가액과 이를 교환하는 데 소요되는 필요 타당한 비용

## 3) 대차료

### (1) 지급대상

비사업용 자동차(건설기계 포함)가 파손 또는 오손되어 가동하지 못하는 기간 동안에 다른 자동차를 대신 사용할 필요가 있는 경우 그에 소요되는 필요 타당한 비용

### (2) 인정기준액

① 대차를 하는 경우

- 대여자동차로 대체 사용할 수 있는 차종에 대하여는 차량만을 대여하는 경우를 기준으로 한 대여자동차 요금
- 대여자동차로 대체 사용할 수 없는 차종에 대하여는 별도로 정한 사

업용 해당 차종 휴차료 일람표범위 내에서 실임차료. 다만, 5톤 이하 밴형 화물자동차의 경우 중형승용차급 한도로 대차 가능

② 대차를 하지 아니하는 경우

- 대여자동차가 있는 경우 : 해당 차종 대여자동차 요금의 30% 상당액
- 대여자동차가 없는 경우 : 사업용 해당 차종 휴차료 일람표금액의 30% 상당액

### (3) 인정기간

① 수리가능한 경우 : 수리가 완료될 때까지의 기간으로 하되, 30일을 한도로 한다.

② 수리 불가능한 경우 : 10일

## 4) 휴차료

### (1) 지급대상

사업용 자동차(건설기계 포함)가 파손 또는 오손되어 사용하지 못하는 기간 동안에 발생하는 타당한 영업손해

### (2) 인정기준액

① 입증자료가 있는 경우 : 1일 영업수입에서 운행경비를 공제한 금액에 휴차기간을 곱한 금액

② 입증자료가 없는 경우 : 사업용 해당 차종 휴차료 일람표금액에 휴차기간을 곱한 금액

### (3) 인정기간

① 수리가능한 경우

- 수리가 완료될 때까지의 기간으로 하되, 30일을 한도로 한다.

- 여객자동차운수사업법 시행규칙에 의하여 개인택시운송사업에 의하여 면허를 받은 자가 부상으로 자동차의 수리가 완료된 후에도 자동차를 운행할 수 없는 경우에는 사고일로부터 30일을 초과하지 않는 범위 내에서 운행하지 못한 기간으로 한다.

② 수리 불가능한 경우 : 10일

## 5) 영업손실

### (1) 지급대상

소득세법 시행령에서 규정하고 있는 사업을 경영하는 자의 사업장 또는 그 시설물을 파괴하여 휴업함으로써 상실된 이익

### (2) 인정기준액

① 입증자료가 있는 경우 : 소득을 인정할 수 있는 세법에 따른 관계증빙서에 의하여 산정한 금액

② 입증자료가 없는 경우 : 일용근로자 임금

### (3) 인정기간

① 원상복구에 소요되는 기간으로 한다. 그러나 합의지연 또는 부당한 복구지연으로 연장되는 기간은 휴업기간에 넣지 아니한다.

② 영업손실의 인정기간은 30일을 한도로 한다.

## 6) 자동차시세 하락손해

사고로 인한 자동차(출고 후 2년 이하인 자동차에 한함)의 수리비용이 사고 직전 자동차가액의 20%를 초과하는 경우 출고 후 1년 이하는 수리비용의 15%, 출고 후 1년 초과~2년 이하인 자동차는 수리비용의 10%를 지급한다.

# 제7절 자기신체사고

## 1. 보상책임

자기신체사고는 피보험자가 피보험자동차를 소유, 사용, 관리하는 동안에 생긴 피보험자동차의 사고로 인하여 피보험자 자신이 죽거나 다친 경우에 보상한다. 보험가입금액은 1억, 5,000만원, 3,000만원, 2,000만원, 1,500만원 중에서 선택할 수 있다.

자동차보험의 자기신체사고 담보는 상법상으로는 손해보험적 성격보다는 인보험적 성격을 지니고 있는 상품이다. 따라서 자기신체사고의 담보내용 및 면책내용은 상해보험의 규정에 의하여 적용되고 있다. 그래서 자기신체사고에 대해서는 보험회사가 피보험자 또는 손해배상청구권자에게 보험금을 지급한 경우에도 제3자에 대하여 대위권을 행사할 수 없다.

## 2. 보상한도

### 1) 사망

보험가입금액(1억, 5,000만원, 3,000만원, 2,000만원, 1,500만원 중 택일)에 해당하는 금액을 정액지급한다.

### 2) 부상

상해등급별(1~14급) 보험가입금액에 해당하는 금액을 정액지급한다.

상해구분 및 급별 보험가입금액표

| 상해등급 | 보험가입금액 | | | |
|---|---|---|---|---|
| | 1,500만원 | 2,000만원 | 3,000만원 | 5,000만원 |
| 1급 | 1,500만원 | 2,000만원 | 3,000만원 | 5,000만원 |
| 2급 | 800만원 | 1,070만원 | 1,600만원 | 2,670만원 |
| 3급 | 750만원 | 1,000만원 | 1,500만원 | 2,500만원 |
| 4급 | 700만원 | 930만원 | 1,400만원 | 2,330만원 |
| 5급 | 500만원 | 670만원 | 1,000만원 | 1,670만원 |
| 6급 | 400만원 | 530만원 | 800만원 | 1,330만원 |
| 7급 | 250만원 | 330만원 | 500만원 | 830만원 |
| 8급 | 180만원 | 240만원 | 360만원 | 600만원 |
| 9급 | 140만원 | 190만원 | 280만원 | 470만원 |
| 10급 | 120만원 | 160만원 | 240만원 | 400만원 |
| 11급 | 100만원 | 130만원 | 200만원 | 330만원 |
| 12급 | 60만원 | 80만원 | 120만원 | 200만원 |
| 13급 | 40만원 | 50만원 | 80만원 | 130만원 |
| 14급 | 20만원 | 30만원 | 40만원 | 70만원 |

주 : 상해등급은 자동차손해배상보장법 시행령 별표 1에서 정한 상해구분에 의함

### 3) 후유장해

피보험자가 치료를 받은 후에도 신체에 장해가 남은 때에는 장해등급별(1~14급) 보험가입금액에 해당하는 금액을 정액지급한다.

후유장해구분 및 급별 보험가입금액표

| 장해등급 | 보험가입금액 | | | |
|---|---|---|---|---|
| | 1,500만원 | 3,000만원 | 5,000만원 | 1억원 |
| 1급 | 1,500만원 | 3,000만원 | 5,000만원 | 1억원 |
| 2급 | 1,350만원 | 2,700만원 | 4,500만원 | 9,000만원 |
| 3급 | 1,200만원 | 2,400만원 | 4,000만원 | 8,000만원 |
| 4급 | 1,050만원 | 2,100만원 | 3,500만원 | 7,000만원 |

| 5급 | 900만원 | 1,800만원 | 3,000만원 | 6,000만원 |
|---|---|---|---|---|
| 6급 | 750만원 | 1,500만원 | 2,500만원 | 5,000만원 |
| 7급 | 600만원 | 1,200만원 | 2,000만원 | 4,000만원 |
| 8급 | 450만원 | 900만원 | 1,500만원 | 3,000만원 |
| 9급 | 360만원 | 720만원 | 1,200만원 | 2,400만원 |
| 10급 | 270만원 | 540만원 | 900만원 | 1,800만원 |
| 11급 | 210만원 | 420만원 | 700만원 | 1,400만원 |
| 12급 | 150만원 | 300만원 | 500만원 | 1,000만원 |
| 13급 | 90만원 | 180만원 | 300만원 | 600만원 |
| 14급 | 60만원 | 120만원 | 200만원 | 400만원 |

주 : 장해등급은 자동차손해배상보장법 시행령 별표 2에서 정한 후유장애구분에 의함

## 3. 지급보험금의 계산

자기신체사고 보험금은 자기신체사고 보상액에서 공제액을 공제한 후의 금액을 지급한다. 즉 자기신체사고 보험금 = 자기신체사고 보상액 − 공제액이다.

### 1) 자기신체사고 보상액

치료를 받던 중 사망한 경우는 각 상해등급별 보험가입금액 한도 내에서 사망에 이르기까지의 실제 소요된 치료비+사망보험금, 후유장해보험금지급 후 사망한 경우는 사망보험금−후유장해보험금, 치료 후 신체에 장해가 남게 된 경우는 각 상해등급별 보험가입금액 한도 내에서 장해에 이르기까지의 실제 소요된 치료비+후유장해보험금을 지급한다.

### 2) 공제액

타 차량과의 사고로 상대 차량이 가입한 자동차보험의 대인배상Ⅰ 및 대

인배상Ⅱ에 의하여 보상을 받을 수 있는 금액과 자기신체사고로 지급될 수 있는 금액을 합한 금액이 실제 손해액을 초과하는 경우에는 동 초과액을 공제한다.

피보험자가 사고 당시 운전석 또는 그 옆 좌석에 탑승 중 안전벨트를 착용하지 아니한 경우 자기신체사고 보상액에서 20%(뒷좌석은 10%)를 공제한다.

## 4. 피보험자의 범위

① 보험증권에 기재된 피보험자(기명피보험자)
② 기명피보험자와 같이 살거나 살림을 같이하는 친족으로서 피보험자동차를 사용 또는 관리 중인 자
③ 기명피보험자의 승낙을 얻어 피보험자동차를 사용하거나 관리 중인 자
④ 기명피보험자의 사용자 또는 계약에 의하여 기명피보험자의 사용자에 준하는 지위를 얻은 자. 다만, 기명피보험자가 피보험자동차를 사용자의 업무에 사용하고 있는 때에 한한다.
⑤ 위에서 규정하는 피보험자를 위하여 피보험자동차를 운전 중인 자(운전보조자 포함)
⑥ 위에서 규정하는 피보험자의 부모, 배우자 및 자녀
⑦ 위에서 규정하는 피보험자(피보험자를 위하여 피보험자동차를 운전 중인 자는 제외)가 고용한 자로서 산업재해보상보험법에 의한 재해보상을 받을 수 있는 사람

## 5. 면책사유

① 피보험자의 고의로 그 본인이 상해를 입은 때. 이 경우 당해 피보험자

에 대한 보험금만 지급하지 아니한다.

② 피보험자가 범죄를 목적으로 피보험자동차를 사용하던 중 또는 싸움, 자살행위로 그 본인이 상해를 입은 때. 이 경우 당해 피보험자에 대한 보험금만 지급하지 아니한다.

③ 상해가 보험금을 받을 자의 고의로 생긴 때에는 그 사람이 받을 수 있는 금액

④ 피보험자가 마약 또는 약물 등의 영향에 의하여 정상적인 운전을 하지 못하는 상태에서 운전하던 중 생긴 사고로 그 본인이 상해를 입은 때. 이 경우 당해 피보험자에 대한 보험금만 지급하지 아니한다. 한편, 무면허운전 및 음주운전 중 생긴 사고로 인한 손해는 보상한다.

⑤ 피보험자동차 또는 피보험자동차 이외의 자동차를 시험용, 경기용 또는 경기를 위해 연습용으로 사용하던 중 생긴 손해. 다만, 운전면허시험을 위한 도로주행시험용으로 사용하던 중 생긴 손해는 보상한다.

⑥ 전쟁, 혁명, 내란, 사변, 폭동, 소요 및 이와 유사한 사태에 기인한 손해

⑦ 지진, 분화 등 천재지변에 의한 손해. 한편, 태풍 · 홍수 · 해일 · 산사태 · 침수 등 자연재해로 인한 손해는 보상한다.

⑧ 핵연료물질의 직접 또는 간접적인 영향에 기인한 손해

⑨ 요금이나 대가를 목적으로 반복적으로 피보험자동차를 사용하거나 대여한 때에 생긴 손해. 다만, 1개월 이상의 기간을 정한 임대차계약에 의하여 임차인이 피보험자동차를 전속적으로 사용하는 경우는 보상한다. 그러나 임차인이 피보험자동차를 요금이나 대가를 목적으로 반복적으로 사용하는 경우는 보상하지 아니한다.

# 제8절 무보험자동차에 의한 상해

## 1. 보상책임

무보험자동차에 의한 상해는 대인배상Ⅰ, 대인배상Ⅱ, 대물배상, 자기신체사고에 모두 가입하는 경우에 한하여 가입할 수 있다. 무보험자동차에 의한 상해는 무보험자동차에 의해 피보험자가 죽거나 다친 경우에 보상한다.

여기서 무보험자동차라 함은 피보험자동차 이외의 자동차로서 피보험자를 죽게 하거나 다치게 한 다음의 자동차를 말한다.

① 자동차보험 대인배상Ⅱ나 공제계약이 없는 자동차

② 자동차보험 대인배상Ⅱ나 공제계약에서 보상하지 아니하는 경우에 해당[13]하는 자동차

③ 이 약관에서 보상될 수 있는 금액(2억원)보다 보상한도가 낮은 자동차보험의 대인배상Ⅱ나 공제계약이 적용되는 자동차

④ 피보험자를 죽게 하거나 다치게 한 자동차가 명확히 밝혀지지 않은 경우에 그 자동차(보유불명자동차 : 뺑소니차)

무보험자동차에 의한 상해는 상해보험의 일종이다. 그러나 일반 상해보험과는 달리 실손보상의 방식을 채택하고 있으며, 보험금의 산정은 대인배상의 보험금지급기준에 따라 산정하게 된다. 그리고 일반 상해보험은 가해자에 대한 대위권이 없는 경우가 많으나, 이 무보험자동차에 의한 상해는 보험자가 보험금을 지급한 후 보험금지급한도 내에서 제3자에 대해 대위권을 행사할 수 있다.

13 고의로 인한 손해, 무면허운전 등 대인배상Ⅱ나 공제계약에서의 면책사유에 해당하는 것을 말한다.

## 2. 보험금지급기준

대인배상의 보험금지급기준에 의하여 산출한 금액에서 피보험자 1인당 2억원을 한도로 지급한다. 한편, 무보험자동차에 의한 상해는 대인배상 및 대물배상의 경우와 같이 피해자 측의 과실비율에 따라 상계한다.

지급보험금의 계산은 다음과 같이 한다.

대인배상의 보험금지급기준에 의해 산출한 금액 + 손해방지비용 등 − 공제금액

여기서 공제금액은 다음과 같다.

① 대인배상Ⅰ에 의하여 지급될 수 있는 금액
② 자기신체사고에 의하여 지급될 수 있는 금액
③ 배상의무자의 대인배상Ⅱ나 공제계약에 의하여 지급될 수 있는 금액
④ 피보험자가 탑승 중인 자동차가 가입한 자동차보험의 대인배상Ⅱ나 공제계약에 의하여 지급될 수 있는 금액
⑤ 피보험자가 배상의무자로부터 이미 지급받은 손해배상액
⑥ 배상의무자가 아닌 제3자가 부담할 금액으로 피보험자가 이미 지급받은 금액

## 3. 피보험자의 범위

① 기명피보험자 및 기명피보험자의 배우자(탑승 및 동거여부 불문)
② 기명피보험자 또는 그 배우자의 부모 및 자녀(탑승 및 동거여부 불문)
③ 피보험자동차에 탑승 중이었던 경우로 기명피보험자의 승낙을 얻어 피보험자동차를 사용 또는 관리 중인 자. 다만, 자동차정비업, 주차장업, 급유업, 세차업, 자동차판매업, 자동차탁송업, 대리운전업(대리운전자 포함) 등 자동차를 취급하는 것을 업으로 하는 자가 업무로서 위탁받은 피보험자동차를 사용 또는 관리하는 경우에는 피보험자로

보지 아니한다.

④ 위 ① 내지 ③에서 규정하는 피보험자를 위하여 피보험자동차를 운전 중인 자. 다만, 자동차정비업, 주차장업, 급유업, 세차업, 자동차판매업, 자동차탁송업, 대리운전업(대리운전자 포함) 등 자동차를 취급하는 것을 업으로 하는 자가 업무로서 위탁받은 피보험자동차를 사용 또는 관리하는 경우에는 피보험자로 보지 아니한다.

## 4. 면책사유

① 보험계약자 또는 피보험자의 고의로 인한 손해

② 전쟁, 혁명, 내란, 사변, 폭동, 소요 및 이와 유사한 사태에 기인한 손해

③ 지진, 분화, 태풍, 홍수, 해일 등 천재지변에 의한 손해

④ 핵연료물질의 직접 또는 간접적인 영향에 기인한 손해

⑤ 요금이나 대가를 목적으로 반복적으로 피보험자동차를 사용하거나 대여한 때에 생긴 손해. 다만, 1개월 이상의 기간을 정한 임대차계약에 의하여 임차인이 피보험자동차를 전속적으로 사용하는 경우는 보상한다. 그러나 임차인이 피보험자동차를 요금이나 대가를 목적으로 반복적으로 사용하는 경우는 보상하지 아니한다.

⑥ 피보험자가 범죄를 목적으로 피보험자동차를 사용하던 중 또는 싸움, 자살행위로 생긴 손해

⑦ 피보험자가 마약 또는 약물 등의 영향에 의하여 정상적인 운전을 하지 못하는 상태에서 운전하던 중 생긴 사고로 인한 손해

⑧ 피보험자동차 또는 피보험자동차 이외의 자동차를 시험용, 경기용 또는 경기를 위해 연습용으로 사용하던 중 생긴 손해. 다만, 운전면허시험을 위한 도로주행시험용으로 사용하던 중 생긴 손해는 보상한다.

⑨ 기명피보험자나 보험증권에 기재된 범위 내의 운전자가 아닌 사람이

피보험자동차를 운전하였을 때 생긴 사고로 인한 손해

⑩ 피보험자 본인의 무면허운전 중 생긴 사고로 인한 손해. 한편, 음주운전으로 인한 손해는 보상한다.

⑪ 피보험자가 자동차등록증 등에 사업용(영업용)으로 기재되어 있는 자동차를 운전하던 중 생긴 사고로 인한 손해. 다만, 대여사업용 자동차의 경우 영리를 목적으로 요금이나 대가를 받고 사용하지 않는 때에는 보상한다.

⑫ 다음의 사람이 배상의무자일 경우에는 보상하지 아니한다.

- 상해를 입은 피보험자의 부모, 배우자 및 자녀. 다만, 이들이 무보험자동차를 운전하지 않은 경우로서 이들 이외에 다른 배상의무자가 있는 경우에는 보상한다.
- 피보험자가 사용자의 업무에 종사하고 있을 때 피보험자의 사용자 또는 피보험자의 사용자의 업무에 종사 중인 다른 피용인

## 제9절 자기차량손해

### 1. 보상책임

자기차량손해는 피보험자가 피보험자동차를 소유, 사용, 관리하는 동안에 발생한 사고로 인하여 피보험자동차[14]가 파손된 경우 보상한다.

자기차량손해는 재산보험적 성격을 가지고 있고 또한 열거책임주의를 채택하고 있다. 즉 보험약관에 열거하고 있는 위험만을 담보하고 있다. 여기서 보험약관에 담보하겠다고 열거하고 있는 위험을 살펴보면 다음과

14 피보험자동차에 통상 붙어 있거나 장치되어 있는 부속품과 부속기계장치는 피보험자동차의 일부로 본다. 그러나 통상 붙어 있거나 장치되어 있는 것이 아닌 것은 보험증권에 기재한 것에 한한다.

같다.

① 타차 또는 타 물체와의 충돌, 접촉, 추락, 전복 또는 차량의 침수[15]로 인한 손해

② 화재, 폭발, 낙뢰, 날아온 물체, 떨어지는 물체에 의한 손해 또는 풍력에 의해 차체[16]에 생긴 손해

③ 피보험자동차 전부의 도난[17]으로 인한 손해. 다만, 피보험자동차를 도난당한 경우에는 도난사실을 경찰관서에 신고한 후 30일이 지난 때에 보상한다.

## 2. 보상한도

보험증권에 기재된 보험가입금액을 한도로 보상한다. 자기차량손해의 경우 통상적으로 차량가액과 일치되게 부보한다. 그런데 만약 보험가입금액이 보험가액(차량가액)보다 많은 경우에는 보험가액을 한도로 보상한다.

따라서 자기차량손해의 보험금은 차량가액 한도 내에서 실손해액[18](직접손해)을 지급한다. 그런데 자기차량손해의 경우에는 사고발생 시 일정금액을 자기가 부담하는 자기부담금제도(5만원, 10만원, 20만원, 30만원, 50만원)가 있다. 그래서 분손의 경우에는 자기부담금을 공제하고 보상하지만,

---

15 흐르거나 고인 물, 역류하는 물, 범람하는 물, 해수 등에 피보험자동차가 빠지거나 잠기는 것을 말하며, 차량 도어나 선루프 등을 개방해 놓았을 때 빗물이 들어간 것은 침수로 보지 않는다. 차량의 침수로 인한 손해는 태풍, 홍수, 해일 등 자연재해로 인한 침수손해도 보상한다.

16 차량의 운행 중 또는 정지 중 공기의 이동으로 인한 차량 구성품 간의 충돌로 발생한 피해도 보상한다. 예컨대, 차량 운행 중 및 경사지 등에서 차량 본네트와 앞 유리 간의 충돌로 인한 손해를 보상한다.

17 피보험자동차에 장착 또는 장치되어 있는 일부 부분품, 부속품, 부속기계장치만의 도난은 제외한다.

18 피보험자동차가 제힘으로 움직일 수 없는 경우에는 이를 고칠 수 있는 가까운 정비공장이나 보험회사가 지정하는 곳까지 운반하는 데 든 비용 또는 그곳까지 운반하는 데 든 임시수리비용 중에서 정당하다고 인정되는 부분은 보상한다.

전손의 경우에는 자기부담금을 공제하지 않는다.

한편, 보험기간 내에는 대인배상Ⅰ, 대인배상Ⅱ, 대물배상, 자기신체사고, 무보험자동차에 의한 상해, 자기차량손해는 사고횟수에 관계없이 자동복원된다. 다만, 피보험자동차가 전부 멸실되었을 때에는 사고발생 시에 보험계약이 종료된다.

## 3. 피보험자의 범위

자기차량손해에서 피보험자는 보험증권에 기재된 기명피보험자이다.

## 4. 면책사유

① 보험계약자, 피보험자, 이들의 법정대리인 또는 피보험자와 살림을 같이하거나 같이 사는 친족의 고의로 인한 손해

② 전쟁, 혁명, 내란, 사변, 폭동, 소요 및 이와 유사한 사태에 기인한 손해

③ 지진, 분화 등 천재지변에 의한 손해. 한편, 태풍, 홍수, 해일 등의 자연재해로 인한 손해는 보상한다.

④ 핵연료물질의 직접 또는 간접적인 영향에 기인한 손해

⑤ 요금이나 대가를 목적으로 반복적으로 피보험자동차를 사용하거나 대여한 때에 생긴 손해. 다만, 1개월 이상의 기간을 정한 임대차계약에 의하여 임차인이 피보험자동차를 전속적으로 사용하는 경우는 보상한다. 그러나 임차인이 피보험자동차를 요금이나 대가를 목적으로 반복적으로 사용하는 경우는 보상하지 아니한다.

⑥ 소유권이 유보된 매매계약이나 대차계약에 따라 피보험자동차를 산 사람 또는 빌어 쓴 사람의 고의로 인한 손해

⑦ 사기 또는 횡령으로 인한 손해

⑧ 국가나 공공단체의 공권력 행사에 의한 압류, 징발, 몰수, 파괴 등으로 인한 손해. 그러나 소방이나 피난에 필요한 조치로서 취하여진 경우에는 그 손해를 보상한다.

⑨ 피보험자동차에 생긴 흠, 마멸, 부식, 녹, 그 밖의 자연소모로 인한 손해

⑩ 피보험자동차의 일부 부분품, 부속품, 부속기계장치만의 도난으로 인한 손해

⑪ 동파로 인한 손해 또는 우연한 외래의 사고에 직접 관련이 없는 전기적 · 기계적 손해

⑫ 피보험자동차를 시험용, 경기용 또는 경기를 위해 연습용으로 사용하던 중 생긴 손해. 다만, 운전면허시험을 위한 도로주행시험용으로 사용하던 중 생긴 손해는 보상한다.

⑬ 피보험자동차를 운송 또는 싣고 내릴 때에 생긴 손해

⑭ 피보험자동차가 주 · 정차 중일 때 다른 자동차의 충돌 또는 접촉에 의하지 아니한 사고로 인한 타이어나 튜브에만 생긴 손해 및 주행 중 타이어나 튜브에만 생긴 손해. 다만, 화재 또는 산사태에 의한 타이어나 튜브에 생긴 손해는 보상한다. 그리고 피보험자동차의 사고로 인하여 타이어나 튜브에 발생한 손해는 보상한다.

⑮ 보험계약자, 피보험자, 이들의 법정대리인, 피보험자와 같이 살거나 살림을 같이하는 친족, 피보험자동차를 빌려 쓴 사람 또는 피보험자동차에 관계되는 이들의 피용자(운전자를 포함)가 마약 또는 약물 등의 영향에 의하여 정상적인 운전을 하지 못할 상태에서 피보험자동차를 운전하고 있는 때에 생긴 손해

보험계약자, 피보험자, 이들의 법정대리인, 피보험자와 같이 살거나 살림을 같이하는 친족, 피보험자동차를 빌려 쓴 사람 또는 피보험자동차에 관계되는 이들의 피용자(운전자를 포함)가 무면허운전을 하였거나 음주운전을 하였을 때에 생긴 손해. 이와 같이 자기차량손해는 무면허운전, 음주운전, 마약 또는 약물운전으로 인한 손해 모두 면책

된다.

## 제10절 자동차보험 특별약관

앞에서 설명한 개인용 자동차보험 보통약관에 첨부할 수 있는 특별약관이 다수 있는데 여기서는 중요한 몇 가지를 소개한다.

### 1. 보험료 분할납입 특별약관

보험기간 내의 보험료는 보험계약 당시에 전액을 지급하는 것이 원칙이나 보험증권에 기재된 횟수 및 금액으로 분할하여 납입할 수도 있다. 그러나 대인배상 I 에 대하여는 이 특별약관이 적용되지 않는다.

### 2. 가족운전자 한정운전 특별약관

피보험자동차에 대하여 운전할 자를 기명피보험자와 그 가족으로 한정하여, 만약 기명피보험자와 그 가족 이외의 자가 피보험자동차를 운전하던 중에 발생된 사고에 대하여 면책으로 한다. 그러나 대인배상 I 에 대하여는 이 특별약관이 적용되지 않는다.

### 3. 운전자연령 만 21세 이상 또는 만 26세 이상 한정운전 특별약관

피보험자동차에 대하여 운전할 자를 만 21세 이상 또는 만 26세 이상으로 한정하여, 만약 사고일 현재 만 21세 미만 또는 만 26세 미만의 자가 피보험자동차를 운전하던 중에 발생된 사고에 대하여 면책으로 한다. 그러나 대인배상Ⅰ에 대하여는 이 특별약관이 적용되지 않는다.

## 4. 기명피보험자 한정운전 특별약관

피보험자동차에 대하여 운전할 자를 기명피보험자 1인으로 한정하여, 만약 기명피보험자 이외의 자가 피보험자동차를 운전하던 중에 발생된 사고에 대하여 면책으로 한다. 그러나 대인배상Ⅰ에 대하여는 이 특별약관이 적용되지 않는다.

## 5. 다른 자동차운전담보 특별약관

다른 자동차운전담보 특별약관은 보통약관의 무보험자동차에 의한 상해에 가입된 경우 자동적으로 적용된다. 이는 피보험자가 다른 자동차를 운전 중(주차 또는 정차 중 제외) 생긴 대인사고나 대물사고로 인하여 법률상 손해배상책임을 짐으로써 손해를 입은 때 또는 피보험자가 상해를 입었을 때에는 피보험자가 운전한 다른 자동차를 보통약관의 대인배상Ⅱ, 대물배상, 자기신체사고규정의 피보험자동차로 간주하여 보통약관에서 규정하는 바에 따라 보상한다.

## 6. 의무보험 일시담보 특별약관

대인배상Ⅰ 및 대물배상(1천만원)의 경우에는 차량양도 시 보험자의 보험금지급책임이 없도록 하게 되면 이로 인한 피해자 보호에 문제점이 발생하게 된다. 따라서 양도 · 양수로 인한 무보험차량사고의 피해자 보호를 위하여, 대인배상Ⅰ 및 대물배상(1천만원)에 대하여 자동적으로 적용되는 특별약관인 "의무보험 일시담보 특별약관"에 의하여 피보험자동차가 양도된 날로부터 15일째 되는 날의 24시까지의 기간 동안은 그 자동차를 보통약관의 대인배상Ⅰ 및 대물배상(1천만원)규정의 피보험자동차로 간주하고 양수인을 보험계약자 및 기명피보험자로 본다.

## 7. 형사합의지원금 특별약관

형사합의지원 특별약관은 보통약관의 대인배상Ⅰ, 대인배상Ⅱ, 대물배상 모두 체결되는 경우에 한하여 가입할 수 있다.

형사합의지원 특별약관은 피보험자가 피보험자동차를 소유, 사용, 관리하는 동안에 생긴 피보험자동차의 사고로 피해자가 죽거나 다친 경우에 보상한다. 이 특별약관에서의 피보험자의 범위는 기명피보험자 및 기명피보험자의 배우자로 한다.

피해자가 사망하여 형사합의를 한 경우에는 피해자 1인당 3천만원을 한도로 형사합의금을 지급한다.

## 8. 긴급출동서비스 특별약관

긴급출동서비스 특별약관은 대인배상Ⅰ에 가입하고 본 특별약관에 가입한 경우에 한하여 적용된다.

피보험자동차를 소유, 사용, 관리하는 동안에 긴급출동서비스(긴급견인, 비상급유, 배터리충전, 예비타이어교체, 잠금장치해제, 긴급구난, 엔진오일보충, 라디에이터캡교환, 전구교환, 윈도브러시교환, 퓨즈교환, 엔진과열응급조치, 부동액보충, 긴급시동 등)를 총 5회 제공한다.

# 제11절 운전자보험

교통사고발생 시 운전자는 형사상 책임, 행정상 책임 그리고 민사상 책임을 진다. 그런데 자동차보험은 주로 민사상 책임(대인배상, 대물배상)에 대해 보상한다. 그러나 교통사고가 민사상이 아닌 11대 중과실 등과 같은 형사상의 사고가 난다면 그것은 모두 개인부담이 된다.

운전자보험은 민사상 책임 이외의 형사상 책임과 행정상 책임 등을 보상한다. 다시 말해 형사합의금, 판결에 의한 벌금, 운전자의 구속 시 필요한 변호사 선임비용(방어비용), 운전자가 구속 또는 입원 시 가족의 생계비, 운전자가 사고로 인해 면허정지, 면허취소 시 일당 및 취소 위로금을 지급한다. 또한 자동차사고로 인하여 운전자 자신이 사망하거나 부상당한 경우에 사망보험금 및 후유장해보험금 등을 보상한다.

결국 운전자보험은 자동차사고로 인하여 운전자가 형사상 책임 및 행정상 책임을 지게 됨으로써 입은 손해 또는 운전자 자신의 생명이나 신체상 해를 담보하는 보험이다.

**보험이야기**

**1. 접촉사고 가해자 2차 사고도 책임(fins.co.kr, 2006/6/12)**

접촉사고를 당한 차의 운전자가 당황해 다른 차를 들이받았다면 처음 사고를 낸 가해차량의 운전자가 1, 2차 사고의 피해를 모두 배상해야 한다는 대법원 판결이 나왔다.

대법원 1부(주심 김지형 대법관)는 11일 운전 중 택시와 부딪친 뒤 당황해 그대로 직진하다 승합차를 들이받은 A(37, 여)씨가 택시운송조합을 상대로 낸 손해배상청구소송에서 2차 사고도 택시 운전자에게 책임이 있다는 취지로 원심을 깨고 사건을 서울고법으로 돌려보냈다고 밝혔다.

재판부는 '운전 중 갑자기 다른 차에 들이받힌 경우 당황해 또 다른 사고를 일으킬 수 있다는 건 통상적으로 예견할 수 있다'고 밝혔다. 재판부는 이어 '1차 사고가 없었더라도 다른 원인 때문에 2차 사고가 났을 것이라는 사정이 인정되지 않는 한 이 사건 2차 사고는 여성 운전자인 원고가 당황해 조향장치를 정상적으로 조작하지 못해 발생한 것으로 볼 수밖에 없다'고 덧붙였다.

재판부는 '2차 사고발생은 원고에게도 상당한 과실이 있는 것으로 보이지만 이런 사정은 손해배상액을 산정할 때 참작할 사유가 될 뿐이지 택시 운전자의 과실로 인한 1차 사고와 2차 사고의 인과관계를 부정하는 사유가 될 수 없다'고 판시했다.

A씨는 2003년 10월 하순께 경차를 몰고 신호등이 없는 교차로를 지나던 중 뒤늦게 교차로에서 좌회전하는 택시가 왼쪽 뒷문을 들이받자 그대로 33m를 직진한 뒤 정차해 있는 승합차를 들이받았다.

A씨는 1차 사고 후 순간적으로 정신을 잃어 2차 사고를 냈다며 2차 사고의 손해도 배상하라는 소송을 냈다.

### 2. 만취운전 차량 동승 사망, 본인책임 20%(fins.co.kr, 2006/6/7)

운전자의 음주 사실을 알고도 차량에 동승했다가 교통사고로 사망했다면 동승자에게도 20%의 과실책임이 있다는 판결이 나왔다.

전주지법 민사 2단독 박선영 판사는 7일 음주운전 차량에 동승했다가 교통사고로 사망한 정모씨 가족이 모 보험사를 상대로 낸 손해배상청구소송에서 '피고는 원고에게 3억 8천여만원을 지급하라'며 원고 일부승소 판결했다.

재판부는 그러나 '사망자 정씨가 운전자의 음주사실을 알면서 동승한 것으로 보이며 이 같은 사실은 음주 교통사고로 인한 손해발생과 확대의 원인에 해당하므로 사망한 동승자에게도 20%의 책임이 있다'고 덧붙였다.

정씨는 2004년 9월 15일 혈중 알코올농도 0.114% 상태인 회사 동료 양모씨가 모는 차량에 탑승했다가 차량 고장으로 정차 중이던 화물차와 충돌사고로 숨졌으며 가족들은 사고차 보험사를 상대로 소송을 냈었다.

### 3. 안전거리 미확보 추돌, 운전자책임 80%(fins.co.kr, 2006/6/2)

맞은편 차량이 중앙선을 넘는 바람에 앞서 가던 차와 추돌사고가 났더라도 안전거리 확보 등 주의를 다하지 않았다면 사고책임의 80%는 운전자에게 있다는 판결이 나왔다.

전주지법 제3민사부(유길종 부장판사)는 2일 맞은편 차량의 중앙선 침범으로 추돌사고를 낸 운전자에게 산재급여를 지급한 근로복지공단이 중앙선 침범차 운전자 유모(38)씨와 보험사를 상대로 낸 구상금청구 항소심에서 '피고들은 원심대로 원고에게 96만여원을 지급하라'고 판결했다.

재판부는 그러나 '사고차 운전자가 안전거리를 확보하지 않아 앞선 차량을 추돌한 잘못도 있으므로 피고들의 손해배상책임은 20%로 제한한다'고 판시했다.

택배기사인 강모씨는 2003년 5월 26일 전북 완주군의 국도를 업무용 차량으로 운전하던 중 맞은편 유씨의 차량이 중앙선을 넘어와 정지하는 바람에 멈춰 선 앞차를 들이받아 두 달간 입원치료를 받았다.

이 사고를 업무상 재해로 인정한 근로복지공단은 강씨에게 468만여원의 산재보험급여를 지급한 뒤 사고원인을 제공한 유씨와 자동차보험사를 상대로 '산재급여 중 피고가 책임져야 할 240여만원을 지급하라'고 소송을 냈었다.

### 4. 횡단보도 건너다 신호 바뀌면 무단횡단(fins.co.kr, 2006/4/24)

횡단보도에서 녹색신호가 깜박거릴 때 도로를 건너다 빨간 불로 바뀌어 교통사고가 나면 운전자와 보행자 중 누구의 책임일까?

법원은 이를 무단횡단의 일종으로 간주, 보행자에게도 일부 과실책임이 있다고 인정했다.

인천지법 민사1부(이건배 부장판사)는 24일 모 자동차보험회사가 자사 보험가입자(운전자)로부터 교통사고를 당한 김모(66)씨를 상대로 제기한 손해배상청구소송 항소심에서 원고 일부승소 판결했다.

재판부는 판결문에서 '보행자는 횡단보도에서 녹색점멸신호인 경우 횡단하는 중간에 적색신호로 바뀔 우려가 있으므로 보다 신속히 건너거나 일단 정지해 다음 녹색신호를 기다리는 등 사고를 미연에 방지할 주의의무가 있다'고 밝혔다.

재판부는 이어 '보행자 김씨는 이런 의무를 게을리한 잘못이 있으므로 운전자보험회사의 손해배상책임비율은 65%로 제한한다'며 '보험회사는 김씨의 과실책임비율 35%를 뺀 치료비와 위자료 등 1,100여만원을 지급하라'고 판결했다.

김씨는 2003년 1월 서울 문래동에서 편도 2차선 도로의 횡단보도를 건너다 승용차에 치여 뇌진탕 등의 피해를 입었으며 승용차 운전자의 보험회사는 김씨에게도 책임이 있다며 소송을 냈다.

### 5. 상수도 파열 결빙 교통사고, 국가 · 지자체책임(fins.co.kr, 2006/4/13)

상수도가 파열되면서 도로가 결빙돼 교통사고가 났다면 도로와 상수도관리를 맡고 있는 국가와 지방자치단체가 65%의 책임이 있다는 판결이 나왔다.

창원지법 제2민사단독 박태일 판사는 12일 D보험사가 국가와 통영시를 상대로 낸 구상금 청구소송에서 '피고들은 연대해 5,416만원을, 국가와 통영시는 각각 1,385만원과 3,117만원을 원고에게 지급하라'고 판결했다.

박 판사는 판결문에서 '국가는 교통사고가 발생한 국도의 관리자로서, 통영시는 상수도시설관리자로서 상수도관 파열로 인해 도로가 결빙돼 교통사고를 야기, 운전자가 숨지고 동승자가 다치면서 보험사가 손해배상금을 지급했으므로 이 보험사에게 배상금을 지급해야 한다'고 판시했다.

그러나 박 판사는 '숨진 운전자도 사고다발지역인 굽은 도로를 운전하며 안전띠를 매지 않고 전방주시를 철저히 하지 않은 결과 교통사고가 발생한 점이 인정되기 때문에 국가와 통영시의 책임은 65%로 봐야 한다'며 '국가는 20%, 통영시의 책임비율은 45%'라고 덧붙였다.

D보험사는 2004년 1월 13일 새벽 통영시 광도면 노산리 14번 국도가 상수도 파열로 결빙되면서 달리던 화물차가 미끄러져 중앙분리대를 충돌하는 사고로 운전자 황모씨가 숨지고

황씨의 부인이 중상을 입는 사고가 발생해 1억 5,260만원의 손해배상금을 국가와 통영시 대신 지급했다며 소송을 냈다.

### 6. 정면충돌 피하다 사고, 운전자 무과실(fins.co.kr, 2006/4/3)

중앙선을 침범해 다가오는 차와 정면충돌을 피하려고 핸들을 급히 돌리다 사고를 낸 운전자에게 과실이 없다는 판결이 나왔다.

서울고법 민사16부(정장오 부장판사)는 중앙선 침범 차를 피하려다 다른 차를 들이받은 운전자의 보험사인 L사를 상대로 중앙선 침범 차의 보험사인 S사가 낸 구상금청구소송에서 원고의 항소를 기각했다고 3일 밝혔다.

재판부는 판결문에서 '사고 당시 피고 차량의 운전자가 급하게 핸들을 조작하지 않았더라면 중앙선을 침범해 자신의 차로로 오는 원고 차량과 정면충돌을 피하기 어려웠을 것으로 보인다. 정면충돌을 피하기 위해 핸들을 급히 돌린 운전자에게 어떠한 과실이 있다고 할 수 없다'고 밝혔다.

재판부는 '원고측 차량이 갑자기 중앙선을 침범해 피고측 차의 차로로 주행했고 피고측 운전자는 피하기 위해 급제동을 했으나 미끄러지면서 중앙선을 넘어 다른 차에 부딪힌 사실이 인정된다'고 설명했다.

재판부는 '당시 피고측 운전자 홍모씨가 원고 차량의 중앙선 침범을 인지한 지점은 홍씨가 다른 차와 충돌한 지점에서 약 33.2m 후방이고, 이는 충돌시점 2초 전이었다. 원고와 피고 차량의 1초당 주행거리가 30.54m인 점을 감안할 때 홍씨가 핸들을 급조작하지 않았다면 정면충돌을 피하기 어려웠다'고 판시했다.

홍모씨는 2004년 2월 초 경기도의 한 지방도로에서 차를 몰다 맞은편에서 송모씨가 몰던 화물차가 갑자기 중앙선을 침범해 다가오자 피하려고 핸들을 급히 돌리다 중앙선을 침범, 화물차를 뒤따라 오던 승합차와 부딪히는 사고를 냈다.

이 사고로 홍씨 차에 탔던 1명이 숨지고 2명이 중경상을 입었으며 승합차 탑승자 5명도 부상했다.

사고원인을 제공한 송씨측 보험업체 S사는 피해자들에게 손해를 배상한 뒤 '홍씨도 전방주시를 소홀히 하고 조향장치를 과도하게 조작한 과실이 30% 있다'며 구상금청구소송을 냈지만 1심에서 패하자 항소했다.

### 7. 교차로서 택시 잡다 사고, 본인과실 15%(fins.co.kr, 2006/3/30)

교차로에서 택시를 잡기 위해 도로변에 서 있다가 차에 부딪혀 다쳤다면 본인의 과실책임이 15%라는 판결이 나왔다.

서울고법 민사19부(김수형 부장판사)는 30일 교차로 한쪽 구석의 도로에 서 있다가 좌회전 차량의 후사경에 머리를 부딪혀 다친 김모(44)씨가 가해차 보험사를 상대로 낸 손해배상청구소송에서 '피고는 김씨에게 1,770여만원을 지급하라'며 원고 일부승소 판결했다고 밝혔다.

재판부는 판결문에서 '가해 화물차 운전자가 4거리 교차로를 좌회전하다 택시를 잡기 위해 경계 도로에 서 있던 원고의 머리를 다치게 해 좌상(挫傷 · 외부상처 없이 내부조직이 손상되는 것), 추간판탈출증 등 상해를 입힌 점이 인정되므로 피고는 차 보험자로서 원고의 손해를 배상할 책임이 있다'고 밝혔다.

재판부는 '다만 사고 지점은 평소 차량 통행이 빈번한 교차로 지점이고 당시 새벽이어서 시야의 장애가 있는 상황이었는데도 원고가 택시를 잡으려고 도로에 서 있던 과실도 사고의 한 원인이 됐다'며 피고의 책임을 85%로 제한했다.

채소 판매업자인 김씨는 2004년 2월 14일 오전 6시께 서울 가락동 농수산물시장 내 4거리 교차로의 한쪽 구석에서 택시를 잡기 위해 인도와 화물차용 주차구획선을 약간 벗어나 차도에 서 있다가 마침 좌회전해 앞을 지나던 소형 화물차에 부딪혀 다치자 소송을 냈다.

### 8. 도로에 누운 행인 사망, 운전자 과실 40%(fins.co.kr, 2006/3/22)

도로에 누워 있는 사람을 치어 숨지게 했다면 운전자에게 40%의 과실책임이 있다는 판결이 나왔다.

서울고법 민사21부(이동명 부장판사)는 22일 도로에 누워 있다가 주행하던 차에 치여 숨진 정모씨의 유족이 차 운전자와 소유자, 보험사를 상대로 낸 손해배상청구소송 항소심에서 '원고 일부승소 판결한 원심은 옳다'며 항소를 기각했다고 밝혔다.

재판부는 판결문에서 '피고는 앞 차와 안전거리를 확보하고 전방을 주시하며 운전할 주의의무가 있는데도 이를 게을리한 채 운전하다 도로에 누운 망인을 뒤늦게 발견해 차가 몸을 완전히 넘어가 사망하게 했으므로 각각 운전자와 운행자로서 손해를 배상할 책임이 있다'며 피고 2명이 1억 2,330여만원을 배상하라고 밝혔다.

재판부는 가해차량 소유자가 가입한 보험사에 대해서도 '무보험자상해특약에 따른 소정의 보험금을 지급하라'며 피고측 배상액의 일부를 지급하라고 판시했다.

재판부는 '다만 망인이 도로에 누워 있게 된 이유를 구체적으로 알 수는 없으나 그처럼 누워 있게 된 상황에 대해 본인의 잘못이 개입돼 있다고 봄이 상당하고 이런 과실도 사고발생에 원인으로 작용했다'며 피고의 과실책임을 40%만 인정했다.

형제 사이인 피고 2명은 2003년 2월 1일 밤 강원 홍천읍 도로 1차로에서 차를 몰던 중 앞서 가던 승용차가 2차로로 갑자기 빠진 후 앞 방향에 정씨가 누워 있는 것을 뒤늦게 발견했으나 미처 피하지 못해 정씨가 복강 출혈로 숨졌다.

이에 유족인 정씨의 모친은 소송을 내 1심에서 원고 일부승소 판결이 났지만 양측 모두 항소했다.

### 9. 차도에 뛰어든 보행자 사망, 운전자책임 25%(fins.co.kr, 2006/2/21)

보행자가 갑자기 차도로 뛰어들어 차에 치여 숨진 경우 비록 사고를 예측하기 힘들었다해도 운전자에게 25%의 책임이 있다는 판결이 나왔다.

서울중앙지법 민사60단독 한창호 부장판사는 차도로 뛰어들어 택시에 치여 숨진 김모(당시 26세)씨의 유족 하모(49, 여)씨가 전국택시운송사업조합연합회를 상대로 낸 손해배상청구소송에서 '피고는 8,180여만원을 배상하라'며 원고 일부승소 판결했다고 21일 밝혔다.

재판부는 판결문에서 '망인은 직장 동료와 식당에서 술을 마시다가 다툼이 있어 밖으로 나온 뒤 폭 2.2m가량의 좁은 보도에서 동료와 서로 승강이를 벌이다 뿌리치며 차도 쪽으로 갑자기 뛰어들다가 넘어진 과실이 있다'고 밝혔다.

재판부는 피고측에도 '피고는 망인이 주위에 횡단보도나 육교가 있음에도 그 사이의 보도에서 갑자기 차도로 뛰어들다가 넘어진 잘못에 의해 사고가 발생한 것이고 택시 운전자에게는 이를 피할 여유가 없어 과실이 없다고 주장하나 운전자도 전방주시의무를 다하지 못한 과실이 있다'고 판시했다.

재판부는 '결국 망인의 과실은 사건발생이나 손해 확대의 원인이 됐지만 피고의 책임을 면하게 할 정도는 아니다'며 피고의 책임을 25%로 제한했다.

김씨는 지난해 6월 초 부산 시내에서 직장 동료와 술을 마시다가 한 동료와 말다툼이 생겨 밖으로 나와 2차로 도로 옆 인도에서 계속 다투던 중 팔을 잡은 동료를 뿌리치고 차도로 뛰어들었다가 주행하던 택시에 치여 숨졌다.

이에 김씨의 어머니는 택시회사와 손해보장 공제계약을 체결한 택시운송사업조합연합회를 상대로 손배소송을 냈다.

### 10. 자동차 전용도로 사고, 무단횡단자책임 90%(fins.co.kr, 2005/10/3)

보행자 접근이 차단된 자동차전용도로에서 교통사고가 났다면 전방주시의무를 게을리한 차량운전자에게 10%, 무단횡단자에게 90%의 책임이 있다는 판결이 나왔다.

서울중앙지법 민사65단독 최봉희 판사는 교통사고 가해차량 보험사가 노량진 수산시장 인근 자동차전용도로를 무단횡단하다 사고를 당한 김모(44)씨를 상대로 낸 채무부존재 확인청구소송에서 '차량 운전자가 직선도로에서 전방을 주시하지 않은 책임이 있는 만큼 배상책임이 있다'고 원고패소 판결했다.

재판부는 사고장소가 자동차전용도로지만 주변에 상가와 자전거도로가 있고 먼 거리에서 보행자를 볼 수 있는 직선도로였다는 점에서 운전자는 전방을 제대로 주시했어야 했다. 다만 자동차전용도로를 무단횡단한 김씨의 과실이 90%에 해당하는 만큼 보험사의 배상책임을 10%로 제한한다고 밝혔다.

재판부는 또 보험사는 이미 지급한 치료비 920여만원의 90%인 830여만원을 반환해야 한다고 주장하지만 보험약관에 '보험사는 피해자에게 치료비 전액의 한도 내에서 배상책임이 있다'고 명시된 만큼 김씨에게 반환의무는 없다고 덧붙였다.

김씨는 2004년 5월 말 새벽에 노량진 수산시장 인근 자동차전용도로를 무단횡단하다 최모씨가 운전하는 차에 치여 갈비뼈가 부러지는 사고를 당했다.

### 11. 차 안 가방에 발 걸려 부상, 보험사책임 아니다(fins.co.kr, 2005/9/20)

승용차에서 내리던 승객이 승용차 바닥에 놓인 가방 손잡이에 발이 걸리는 바람에 넘어져 다쳤다면 자동차손해배상보장법에 따른 손해배상을 받을 수 없다는 판결이 나왔다.

서울중앙지법 민사항소7부(조희대 부장판사)는 17일 승용차에서 하차하려다 조수석 바닥에 있던 가방 손잡이에 발이 걸려 넘어져 오른쪽 다리가 부러진 신모(73)씨와 가족들이 승용차 보험사를 상대로 낸 2,200만원의 손해배상청구소송에서 원고패소 판결했다고 밝혔다.

재판부는 '승객의 하차도 자동차의 '운행'과정으로 볼 수 있고 신씨의 사고가 하차 도중 발생했지만 이 사고는 신씨가 부주의해서 가방 손잡이에 발이 걸려 생긴 것이고, 이 가방은 승용차에 고정돼 승용차 운행에 필수적인 요소라고 볼 수 없으므로 자동차손해배상보장법상 '운행으로 인해 발생한 사고'로 볼 수 없다'고 밝혔다.

신씨는 2002년 10월 안모씨의 승용차 조수석에 탑승했지만 마침 조수석 바닥에 놓여 있던 안씨의 가방 손잡이가 한쪽은 기어 손잡이에, 다른 한쪽은 바닥에 내려져 놓여있는 것을 보지 못하고 하차하다 손잡이에 발이 걸려 넘어져 부상했다.

### 12. 음주차량과 충돌, 불법주차 절반책임(fins.co.kr, 2005/8/12)

만취상태의 운전자가 몰던 차가 도로변 불법주차 차량에 부딪혀 동승자가 크게 다쳤다면 불법주차 차량이 피해금액을 배상해야 한다는 판결이 나왔다.

서울중앙지법 민사66단독 공도일 판사는 12일 군복무 중 휴가를 나와 만취한 친구 차량에 동승했다 사고를 당해 전신이 거의 마비된 황모(23)씨가 불법주차 차량 보험사를 상대로 낸 손해배상청구소송에서 '보험사는 황씨에게 3억 1천여만원을 지급하라'고 판결했다.

재판부는 '비록 만취상태에서 운전하다 사고를 낸 운전자에게 더 많은 잘못이 있다고는 하지만 주차금지구역 내 불법주차 차량이 없었더라면 사고가 발생하지 않았거나 사고규모가 작았을 가능성이 충분히 있다는 점에서 불법주차와 사고 사이에는 인과관계가 있다'고 설명했다.

재판부는 그러나 '황씨도 휴가 중 친구들과 술을 마신 후 만취상태의 친구가 운전하는 차량에 동승한 잘못 등이 있다는 점에서 보험사의 책임을 50%로 한정한다'고 덧붙였다.

2003년 4월 음주운전 차량 조수석에 탔던 황씨는 주차금지구역에 불법주차돼 있던 차량과 충돌사고로 목뼈에 이상이 생겨 전신마비 증세가 나타나자 보험사를 상대로 손배소송을 냈다.

### 13. 교통법규위반 차에 배상의무 없어(fins.co.kr, 2005/6/6)

교통법규를 제대로 지킨 운전자가 사망사고를 냈더라도 법규를 위반한 차량의 피해에 대해선 배상할 필요가 없다는 취지의 법원 결정이 내려졌다.

서울 남부지법 민사21단독 이정렬 판사는 4일 오토바이운전자 이모씨의 가족들이 자동차 운전자 신모씨가 가입한 D보험사를 상대로 낸 4천만원의 손해배상청구소송에서 '원고의 청구를 모두 기각하되 소송비용은 각자 부담으로 한다'는 화해권고 결정을 내렸다.

이 판사는 결정문에서 '운전자는 교통법규를 준수해 운행할 주의의무가 있지만 다른 차가 교통법규를 위반해 운전하는 경우까지 예상해 교통사고를 방지할 주의의무가 있다고는 할 수 없다'고 밝혔다.

그는 '위법한 차량을 예상해 운전하기를 요구한다면 적법행위를 한 자가 손해를 보게 되고 위법행위를 한 자가 이익을 얻는 불합리한 결과가 초래될 것'이라고 덧붙였다.

이 판사는 '이씨가 횡단보도의 신호를 위반해 진행했기 때문에 이 사고는 이씨의 잘못으로 인해 발생한 것이며 신씨는 어떤 잘못도 했다고 볼 수 없다'고 기각사유를 밝혔다.

이씨는 2003년 9월 26일께 경기 고양시 덕양구 화정동의 한 3거리에서 횡단보도의 푸른 신호를 무시하고 오토바이를 몰고 지나가다 신씨가 운전하던 화물트럭의 뒷부분과 부딪쳐 사망하자 이씨의 유족들이 손해배상청구소송을 제기했다.

이 판사는 교통법규를 무시하다 접촉사고를 낸 운전자가 낸 이와 유사한 손해배상청구소송도 기각한 바 있지만 사망사고의 경우에도 비슷한 결정을 내린 것은 이번이 처음이다.

### 14. 신호 바뀐 뒤 교차로 진입 차, 사고책임 모두 져야(fins.co.kr, 2005/5/24)

신호등이 정지신호로 바뀐 뒤 교차로에 진입했다가 충돌사고를 낸 차량은 상대 피해차량이 과속했더라도 사고책임을 모두 져야 한다는 판결이 나왔다.

대법원 2부(주심 유지담 대법관)는 24일 과속운전하다 신호위반 차량과 충돌한 김모(49)씨가 신호위반 차량 보험사를 상대로 낸 손해배상청구소송에서 김씨에게도 20%의 책임을 인정한 원심을 깨고 '김씨는 책임이 없다'며 사건을 서울고법으로 돌려보냈다.

재판부는 판결문에서 '교차로를 신호에 따라 진행하는 운전자는 다른 차량이 신호를 위반해 교차로에 진입하는지 살필 주의의무가 있지만 그런 의무는 신호가 바뀌기 전이나 직후에 교차로에 진입한 차량에 대해서만 인정되며 신호가 바뀐 후 새로 교차로에 진입하는 차량에 대해서까지 주의할 의무는 없다'고 밝혔다.

재판부는 '원고가 비록 제한속도를 넘어 과속한 잘못이 있지만 당시 상대 차량이 교차로에 진입한 것은 신호등이 정지신호로 바뀌기 이전이나 직후가 아니라 이미 정지신호로 바뀌고 어느 정도 시간이 경과한 뒤이므로 원고에게 사고책임을 일부 분담시킬 수 없다'고 밝혔다.

김씨는 1999년 10월 제한속도가 시속 80㎞인 도로에서 시속 100㎞로 화물차를 운전해 교차로를 통과하다 진행방향 오른편에서 정지신호를 어기고 좌회전해 들어오는 승용차와 충돌했으며 승용차의 보험사를 상대로 소송을 냈지만 자신에게도 20%의 책임이 있다는 판결을 받자 상고했다.

### 15. 차창 밖으로 내민 팔, 사고 땐 본인책임 60%(fins.co.kr, 2005/5/23)

서울중앙지법 민사 60단독 한창호 판사는 21일 담뱃재를 털기 위해 팔을 차창 밖으로 내밀었다가 다친 강모씨가 보험사를 상대로 낸 손해배상청구소송에서 '손해액의 40%만 지급하라'고 원고 일부승소 판결을 내렸다.

재판부는 판결문에서 '조수석에 앉아 있던 강씨가 차창 밖으로 팔을 내밀어 담뱃재를 털다가 사고가 난 것은 운전자가 예측하기 힘든 위험한 행동으로 강씨의 책임이 60%에 해당한다. 보험사는 강씨가 입은 손해의 40%만 배상하라'고 판결했다.

강씨는 2001년 7월 승합차 조수석에서 담배를 피우다 담뱃재를 털기 위해 차창 밖으로 팔을 내밀었으나 승합차가 자신을 추월하려던 승용차를 피해 도로 옆으로 붙으면서 도로 옆 방음벽에 팔이 부딪혀 중상을 입자 손해배상청구소송을 냈다.

### 16. 쌍방과실로 외상 없는 것 확인했어도 연락처 안 남기면 뺑소니(매일경제, 2007/05/28)

교통사고 후 피해자에게 외상이 없더라도 구호조치를 하지 않거나 신원을 밝히지 않으면 큰 코 다친다.

강모씨는 백미러가 부서진 정도의 경미한 교통사고를 냈지만 차를 세울 듯 말 듯하다 피해자에게 별다른 외상이 없는 것을 운전석에 앉아 확인한 뒤 연락처를 남기지 않고 그냥 갔다가 뺑소니 혐의로 기소됐다. 강씨는 법정에서 "피해자의 부상이 경미했고 도주의사도 없었다"고 주장했으나 대법원은 강씨에게 유죄를 선고했다. 강씨는 지난해 2월 대구의 편도 2차선 도로에서 차를 몰다 차량 앞 범퍼로 행인을 다치게 했지만 그대로 차를 몰아 뺑소니 혐의로 경찰에 입건됐다.

뺑소니 혐의로 기소되는 피고인수는 2004년 9,305명에서 2005년 7,430명으로 줄었다가 2006년 7,666명으로 다시 증가세로 돌아섰다.

운전자가 '피해자가 다쳤을 수 있겠구나'라고 생각하면서도 도로교통법에 규정된 '구호의무'를 이행하지 않고 사고현장을 이탈함에 따라 누가 사고를 냈는지 모르는 상태가 초래됐다면 뺑소니에 해당한다는 것이 대법원 판례이다.

가령 △쌍방과실로 오토바이와 충돌했으나 별다른 외상이 없는 것을 확인했지만 연락처를 남기지 않고 떠나거나 △피해자를 병원 응급실에 데려다준 뒤 피해자나 병원에 인적사항을 적어놓지 않으면 유죄다.

반면 △교통사고를 낸 뒤 피해자와 언쟁을 벌이다가 사고처리를 위해 부인을 현장에 남겨놓고 떠나거나 △자신의 회사 주차장에서 가벼운 교통사고를 냈지만 병원에 안 가도 된다는 피해자 말을 믿고 연락처를 전달하지 않는 경우 무죄다.

### 17. 달리는 차에서 튕긴 돌에 다치면?(moneytoday.co.kr, 2004/10/29)

운전하던 차량의 바퀴에 끼여 있던 돌이 튕겨 나가면서 지나가던 행인이 다쳤다면 피해자가 보험보상을 받을 수 있을까?

결론부터 말하자면 자동차보험으로 보상받을 수 있다. 자동차보험에서는 자동차의 소유, 사용, 관리로 인해 발생한 사고를 보상하는데 이 사고는 자동차의 운행과 관련해 발생한 사고이므로 자동차의 소유, 사용, 관리에 기인한 사고로 볼 수 있기 때문이다.

그러나 자동차를 운전하면서 차창 밖으로 빈 병을 던져 행인이 다쳤을 경우에는 보험보상을 받을 수 없다. 운행 중에 빈 병을 버려 사람이 다친 것은 자동차의 운행과는 직접적 관련이 없는 운전자의 불법행위에서 비롯된 손해이기 때문이다.

또 자동차보험에서는 자동차의 운행 중 사고 외에 자동차의 관리를 제대로 하지 못해 발생한 사고도 보상해 준다.

언덕에 세워둔 차량의 핸드브레이크가 풀리면서 차가 미끄러져 사고를 낸 경우에 일반적으로 생각하기에는 운전자가 없는 상태에서 차량이 굴러 사고가 난 불가항력적 사고이므로 보험보상이 안 된다고 생각할 수 있다.

그러나 차량운전자에게 자동차 주차 시 안전장치를 철저히 하지 않았거나 차량에 결함이 있었다면 이를 철저히 점검하지 않은 과실이 있고, 이는 자동차의 소유 및 관리상의 과실이기 때문에 보험보상이 가능하다.

반면 쇼핑을 하고 나서 차량에 물건을 싣다가 허리를 다쳤다거나, 차량을 주차한 상태에서 차량에 적재된 화물을 하역하다 발생한 사고의 경우에는 자동차의 소유, 관리 또는 운행과 관련한 사고라고 할 수 없으므로 자동차보험에서 보상하지 않는다.

같은 개념으로 더위를 피하기 위해 자동차의 에어컨을 켜 둔 상태로 잠을 자다 사망했을 때에도 자동차를 휴식공간으로 사용한 것으로 인정돼 보상받지 못하지만 장거리 운전 중에 졸음운전을 피하기 위해 차를 정차시킨 후 차에서 휴식을 취하다 사고를 입었다면 운행의 연속과정으로 보아 보상이 가능하다.

### 18. 무보험차량에 치이면?(moneytoday.co.kr, 2004/10/11)

전국 자동차 100대 중 7대는 무보험차량인 것으로 나타났다.

지난해 책임보험에 가입하지 않은 등록 자동차수는 103만 6,759대로, 전체 등록차량 1,458만 6,795대 중 7.1%인 것으로 조사됐다. 2002년과 비교하면 10만 대가량이 증가해 경기 침체의 여파로 책임보험마저 가입하지 않은 채 운전하는 차량이 늘고 있는 것으로 조사됐다.

무보험차량은 운전자가 의무적으로 가입해야 하는 책임보험에 가입하지 않은 채 운전하는 차량을 말한다. 책임보험은 교통사고 피해자에게 최소한의 손해를 배상하기 위한 보험으로 통상 대인1보험이라 불리는데 이 보험에 가입하지 않을 경우 자동차손해배상법 위반으로 과태료를 물게 된다.

무보험차량이 늘어나면 늘어날수록 무보험차량에 의한 자동차사고도 늘어날 수 있다. 무보험차량의 피해자들은 어떤 보상을 받을 수 있을까?

무보험차량에 의해 교통사고를 당한 경우 원칙적으론 가해자의 능력범위 내에서 보상을 받을 수 있다. 민사상 손해를 끼친 만큼 그 피해액을 가해자가 물어줘야 한다. 그러나 경제형편이 어려워 책임보험마저 들지 못한 사람이 적정 수준의 보상을 할 수 있을지는 의문이다. 대부분 제대로 보상을 해주지 못한 채 피해자만 만들고 가해자도 형사상 불이익을 당해 이중의 피해자만 만들 뿐이다.

이런 문제 때문에 정부는 사회복지사업으로 무보험차량이나 뺑소니차량으로 인한 피해자에게 최소한의 보상금을 지원하는 '자동차손해배상보장사업(이하 보장사업)'을 진행하고 있다.

보장사업은 뺑소니, 무보험, 도난자동차 및 무단운전 중 자동차사고가 발생한 경우 피해자에게 보상금을 지급하는 것을 골자로 한다. 기존의 책임보험이 피해자에게 지급해 주는 보상금액까지 보장해 주고 있다. 사망 시 최고 1억원, 부상 시 최고 2천만원, 후유장해 시 최고 1억원까지 보상을 해주고 있다.

무보험차량이나 뺑소니사고를 당한 경우 우선 경찰서에 사고내용을 신고하고, 병원 등에서 치료를 받고 관련 서류를 준비해야 한다. 교통사고 사실확인서(경찰서), 진단서(치료병원), 치료비 영수증(명세서 등), 보장사업 청구서 겸 위임장(보험사), 보상금청구/수령권자 입증서류 등이 필요한 서류들이다.

보상금을 청구할 수 있는 기한은 사고를 당한 날로부터 2년 이내까지다. 자동차손해배상법상 자동차에 의한 피해를 구제하기 때문에 외국인이 보유한 차량이나 배기량 50cc 미만 또는 정격출력 0.59kw 미만의 오토바이 등에 의한 사고는 구제되지 않는다.

보장사업을 취급하는 보험사는 10개 주요 손해보험사들이며 손해보험협회를 통해 문의를 해도 된다. 자세한 내용은 손해보험협회홈페이지(www.knia.or.kr)에서 확인할 수 있다.

"보험은 아는 만큼 돌려받을 수 있다"는 말처럼 무보험차량, 뺑소니 피해도 아는 만큼 보상받을 수 있다.

### 19. 응급환자 안 태운 구급차라도 사고 땐 양보 안 한 차 20% 책임(soscall.co.kr, 2004/10/26)

응급환자를 태우지 않은 앰뷸런스가 신호를 무시하고 주행하다 신호를 지킨 버스와 충돌했을 경우 버스의 책임은 얼마나 될까?

서울중앙지법 민사7부(부장판사 곽종훈)는 버스의 과실이 전혀 없다고 판결한 원심을 깨고 '긴급자동차'에 대한 주의의무를 게을리한 버스에도 20%의 책임이 있다고 21일 판결했다. 재판부는 판결문에서 '앰뷸런스가 경광등을 켜고 사이렌을 울리면서 주행했는데도 버스가 별다른 주의를 기울이지 않고 자신의 신호만 보고 직진했으므로 20%의 과실이 인정된다'고 밝혔다.

### 20. 어린이 무단횡단 사망, 부모책임도 50%(soscall.co.kr, 2004/10/11)

서울중앙지법 민사68단독 전우진 판사는 아들이 도로를 무단횡단하다 차에 치여 숨지자 윤모씨 부부가 사고차량 보험사인 삼성화재를 상대로 낸 손해배상청구소송에서 5일 부모측에도 50%의 책임을 물어 원고 일부승소 판결했다고 10일 밝혔다.

재판부는 '부모에게도 사고 당시 만 4세 9개월인 어린이가 야간에 차량이 많이 다니는 편도 2차로 부근에서 보호자 없이 놀게 한 과실이 있다'면서 '보험사책임을 50%로 제한해 보험사는 9,000여만원만 지급하라'고 판시했다.

윤씨 아들은 지난해 10월 부모가 편도 2차로 변의 식당에서 식사를 하는 사이 밖에서 놀다 다른 사람을 따라 도로를 무단횡단하던 중 지나가던 승합차에 치여 그 자리에서 숨졌다.

### 21. 비 오는 밤 육교 밑 무단횡단은 보호 못 받아(soscall.co.kr, 2004/4/16)

비가 오는 심야에 육교를 이용하지 않고 인근 도로를 무단횡단하는 보행자를 운전자가 보호해야 할 의무는 없다는 판결이 나왔다. 광주지법 형사8단독 전대규 판사는 14일 비 오는 밤에 보행자를 치어 숨지게 한 혐의(교통사고처리특례법 위반)로 기소된 박모씨(35 · 주류배달원)에 대한 1심 선고공판에서 무죄를 선고했다.

전 판사는 '사고 당일 폭우가 내려 시야 확보가 어려웠고 왕복 8차로인 사고 지점에서 20여 m 뒤쪽에 육교가 있었다'면서 '운전자는 보행자가 육교를 이용할 것으로 믿고 정상속도로 운행하면 되지 무단횡단하는 보행자까지 예견할 주의의무는 없다'고 판시했다.

박씨는 2월 22일 0시 48분경 광주 동구 산수동 도로에서 자신의 승용차를 운전하다 길을 건너던 장모씨(56)를 치어 숨지게 한 혐의로 기소됐다.

### 22. 전방주시 소홀 추돌사고, 본인책임 85%(fins.co.kr, 2004/2/27)

서울중앙지법 민사66단독 김운호 판사는 27일 오토바이를 타고 가다 도로변에 불법주차된 청소차를 들이받아 숨진 박모(당시 43세, 목공)씨의 어머니(61)가 청소차 보험사인 J사를 상대로 낸 손해배상청구소송에서 '보험사는 생존 시 예상수입과 장례비 등 손해액의 15%인 5,400여만원을 배상하라'며 원고 일부승소 판결했다.

재판부는 판결문에서 '사고 당시 날이 흐리고 차량색도 어두운 데다 불법주차상태여서 박씨가 어둠 속에서 발견하기 어려웠을 것으로 보이며 청소차가 비상등이나 후방 경고표지 없이 미등만 켠 것으로는 안전조치를 다했다고 볼 수 없다'며 '다만 박씨 역시 전방주시를 소홀히 한 책임이 있으므로 보험사책임을 15%로 제한한다'고 밝혔다.

박씨는 재작년 11월 12일 오전 6시께 서울 도봉동 쓰레기 집하장 앞 편도 4차선 도로 4차선에서 오토바이를 타고 가다 같은 차선에 불법주차된 5t 청소차를 들이받아 현장에서 숨졌다.

### 23. 음주 무단횡단 교통사고, 본인책임 25%(fins.co.kr, 2003/9/25)

술을 마시고 도로를 무단횡단하다 교통사고를 당한 피해자에 대해 법원이 25%의 책임을 감수하라는 판결을 내렸다.

서울고법 민사19부(재판장 김용균 부장판사)는 25일 교통사고 피해자인 김모(60, 목공)씨와 가족들이 L보험사를 상대로 낸 손해배상청구소송에서 '피고는 배상액의 75%인 3,500여만원을 지급하라'며 원고 일부승소 판결했다.

재판부는 판결문에서 '피고 보험사의 피보험차량이 원고 김씨를 들이받아 다치게 한 책임이 있으나 김씨 역시 야간에 음주상태로 도로를 무단횡단한 과실이 있고 사고로 인한 손해발생 및 확대의 원인이 됐다'며 '김씨의 책임은 25%로 보는 것이 적당하다'고 밝혔다.

김씨는 지난 1998년 8월 충북 청원군의 편도 2차선 도로를 음주상태에서 무단횡단하다 도로를 시속 50㎞로 달리던 화물차에 치여 오른쪽 다리가 부러지는 등 중상을 입었다.

### 24. 고속버스 정차 중 좌석이탈, 승객도 20% 책임(fins.co.kr, 2003/8/4)

고속버스를 타고 가던 승객이 제자리에 앉아 있지 않고 일어서 있는 바람에 통로 바닥에 넘어져 부상을 입었다면 승객 역시 20%의 과실책임을 져야 한다는 판결이 나왔다.

서울지법 민사65단독 이상철 판사는 3일 엄모씨 등 3명이 '고속버스가 갑자기 멈춰서는 바람에 넘어져 허리 등을 다쳤다'며 S보험사를 상대로 낸 손해배상청구소송에서 '피고는 440만원을 지급하라'고 원고 일부승소 판결했다.

재판부는 판결문에서 '원고는 고속버스가 완전히 하차장에 도착하기 전까지는 좌석에 앉아 있어야 함에도 좌석에서 일어나 선반의 소지품을 내리는 사이에 사고가 발생, 손해가 확대되는 원인을 제공했으므로 20%의 과실책임이 있다'고 밝혔다.

엄씨는 재작년 8월 타고 가던 고속버스가 동서울 버스터미널 하차장에 진입하는 것을 보고 좌석에서 일어나 선반의 소지품을 내리던 도중 고속버스가 갑자기 정차하던 택시와의 충돌을 피하기 위해 급제동하는 바람에 넘어져 허리 등을 다쳤다.

### 25. 한 바퀴만 도로로 움직이면 음주운전(news.naver.com, 2004/9/14)

술을 마신 뒤 주차장에 세워진 차를 움직이다가 자동차의 한 바퀴라도 도로상의 경계를 넘었다면 음주운전에 해당된다는 대법원 판결이 나왔다. 이 판결은 일반인들도 흔하게 경험할 수 있는 문제이면서 매우 구체적이고 흥미로운(?) 사안이어서 관심을 모으고 있다.

지난해 8월 8일 제주도 제주시 노형동에 있는 한 흑돼지 생구이 식당에서 양모씨 등 일행 3명은 술을 마셨다. 잠시 후 일행 중에 한 명인 강모씨가 갑자기 나가더니 자신의 프레지오 승합차를 후진시키다가 그 승합차 뒤에 주차돼 있는 카니발 승용차를 받아 카니발 승합차 운전자와 시비가 붙었다.

강모씨는 말다툼 도중에 어디론가 사라졌고 밖으로 나와 상황을 지켜보던 일행 원모씨는 일단 차를 빼낼 목적으로 앞쪽 담장과 뒤쪽 카니발 승합차 사이에 1m 정도로 좁은 공간에 끼어 있는 프레지오 승합차를 앞뒤로 움직였다.

승합차 빼내려고 담장과 차 사이에서 앞뒤로 움직이려는 순간 프레지오 승합차 오른쪽 앞바퀴가 식당 주차장과 도로상의 경계를 넘어섰다. 법원 판결에 따르면 자동차 앞바퀴는 50cm쯤 주차장 경계를 넘었다고 한다.

이때 현장을 지켜보고 있던 카니발 승용차 운전자는 원씨가 음주운전을 하고 있다며 또 원씨와 시비가 붙었다. 그러는 동안 음주운전 신고를 받은 경찰이 출동했고 원씨는 파출소로 끌려갔다. 원씨는 파출소에서 '음주운전은 했지만 차를 운전하려 한 것이 아니라 단지 빼주려 한 것뿐'이라며 음주측정을 거부하는 바람에 도로교통위반 혐의로 구속됐다.

핵심 쟁점은 과연 음주운전 중 주차장에서 자동차 바퀴 하나만 도로를 침범했는데 이것이 도로교통법 위반에 해당되는지 여부였다. 원씨의 경우 '친구의 프레지오 승합차를 몰고 집으로 가려 했던 게 아니고 단지 친구가 차를 빼내던 도중에 접촉사고를 내는 바람에 일단 프레지오 승합차를 한쪽으로 빼내려 했던 것'이라고 주장하고 있다.

'술에 취한 상태에서 운전한 거리는 약 50cm로 극히 짧고, 자동차의 대부분 차체는 주차장에 있으며 단지 자동차 오른쪽 앞바퀴만 도로쪽으로 넘어갔는데도 음주운전에 해당하냐'는 게 원씨의 항변이었다.

1심법원은 현행 도로교통법 제41조 제1항과 대법원 판례를 들어 원씨의 음주운전 혐의를 인정했다.

지난 1993년 1월 19일에 선고된 대법원 판결은 '주취운전한 자동차가 도로의 일부에라도 진입했을 때에는 도로교통 안전이 해쳐질 우려가 있다 할 것이므로 자동차의 일부라도 주차장을 벗어나 도로에 진입했을 경우에는 도로에서 주취운전을 한 경우에 해당한다'고 밝히고 있다.

1심은 이 같은 대법원 판례에 따라 원씨가 음주운전을 하고 음주측정도 거부한 혐의가 인정된다며 징역 6월의 중형을 선고했다. 그러나 2심은 '원씨 혐의에 대한 사실은 인정되지만 차를 빼주기 위해 일시적으로 운전한 정상이 참작된다'며 벌금 150만원으로 감형해줬다. 대법원도 2심 판결을 그대로 존중해 원씨의 상고를 기각함으로써 사건은 종결됐다.

이번 판결은 음식점 등에서 술을 마신 뒤 무심코 차를 운전하는 운전자들에게 경종을 주고 있다. 특히 음주운전을 하지 않더라도 음주상태에서 자동차를 다음 날 가져갈 목적으로 주차위치를 바꾸더라도 반드시 주차장 안에서만 자동차를 움직여 주차시켜야 한다는 점을 명심해야 할 것 같다. 자동차의 한 바퀴라도 도로로 넘어서면 곧바로 도로교통법에 따라 음주운전으로 처벌될 수 있다.

### 26. 차로서 택시 잡다 사고 나면 피해자 10% 책임(soscall.co.kr, 2003/12/22)

차로에 내려서서 택시를 잡으려다 교통사고를 당했다면 피해자도 10%의 과실책임을 져야 한다는 판결이 나왔다.

서울지법 민사66단독 김운호 판사는 19일 차도에 내려와 택시를 잡다 다른 승용차에 들이받혀 다친 박모(여, 45)씨와 가족들이 사고차량 보험사인 J사를 상대로 낸 손해배상소송에서 '보험사는 박씨에게 2,200여만원을 지급하라'고 판결하면서 이 같이 밝혔다.

재판부는 판결문에서 '사고가 발생한 이상 보험사는 손해를 배상할 책임이 있다'며 '그러나 박씨가 어두운 새벽 술에 취한 채 함부로 차도에 내려와 택시를 잡으려 한 과실이 있는 만큼 박씨도 10%의 책임을 져야 한다'고 밝혔다.

박씨는 재작년 2월 새벽 4시쯤 서울 구로구 고척동 3차로 차도에 내려와 택시를 잡으려다 정차 후 출발하던 승용차에 들이받혀 허리와 무릎 등을 다쳤다.

### 27. 무면허 vs 음주운전, 음주 65% 과실(news.naver.com, 2004/11/30)

무면허운전 차량과 음주운전 차량이 충돌해 사고가 났다면 음주운전자의 과실이 65%로 무면허운전자보다 과실이 더 크다는 법원의 판결이 나왔다.

창원지법 민사2단독 윤정근 판사는 30일 무면허로 오토바이를 몰다 음주운전 차량과 충돌해 육체적 · 정신적 피해를 봤다며 전모(29)씨와 가족들이 음주운전자 정모(34)씨의 보험사를 상대로 낸 손해배상청구소송에서 '피고는 원고 전씨와 그 가족들에게 4억 9천여만원을 지급하라'고 원고 일부승소 판결했다.

재판부는 판결문에서 '정씨가 0.152%의 술에 취한 상태에서 반대방향의 교통상황을 제대로 살피지 않은 채 좌회전을 하다 오토바이와 충돌, 오토바이운전자 전씨가 하반신마비의 중상을 입은 데 대해 음주운전자 정씨의 과실이 더 크다'며 판결이유를 밝혔다.

그러나 재판부는 '전씨도 오토바이운전면허를 취득한 적이 없고, 신호등이 없는 교차로를 통과하면서 주의의무를 다하지 않은 과실에 대해 35%의 책임이 있다'고 덧붙였다.

전씨는 2001년 6월 2일 오후 7시 30분께 충북 진천군 광혜원면 신호등 없는 사거리 교차로에서 무면허로 1,100cc 오토바이를 운전하다 반대방향에서 좌회전하던 정씨의 화물차 뒷부분을 들이받아 하반신이 마비되자 전씨와 가족들이 정씨의 보험사를 상대로 15억원을 지급하라며 소송을 냈다.

### 28. 점멸신호 때 사고, 보행자도 일부책임(YTN, 2006/09/26)

신호등이 깜박일 때 보행자가 횡단보도를 비스듬히 가로질러 뛰다가 사고를 당했다면 보행자도 일부책임이 있다는 법원의 판결이 나왔다.

서울고등법원은 파란불이 깜박일 때 급히 횡단보도를 건너다 소형 화물차에 치여 숨진 11살 김모군의 유족이 운전자 조모씨 등을 상대로 낸 손해배상청구소송에서 '피고들은 원고측에 1억 5천여만원을 지급하라'며 원고 일부승소 판결했다.

재판부는 '김군이 보행자 신호등이 점멸 중인 상태에서 정지신호로 바뀔 것에 대비해 차량 진행에 주의하며 길을 건넜어야 했지만, 이를 게을리한 채 중간지점부터 횡단보도를 벗어나 비스듬히 건넌 잘못이 있는 만큼 20%의 책임이 있다'고 밝혔다.

김군은 지난해 1월 강원도 삼척시 남양동에서 횡단보도 보행자 신호가 점멸 중일 때 횡단보도를 비스듬히 가로질러 도로를 건너다가 우회전을 하던 소형 화물차에 치여 뇌출혈로 숨졌다.

### 29. 역주행 오토바이 충돌, 차량운전자 책임 없어(www.fins.co.kr, 2007/05/16)

대법원 1부(주심 김지형 대법관)는 16일 편도 2차선 도로에서 역주행하는 오토바이와 충돌해 오토바이운전자가 숨진 사고와 관련해 유가족이 차운전자를 상대로 낸 손해배상청구소송에서 원고 일부승소 판결한 원심을 파기하고 사건을 대구고법으로 돌려보냈다.

A씨는 2003년 11월께 편도 2차선 도로의 1차로를 운행하던 중 역주행하는 오토바이를 발견하고 2차로로 차선을 바꿨지만 역시 2차로로 차선을 바꾼 오토바이와 충돌했다.

사고 당시 A씨는 규정속도를 약간 웃도는 시속 70km의 속도로 운전하고 있었고 2차로로 차선을 바꾸면서 브레이크를 밟지 않았던 것으로 조사됐다.

1심 재판부는 유가족의 청구를 기각했지만 항소심 재판부는 A씨가 규정속도를 위반한 데다 주의의무를 소홀히 한 책임이 인정된다며 6천만원가량을 배상하라고 판결했다.

그러나 대법원은 '상대방 자동차의 비정상적 운행을 예견할 수 있는 특별한 사정이 없다면 중앙선 침범까지 예상해서 운전해야 할 주의의무는 없다'고 원고 패소 취지로 판결했다.

대법원은 '제한속도를 초과해 운전했다고 하더라도 그런 사정만으로 과실이 있다고 탓할 수 없고, 과속운행을 안 했다면 충돌을 피할 수 있었을 때만 과속운행을 과실로 봐야 한다'고 설명했다.

대법원은 '피고가 시속 60km의 규정속도로 운행하고 있었더라도 오토바이를 발견하고 난 뒤인 1~2초 동안 충돌을 피하기는 어려운 만큼 급히 멈추지 않고 차로를 바꾼 게 방어운전조치로서 잘못됐다고 할 수 없다'고 덧붙였다.

### 30. 술 취해 차에 깔려 사망, 본인책임 25%(www.fins.co.kr, 2006/11/30)

술에 취해 도로에서 넘어졌다가 차량에 깔려 숨졌다면 본인에게 25%의 책임이 있다는 판결이 나왔다.

서울중앙지법 민사60단독 정원태 판사는 30일 음주 뒤 넘어지면서 버스에 깔려 숨진 백모씨의 유족이 버스 보험사를 상대로 낸 손해배상청구소송에서 '피고는 원고들에게 7,600여만원을 지급하라'며 원고 일부승소 판결했다고 밝혔다.

재판부는 판결문에서 '피고와 보험계약을 체결한 버스의 운전자가 술에 취해 넘어진 백씨를 미처 발견하지 못하고 진행하다 백씨를 사망에 이르게 한 만큼 피고는 원고들이 입은 손해를 배상할 책임이 있다'고 밝혔다.

그러나 재판부는 '백씨도 야간에 술에 만취한 상태에서 차량 왕래가 잦은 도로에 나왔다가 몸을 가누지 못한 채 넘어져 신호를 받고 정차 중인 버스 밑으로 신체 일부가 들어가는 바람에 진행신호에 따라 진행하는 버스에 치인 잘못이 있다'고 판시했다.

재판부는 '이 같은 백씨의 과실도 사고발생 및 손해 확대의 한 원인이 됐으므로 사고발생의 경위 등에 비춰 피고의 책임을 75%로 제한한다'고 덧붙였다.

백씨는 작년 9월 2일 자정께 서울 종로구 편도 4차선 도로에서 만취상태에서 택시를 잡기 위해 차도로 올라갔다가 넘어져 신체 일부분이 신호 대기 중이던 버스 밑으로 들어갔다. 버스는 백씨가 차량 밑에 있는 사실을 모른 채 신호에 따라 진행하다 백씨를 치어 숨지게 했고, 이에 백씨 유족이 소송을 냈다.

### 31. 도로 앉아 있다 사고, 운전자책임 40%(www.fins.co.kr, 2006/11/23)

도로에 앉아 있다 차에 치여 교통사고를 당하면 운전자보다는 차에 부딪힌 사람의 책임이 더 크다는 판결이 나왔다.

창원지법 민사2단독 박태일 판사는 23일 김모(32)씨 등 2명이 모 보험회사를 상대로 낸 손해배상청구소송에서 '보험회사는 원고에게 이미 지급한 치료비와 손해배상금 등 3,100여만원을 공제하고 80만원을 지급하라'며 원고 일부승소 판결을 내렸다.

박 판사는 판결문에서 '당시 김씨가 야간에 술에 취해 도로에 쪼그리고 앉아 있었던 과실이 사고발생의 원인이 되는 등 사실관계로 미뤄 책임비율이 60% 정도에 해당되고 운전자를 대변하는 피고의 책임은 40%'라고 밝혔다.

김씨는 2004년 5월 14일 새벽 진해 시내 왕복 2차선 도로에서 술에 취한 채 쪼그리고 앉아 있던 중 차량에 치여 전치 8주의 상처를 입자 7,700여만원의 손해배상청구소송을 제기했다.

### 32. 역주행사고, 역주행 차에 모든 책임(www.fins.co.kr, 2006/11/03)

역주행한 차량에 의해 교통사고가 났을 경우 모든 책임이 역주행 차량에 있다는 판결이 나왔다.

울산지법 제3민사단독 이승원 판사는 3일 고속도로를 역주행한 차량에 탑승했다가 숨진 A씨의 유족들이 마주 오던 차량의 운전자 B씨가 방어운전과 전방주시의무를 게을리해 사고가 발생했다며 B씨 보험사를 상대로 낸 손해보상청구소송을 기각했다.

이 판사는 '차로 통행방법에 관한 교통법규를 위반해 도로를 역주행할 것까지 예상해 이에 대비하면서 운전해야 할 주의의무는 없다'며 '사고 당시 야간이고 차들이 빠르게 진행하는 고속도로인데다 중앙분리대가 설치된 고속도로에서 역주행하는 차량이 있으리라는 것도 기대하기 어렵다'고 밝혔다.

이 판사는 '정상운행 차량이 사고 당시 멀리서 오는 역주행 차량의 전조등 불빛을 보았다 하더라도 맞은편(반대편)을 진행하는 차량의 불빛으로만 생각할 수 있다'며 '이 사고는 역주행 차량의 운전자의 일방적인 과실로 봐야 한다'며 '정상운행 차량이 다른 차선 또는 갓길로 피해 사고를 예방할 수 있었다는 원고들의 주장은 받아들일 수 없다'고 판결했다.

A씨의 유가족들은 지난 1월 1일 오전 4시 25분께 강원도 평창군 영동고속도로 이목정리 지점에서 역주행하던 옵티마 승용차에 탑승했다가 마주 오던 쏘나타Ⅲ 차량과 정면충돌해 A씨가 숨지자 쏘나타 차량 운전자가 방어운전과 전방주시의무를 게을리했다며 9천여만원의 손해배상청구소송을 냈다.

사고 당시 역주행 차량의 운전자는 혈중 알코올농도 0.081% 상태였으며, 고속도로 휴게소에 들렀다가 출구가 아닌 입구로 잘못 진입하면서 고속도로를 역주행했던 것으로 밝혀졌다.

### 33. 중앙선 넘어 불법주차 차량 충돌했다면 책임은?(www.fins.co.kr, 2006/07/12)

승용차가 운전자과실로 중앙선을 침범해 때마침 반대편에 서 있던 불법주차 트럭을 충돌했다면 사고의 책임은 어느 차량에 있을까?

이모씨는 2002년 11월 18일 새벽 4시 30분께 자신의 승용차를 운전하다 편도 2차선 도로의 1차로를 따라 운행하다 조향장치를 잘못 조작해 중앙선을 침범했다. 승용차는 중앙선을 넘어 반대 차로에 서 있던 유모씨의 덤프트럭을 들이받았고, 이 사고로 트럭 뒷좌석에서 술에 취한 채 누워 있던 김모씨가 머리를 크게 다쳤다.

그러나 사고 당시 유씨가 운전한 덤프트럭은 주차금지구역에 서 있는 불법주차상태였다.

김씨는 이후 '승용차 운전자 이씨의 과실과 덤프트럭의 불법주차로 사고를 당했다'며 이씨와 트럭 보험사를 상대로 법원에 손해배상청구소송을 냈다.

1심은 김씨의 청구를 받아들여 이씨와 보험사가 연대해 김씨에게 4억 9천만원을 배상하라고 판결했다. 하지만 덤프트럭 보험사는 1심 판결에 불복해 '이 사고가 승용차 운전자의 일방적 과실에 의해 발생했고 덤프트럭이 승용차의 운행에 지장이나 위험을 초래한 것이 아니므로 사고발생과 손해 확대에 아무런 책임이 없다'며 항소했고, 2심은 1심의 판결을 취소하고 보험사의 항소를 받아들였다.

서울고법 민사20부(안영률 부장판사)는 김씨가 덤프트럭의 보험사를 상대로 낸 손해배상청구소송 항소심에서 '승용차의 사고와 불법주차에는 상당한 인과관계가 있다고 보기 어렵다'며 원고패소 판결했다고 12일 밝혔다.

재판부는 판결문에서 '주차금지구역인 도로나 갓길에 주차를 하지 못하도록 규정하고 있는 것이 동일한 차로에서 발생하는 사고가 아닌 반대 차로에서 중앙선을 침범해 충돌해 오는 사고의 경우에도 그 운전자나 동승자까지 보호해야 한다는 의미로 볼 수 없다'고 밝혔다. 재판부는 '덤프트럭이 사고 지점에 주차돼 있지 않았더라도 승용차는 가로수나 콘크리트벽에 부딪쳐 같은 정도의 사고를 일으켰을 가능성을 배제하기 어렵기 때문에 불법주차행위는 도로교통법 위반행위이지만 이 사고의 발생원인이 됐다고 보기 어렵다'고 덧붙였다.

### 34. 음주 무단횡단, 사망자 40% 책임(보험매일, 2007/05/25)

전주지법 민사4단독 김호춘 판사는 23일 길을 건너다 교통사고로 숨진 동생의 피해를 보상하라며 김모(50, 여)씨가 전국택시운송사업조합연합회와 보험사 2곳을 상대로 낸 손해배상청구소송에서 '피고들은 각자 원고에게 1억 300여만원을 지급하라'고 원고 일부승소 판결했다.

재판부는 판결문에서 '운전자들이 전방주시의무위반 등의 잘못으로 원고의 동생을 숨지게 했으나 혈중 알코올농도 0.4%의 만취상태였던 고인에게도 비가 내려 시야가 좋지 않은 심야에 편도 2차선의 간선도로를 무단횡단하려고 한 잘못이 있다'며 피고의 책임을 60%로 제한했다.

원고 김씨는 동생이 2005년 11월 오전 1시께 전주시 금암동 앞 편도 2차로를 무단횡단하다 양모씨가 몰던 택시에 치여 반대편 도로에 넘어졌고 이어 달려오던 승용차 2대에 잇따라 치여 숨지자 손해배상청구소송을 냈다.

### 35. 보험금 산정 때 내 직업의 정년은?(보험매일, 2007/05/28)

최근 법원은 교통사고로 팔과 다리에 마비 증세가 나타난 승려 A(49, 여)씨의 정년을 70세로 봐야 한다고 판결했다.

이에 따라 1985년부터 승려로 종사한 A씨는 70세까지 얻을 수 있는 수입과 치료비 등 7억 9,680여만원을 보험사로부터 받을 수 있게 됐다. 목사의 정년이 65세라는 판례가 승려에게 그대로 적용됐다면 A씨가 받을 수 있는 보험금은 이보다 훨씬 줄어든다.

이처럼 어떤 직종에 종사하느냐가 보험금 산정에 큰 영향을 미친다. 28일 금융감독원에 따르면 보험사들은 법원 판결에서 정한 직업별 정년을 기준으로 교통사고나 재해로 다치거나 숨진 사람의 보험금을 산정한다. 임금 통계상 소득이 많고 정년이 긴 사람은 보험금을 많이 받을 수 있는 반면 그렇지 않은 사람은 정반대가 된다.

보험사들이 판례를 토대로 적용하는 직업별 정년은 일반적으로 변호사와 법무사, 승려가 70세로 가장 길다. 반면 나이트클럽의 쇼걸이나 호스티스의 정년은 30세로 매우 짧다. 의사와 한의사, 화가, 목사 등은 65세, 육체노동자 등 대부분의 업종은 60세를 정년으로 간주한다. 일반 술집 마담이나 나이트클럽 웨이터, 잠수부 등은 50세, 프로야구 선수와 에어로빅 강사, 룸살롱 마담은 40세, 다방 여종업원과 골프장 캐디는 35세를 정년으로 본다.

금감원 관계자는 '정년에 따라 보험금지급액이 크게 달라진다'며 '보험사들은 시비를 없애기 위해 판례를 주요 기준으로 삼는다'고 말했다.

PART 03

# 인보험

| Chapter 10 |

# 인보험의 개념

우리는 일상생활에서 무수한 위험에 직면하게 된다. 지진, 홍수, 태풍 등의 자연재해로부터 상해, 질병, 장해, 나아가 사망에 이르기까지 각종 불의의 사고에 대한 위험에 노출되어 있다. 사람의 생명이나 신체에 관한 사고가 한 가족의 생계책임자인 가장에게 발생하는 경우는 안정적인 가족생활이 크게 위협 당하게 된다.

인보험은 사람의 생명이나 신체에 관하여 보험사고가 발생한 경우 인보험계약이 정하는 바에 따라 보험자가 보험금액, 기타의 급여를 책임지는 보험이다. 즉 사람의 생명이나 신체에 관한 사고로 인해 초래되는 경제적 손실을 보전해 주는 보험이다. 즉 인보험계약이란 보험자가 보험계약자로부터 보험료를 받고 피보험자의 생명이나 신체에 관하여 우연한 사고가 생길 경우에 계약이 정하는 바에 따라 보험금액과 그 밖의 급여를 하기로 약정하는 보험계약을 말한다.

상법은 보험을 크게 손해보험과 인보험으로 나누고, 인보험을 다시 생명보험과 상해보험으로 나누어 규정하고 있다. 이러한 인보험은 다음과 같은 특징을 가진다.

첫째, 사람의 생명이나 신체를 보험의 목적으로 한다. 인보험의 보험사고는 사람의 생존, 사망, 상해, 질병 등이다. 상해와 질병은 손해보험의 보험사고와 같이 그 발생여부와 발생시기 등이 모두 불확실하나, 사망은 그 발생시기만 불확실하다는 점에서 손해보험의 보험사고와는 근본적으로 다르다.

둘째, 보험금의 산출과 관련하여 정액보험(정액보상)방식으로 운용된다. 그러므로 피보험이익이나 그 평가액(보험가액) 그리고 초과보험이나 중복보험의 문제가 발생하지 아니하고, 보험자 대위도 인정되지 않는다. 그러나 상해보험이나 질병보험의 보험금(사망보험금, 후유장해보험금, 의료비보험금) 중 의료비보험금은 손실보상의 원칙이 적용된다. 그 결과 의료비보험금의 경우에는 청구권대위를 행사할 수 있지만, 보험의 목적이 사람의 신체인 상해보험이나 질병보험의 경우에는 그 성질상 잔존물대위는 있을 수 없다.

| Chapter 11 |

# 생명보험

## 제1절 생명보험의 의의와 분류

### 1. 생명보험의 의의

사람들은 옛날부터 동서양을 막론하고 우연한 재해나 불행한 사태의 발생에 대비하여 어떤 조치를 강구하여 두고 싶은 생각을 가져왔다. 왜냐하면, 인간은 그 일생을 통하여 경제적으로 안정된 생활을 영위할 수 있다면 그 이상 바랄 것이 없겠지만, 우리들의 생활은 생활수준의 향상과 더불어 지출이 늘어나는 경향이 있고 우리들의 가계나 기업에 치명적인 영향을 줄 수 있는 많은 위험에 항상 노출되어 있기 때문이다.

그러나 무엇보다도 생존을 위협하는 최대의 것은 한 가족의 주된 수입원이 되고 있는 가장의 사망일 것이다. 다음에 노령으로 인하여 노동력을 제공할 수 없게 되어 회사나 직장을 떠나야 하는 것이다. 이것은 관리자나 근로자만의 것이 아니라 농민이나 어민, 기타 업종에 종사하는 사람에게 있어서도 정도의 차는 있겠지만 발생이 예상되는 현상이다. 사망과 노령화에 이어서 질병이나 상해에 의해서도 수입이 감소되거나 상실되기도 한다.

이와 같이 우리들의 생활을 파괴하고 생존을 위협하는 사고의 발생 후에도 안정적인 경제생활을 유지하는 것을 목적으로 하는 생명보험은 많은 사람이 모여 소액의 보험료를 갹출하여 공동재산을 마련한 후 이들 중 생사에 관한 보험사고를 당하게 되면 준비된 공동재산에서 보험금을 지급해 주는 제도이다. 즉 생명보험은 피보험자의 생명에 관한 보험사고로 인해 초래되는 경제적 손실을 보전하기 위해 보험자가 약정한 보험금액을 지급할 책임을 지는 보험이다.

한편, 생명보험에 있어서 대상이 되는 위험은 사람에 관한 우연사고, 즉 사람의 생사에 있다. 사람은 태어난 이상 반드시 죽으며, 사망이라는 사고는 필연적인 것이지만 그 발생시기를 예견할 수 없기 때문에 우연성을 가지고 있는 사고라 할 수 있다. 한편, 생존도 마찬가지로 언제까지 살 수 있을지에 대해서는 어느 누구도 알 수 없다. 이 같은 의미에서 생존 자체도 하나의 우연성을 가지고 있는 사고라고 할 수 있다. 이것이 현실적으로 나타났을 경우에 경제적 불이익을 보장하는 것이 생명보험이다.

요컨대, 생명보험이라 함은 보험계약자는 보험료를 지급하고 보험자는 피보험자의 생존 또는 사망 시 일정한 금액을 지급하기로 약정하는 보험계약을 말한다. 생명보험은 인보험이고 또한 보험사고 시 일정한 금액을 지급하는 정액보험으로서, 피보험자의 생존 또는 사망을 보험사고로 한다는 점에서 상해보험이나 질병보험과 다르다.

## 2. 생명보험의 특성

### 1) 보험기간의 장기성

생명보험의 특성은 보험기간의 장기성이다. 해상보험의 보험기간은 항해의 시작에서 종료까지이며, 화재보험은 통상 1년으로 생명보험 외의 보험기간은 대개 1년 또는 그 이하이지만 생명보험에서는 5년은 매우 단기에 속하며, 10년, 20년 또는 종신이 오히려 보통이다.

아무리 건강한 사람이라 할지라도 항상 건강하리라는 보장은 없다. 건강의 악화가 언제 어떻게 나타날지 모른다. 이처럼 신체상의 위기는 어느 한 시절의 문제에 국한하지 않고 일생을 통하여 따라다니는 문제이다. 보다 중요한 것은 이러한 위험이 연령이 상승함에 따라 증가하고 보험료도 상승한다는 것이다. 사망위험의 이러한 특성에도 불구하고 보험계약을 단기로 한다면 보험계약이 종료함과 동시에 건강이 악화되고 생활보장의 필요가 가장 높은 시기에 보험을 이용할 수 없는 경우도 있을 수 있으며, 또한 매 계약 갱신 시에는 필연적으로 보험료가 상승하게 되어 실제로 보험이 절실하게 필요한 사람조차 보험을 이용할 수 없는 경우도 나타나게 될 것이다.

이러한 필요성과 실무상의 편의를 위해 장기계속성의 생명보험이 필요하게 되었고 이것이 생명보험의 가장 큰 특징이라 할 수 있다.

### 2) 보장기능과 저축기능의 결합

생명보험은 보장기능과 함께 저축기능을 갖는다. 생명보험계약은 순수보장형 계약인 정기보험을 제외하고 계약구조상 저축기능이 자동적으로 포함되어 있다. 보험계약의 종류에 따라 저축성의 크고 작음에 차이가 있으나 자산을 축적하도록 설계되어 있다.

즉 생명보험은 사망의 위험을 보장하는 보장기능을 갖추고 있을 뿐만 아니라 장래의 보험금지급에 대비하기 위해 계약자가 납입한 보험료를 적립하고 있으며, 이렇게 적립된 생명보험재산을 주식, 채권 등과 같은 유가증권과 부동산 그리고 기업 및 개인에 대한 대출 등으로 장기에 걸쳐 안정적·효율적으로 운용함으로써 재산을 마련하는 저축기능을 동시에 갖추고 있다.

### 3) 손실측정상의 특수성

인간의 생명이 거래대상이 아닌 이상 생명은 경제적 재화는 아니다. 그러나 가장의 건강한 생존이 가족으로 하여금 생활의 안위를 영위하도록 함으로써 가족은 가장의 생명에 대하여 경제적 가치를 지니게 된다. 이 가치는 다름 아닌 가장의 경제활동력을 의미한다. 따라서 생명보험에서는 피보험자의 경제활동력 상실을 보험사고로 간주한다.

손해보험에서는 보험사고로 인한 손실 확정이 용이한데 비하여, 생명보험에서는 보험사고로 인한 손실 확정이 곤란하다. 즉 피보험자의 경제활동력 상실에 대한 평가가 곤란하다. 그래서 피보험자의 경제활동력 상실에 대한 평가를 둘러싸고 발생할 수 있는 보험자와 보험계약자 간의 분쟁을 미연에 방지하기 위하여 생명보험에서는 보험계약 시에 사전에 정해진 보험금을 지급하는 정액보험의 형태를 취하고 있다. 즉 피보험자가 사망하면 피보험자의 경제활동력 상실(경제적 가치)에 관계없이 가입한 보험금이 지급되는 것이다.

한편, 이러한 특성 때문에 보험가입과 관련된 도덕적 위태(moral hazard)의 발생가능성이 있다. 즉 사망보험금을 많이 받기 위해 본인의 소득수준에 맞지 않게 과대한 보험금액으로 보험에 가입하거나 동일한 종류의 생명보험을 여러 회사에 분산하여 가입한 후 인위적 보험사고의 발생을 유도하는 것이다.

## 3. 생명보험의 분류

우리나라의 생명보험상품은 최근 몇 년간에 걸쳐서 적극적으로 개발되었고, 각 생명보험회사로부터 제공되고 있는 상품은 다양하다. 특히 오늘날에는 각 보험회사마다 특징을 가지고 새로운 상품을 개발하여 사람들의 눈을 끌기 위해 매력 있는 상품명을 붙여 판매하고 있기 때문에 참으로 무수한 상품이 있는 것 같이 보인다.

그러나 원래 생명보험은 사람의 사망 또는 생존을 조건으로 보험금을 지급하는 것이기 때문에 기본적으로는 사망보험 또는 생존보험 또는 이 두 가지를 혼합한 생사혼합보험(양로보험)이 생명보험의 원형이라고 할 수 있다.

생명보험은 보험사고의 기준(사망보험, 생존보험, 생사혼합보험), 보험기간의 정기성 기준(정기보험, 종신보험), 보험금지급방식 기준(일시지급보험, 연금보험), 보험금액 변동성 기준(정액보험, 변액보험), 피보험자의 수 기준(단생보험, 연생보험,[01] 단체보험), 피보험자의 신체검사 유 · 무 기준(진단보험, 무진단보험), 계약자배당의 지급여부 기준(배당보험, 무배당보험), 기본적 기능 기준(보장성보험, 저축성보험) 등으로 분류할 수 있다.

## 제2절 생명보험상품

### 1. 생명보험상품의 특징과 구성

#### 1) 생명보험상품의 특징

① 무형의 상품 : 형태가 보이지 않는 무형의 상품

② 미래지향적 상품 : 불확실한 미래에 대한 보장을 주기능으로 하며, 보험사고 발생시점에서 효용을 인식하는 상품

③ 장기 효용성 상품 : 생명보험상품은 짧게는 수년, 길게는 종신 동안 계약의 효력이 지속된다.

④ 가입절차가 필요한 상품 : 스스로의 필요에 의한 자발적 가입보다는 보험설계사의 권유와 설득에 의해 판매된다.

⑤ 종합생활설계상품 : 계약자의 라이프사이클(life cycle)에 맞춰 필요한 위험보장 및 재정설계

#### 2) 생명보험상품의 구성

생명보험상품은 생존보험과 사망보험이 여러 가지 비율로 혼합되어 있는 경우가 대부분이며, 주 계약에 특약이 부가된 조립상품이 일반적이다.

---

**01** 피보험자가 주피보험자 및 종피보험자로 나누어지는 경우

주 계약이라 함은 보험계약에 있어서 기본이 되는 중심적인 보장내용을 말한다.

특약은 보험계약자가 필요로 하는 보장을 추가 및 확대(재해관련특약, 질병관련특약, 기타 입원특약, 수술특약 등)하거나 보험계약자의 편의(선지급서비스특약, 연금전환특약 등)를 도모하고 주 계약의 보장을 보완하는 계약으로 특별보험약관의 줄인 말이다.

보험계약은 주 계약만으로도 성립이 가능하다. 그러나 다수의 보험계약자들의 다양한 욕구를 주 계약만으로 충족시키기에는 한계가 있기 때문에 보험회사는 다양한 욕구에 따른 특약을 개발하여 주 계약에 부가하여 판매하고 있다.

## 2. 주요 생명보험상품

### 1) 사망보험

사망보험이란 피보험자가 사망한 경우에만 보험금이 지급되는 보험을 말한다. 따라서 이 보험은 피보험자의 사망에 의하여 발생하는 보험수익자(보통 사망한 사람의 가족)의 경제적 필요를 충족시켜 주는 것을 목적으로 한다.

사망보험은 보험기간에 따라 정기보험과 종신보험으로 분류된다.

#### (1) 정기보험

① 정기보험의 의의

정기보험이란 보험기간을 5년, 10년, 15년, 20년과 같이 한정하고 그 기간 중에 피보험자가 사망해야 보험금이 지급되며, 사망하지 않으면 보험기간의 만료 시 아무것도 지급되지 않는다. 즉 정기보험은 순수한 보험혜택만을 위한 보험료가 부과되기 때문에 계약만료 후에도 다른 보험계약과는 달리 아무것도 지급되지 않는다. 이 보험은 순수보장성 생명보험으로 저축기능이 전혀 없다. 정기보험은 만기보험금의 지급에 대비한 축적부분이 없기 때문에 다른 종류의 생명보험상품과 비교할 때 낮은 보험료로 최고의 보장을 받을 수 있다.

정기보험은 보험보장의 필요성은 크지만 소득이 적은 경우에 정기보험을 이용하는 것이 바람직하다. 적은 보험료로 큰 보장을 받을 수 있기 때문이다. 정기보험은 저축기능이 전혀 없다는 것이 단점이기는 하지만 그러한 특성 때문에 그 가치가 더 클 수도 있다.

② 정기보험상품 내용

㉮ 보험기간 : 5년, 10년, 15년, 20년

㉯ 보험료 납입기간 : 예를 들어 보험가입기간이 20년인 경우 일시납, 5년납, 10년납, 전기납

㉰ 가입연령 : 예를 들어 보험가입기간이 20년인 경우 만 15세~만 50세

㉱ 보험료 납입방법 : 월납, 3월납, 6월납, 연납

㉲ 보험가입금액 한도 : 주 계약 1천만원~10억원

㉳ 상품의 구성 : 정기보험+재해보장특약(선택)+선지급서비스특약(자동부과)+단체취급특약(자동부과)

㉴ 보험금지급사유

- 주 계약 : 사망보험금(사망 또는 제1급장해 시), 납입면제(제2급~제3급장해 시 차회 이후 보험료 납입면제)
- 재해보장특약 : 재해란 우발적인 외래의 사고로서 다음의 경우가 해당된다. 운수사고에서 다친 보행인, 운수사고에서 다친 승용차 탑승자, 수상운수사고, 항공 및 우주운수사고, 추락, 연기 · 불 및 화염에 의한 노출, 불의의 익수, 외과적 및 내과적 치료 중 환자의 재난 등

  재해사망보험금(재해사망 및 재해로 제1급장해 시), 재해상해급여금(재해로 제2급~제6급장해 시)

• 선지급서비스특약(자동부과) : 보험계약자와 피보험자가 동일한 경우로서, 의사의 진단결과 피보험자의 잔여수명이 6개월 이내인 경우 사망보험금 전부 또는 일부를 피보험자에게 선지급한다. 다만, 이 특약의 보험기간은 특약을 부가한 날로부터 주 계약의 보험기간이 끝나는 날의 12개월 이전까지로 한다.
• 단체취급특약(자동부과) : 단체취급특약의 적용을 받는 인원수는 동일 단체에 소속한 피보험자수가 5인 이상이어야 한다. 이 경우 후술할 단체보험으로 간주한다.

### (2) 종신보험

#### ① 종신보험의 의의

종신보험이란 보험기간을 한정하지 않고 가입 후 피보험자가 언제, 어떤 경우로 사망하더라도 약정된 보험금이 지급되는 이른바 보험기간이 종신(평생)에 걸친 사망보험이다.

즉 종신보험은 생명보험의 보장기간이 종신으로 피보험자가 사망할 때 보장기간이 끝나는 것이다. 따라서 사망보험금이 반드시 한 번은 지급되는 것인데 언제 지급되는가의 불확실성이 존재하는 것이다. 종신보험에서는 피보험자가 100세 이상을 사는 경우 사망보험금은 100세를 지나면서 지급된다. 이것은 보험요율 산정에서 100세에 모든 사람은 사망한다는 것을 가정했기 때문이다. 종신보험은 정기보험과 달리 사망보험금이 한 번은 반드시 지급되어야 하기 때문에 저축성 기능을 갖고 있다.

종신보험은 가능하면 젊은(어린) 시절에 가입하는 것이 유리하다. 예를 들면, 주 계약 1억원 그리고 각종 특약에 대해 전부 각각 1천만원으로 가입한 종신보험에 대해 80세까지 보험료를 납입하고자 할 경우 만약 20세에 가입하면 납입보험료 누계는 약 6천만원 정도이고, 30세에 가입하면 납입보험료 누계는 약 7천만원 정도이며, 40세에 가입하면 납입보험료 누계는 약 1억원 정도이고, 50세에 가입하면 납입보험료 누계는 약 1억 3천만원 정도가 된다. 따라서 종신보험에 일찍 가입할수록 납입보험료 누계가 적으면서도 동일한 보험보장을 받을 수 있게 되는 것이다.

한편, 종신보험은 보험료의 납입기간에 따라서 보통종신보험, 유한납입종신보험, 일시납입종신보험으로 구분된다.

보통종신보험은 생명보험의 가장 전통적이고 보편화된 상품이다. 따라서 그 명칭도 "보통"이라는 단어가 붙은 것이다. 보통종신보험은 피보험자가 사망할 때까지, 즉 피보험자가 살아 있는 동안 보험료를 계속해서 납입하는 것이다. 보통종신보험은 종신에 걸쳐 보험료를 납입하기 때문에 다른 종신보험상품에 비해 상대적으로 저렴한 보험료로 높은 보장을 받을 수 있다. 보험료 납입기간이 길면 길수록 연간 보험료의 크기가 작게 된다.

유한납입종신보험은 일정기간을 한정하여 보험료의 납입을 끝내고 그 이후에는 보험료의 납입 없이 보장은 종신토록 계속된다. 예컨대, 20년납 종신보험은 보험계약체결 시부터 20년 동안 보험료를 납입하고 그 이후에는 보험료를 납입할 필요가 없으며 보험보장은 종신토록 계속된다. 그리고 60세납 종신보험의 경우 보험료는 계약체결 시부터 60세까지 납입하고 보험보장은 종신까지 계속되는 것이다. 유한납입종신보험은 보험료 납입기간이 보통종신보험보다 단축되기 때문에 연간 납입보험료가 상대적으로 커지게 된다.

일시납종신보험은 보험계약체결 시에 보험료를 일시에 전부 납입한 후 종신까지 보장을 받는 것이다. 한 번의 보험료로 보험료 납입을 끝내는 것이기 때문에 매우 큰 금액의 보험료를 납입해야 한다.

② 종신보험상품 내용

㉮ 보험기간 : 종신

㉯ 보험료 납입기간 : 일시납, 10년납, 15년납, 20년납, 55세납, 60세납, 70세납, 80세납

㉰ 가입연령 : 예를 들어 보험료 납입기간이 80세납인 경우 만 15세~만 51세

㉣ 보험료 납입방법 : 월납, 3월납, 6월납, 연납

㉤ 보험가입금액 한도 : 주 계약 2천만원~10억원

㉥ 상품의 구성 : 종신보험+정기특약(선택)+수입보장특약(선택)+재해사망특약(선택) +재해상해특약(선택)+암치료특약(선택)+특정질병치료특약(선택)+입원특약(선택)+재해입원특약(선택)+수술특약(선택)+특정성인병진단특약(선택)+연금전환특약+건강인우대특약(우량체만 가능)+선지급서비스특약(자동부과)+단체취급특약(자동부과)

㉦ 보험금지급사유

- 주 계약 : 사망보험금(사망 또는 제1급장해 시), 납입면제(제2급~제3급장해 시 차회 이후 보험료 납입면제)
- 정기특약 : 사망보험금(사망 또는 제1급장해 시)
- 수입보장특약 : 월수입보장금(사망 또는 제1급장해 시), 최저 60회 보장지급
- 재해사망특약 : 재해사망보험금(재해사망 또는 제1급장해 시)
- 재해상해특약 : 재해보장급여금(재해로 제2급~제6급장해 시)
- 암치료특약 : 암보장에 대한 책임개시일은 제1회 특약의 보험료를 받은 날로부터 그날을 포함하여 90일이 지난 날의 다음 날(91일부터)로 한다.

  암진단급여금(암으로 진단 확정 시), 암입원급여금(암으로 4일 이상 입원 시), 암수술급여금(암수술 시)
- 특정질병치료특약 : 11대 질병이란 갑상선장애, 당뇨병, 만성류마티스성 심장질환, 고혈압성 질환, 허혈성 심장질환, 동맥경화증, 천식, 뇌혈관질환, 위 및 십이지장궤양, 간질환, 신부전증을 말한다.

  11대 질병 입원급여금(11대 질병으로 4일 이상 입원 시), 11대 질병 수술급여금(11대 질병으로 수술 시)
- 입원특약 : 입원급여금(4일 이상 입원 시)
- 재해입원특약 : 재해입원급여금(재해로 4일 이상 입원 시)

- 수술특약 : 수술급여금(보험기간 중 피보험자가 질병 또는 재해의 치료를 직접적인 목적으로 수술을 받았을 때)
- 특정성인병진단특약 : 특정성인병진단급여금(급성심근경색증 또는 뇌출혈 및 뇌경색증으로 진단 확정 시)
- 선지급서비스특약(자동부과)
- 단체취급특약(자동부과)

### 2) 생존보험

생존보험이란 피보험자가 보험기간이 종료할 때까지 생존하고 있었을 때에만 보험금이 지급되는 보험이다. 따라서 보험기간 중에 피보험자가 사망하였을 때에는 보험금이 지급되지 않는다.

생존보험은 보험기간 중 특정 시점에 살아 있을 경우 중도보험금을 지급하고 보험기간이 끝날 때까지 살아 있을 경우에는 만기보험금을 지급한다.

### 3) 생사혼합보험(양로보험)

생사혼합보험은 생존보험(저축기능)과 사망보험(보장기능) 양자의 기능을 가지고 있으며 또 일반적으로 양로보험이라고 불리는 보험이다.

양로보험은 정기보험과 같이 보험기간을 특정 기간으로 정해 놓고 이 보험기간 내에 피보험자가 사망한 경우에는 사망보험금이 지급되고, 보험기간 만료 시까지 피보험자가 생존하면 생존보험금(만기보험금)이 지급된다. 예를 들어, 보험기간이 20년인 1억원의 양로보험에 가입했을 때, 피보험자가 20년 이내에 사망하면 1억원의 사망보험금을 지급하고, 피보험자가 20년이 지날 때까지 생존하고 있으면 만기보험금 1억원을 지급한다.

양로보험의 저축성은 정기보험 또는 종신보험에 비하여 훨씬 크며, 양로보험에도 사망보장기능이 있지만 상대적으로 가장 취약하다. 그래서 일반적으로 양로보험은 저축을 주요 목적으로 가입하고 있는 생명보험이다.

한편, 양로보험은 보험료가 다른 보험에 비해 상대적으로 비싸고 저축부분에 대한 수익성도 비교적 낮다. 보장성과 수익성을 겸한 것이 양로보험의 큰 장점이지만, 보장성을 위해서는 다른 형태의 보험을 그리고 수익성을 위해서는 다른 금융상품을 별도로 이용하는 것이 보다 바람직할 것이다.

### 4) 연금보험

#### (1) 연금보험의 의의

생존보험은 피보험자가 보험기간 중 사망했을 때에는 보험금이 지급되지 않고 납입한 보험료도 환급되지 않는 것이 원칙이다. 그러나 우리나라는 사망보험금을 지급받을 수 있도록 사망보장이 부가되어 판매되고 있다. 연금보험이 이에 해당되는데, 피보험자가 연금지급 개시 전에 사망한 경우에는 보통 이미 납입된 보험료의 상당액이 반환된다.

연금의 기본적 뜻은 수리적 관점에서 매년 일정한 금액을 규칙적으로 지급하는 것이다. 이러한 개념이 인보험에 도입되어 인간의 노령화에 따른 소득능력의 상실을 보완하는 제도로 발전한 것이 연금제도이다.

연금은 소득생산이 중단된 연금수익자에게 축적된 자금으로 중단된 소득을 체계적으로 보완해 주는 역할을 한다. 즉 연금은 축적된 자산을 단순히 분할지급하는 것이 아니고, 축적된 자산의 운용수익률과 연금수익자의 생존율을 반영하여 최적의 연금금액을 결정하여 지급한다.

또한 연금지급에 필요한 자산형성은 연금지급 개시 전에 일시적으로 한번에 할 수도 있지만, 일반적으로 장기적 계획 아래 조기에 연금계약을 체결하여 반강제적인 저축을 통해 하게 된다. 즉 소득생산이 가능한 활동시기에 소득의 일부를 노후생활을 대비하여 체계적으로 저축함으로써 연금지급에 필요한 자산을 형성한다. 그러므로 연금보험은 생명보험 고유의 위험보장기능보다는 만기 생존 시에 보험금이 지급되는 저축기능을 강화한 상품이다.

결국 연금보험이란 노후생활의 경제적 불안을 제거하여 인간의 기본적 욕망을 충족시키고, 보다 고차원적인 욕구를 만족시키면서 행복한 생활을 영위하게 하는 것으로, 노후생활기간 동안 안정적인 생활자금 마련을 위한 상품이다.

### (2) 연금보험상품 내용

연금보험의 보험기간은 제1보험기간(위험보장기간)과 제2보험기간(연금지급기간)으로 구분되며, 연금지급방법은 피보험자가 생존 시 평생 동안 지급되는 종신연금형, 연금지급기간을 확정하여 지급하는 확정연금형 등이 있다.

종신연금형은 연금계약에 따라 정해진 연금금액을 연금개시연도부터 연금수익자가 생존하고 있는 동안 지급하는 것이다. 이 연금의 특징은 매년[02] 지급되는 연금금액은 미리 정해지지만 지급기간은 확정되지 않고 연금수익자의 사망에 따라 종료된다.

그러나 연금수익자가 예상된 평균여명기간 이내에 사망하면 납입한 연금보험료보다 지급받은 총연금액이 적어 손해를 본다고 할 수 있다. 즉 연금수익자는 예상된 평균여명기간보다 장수하여 이익을 볼 수 있는 경우와 그렇지 못하여 손해를 보는 경우의 리스크를 갖고 있는 것이다.

일반적으로 매년 가장 많은 연금금액을 받기를 원하며, 비록 일찍 사망한다고 해도 지급되지 않은 연금에 대하여 미련을 갖지 않는 상황일 때 종신연금형을 선호하게 된다. 또한 건강이 매우 좋아 장수를 예상할 때 종신연금형의 장점을 이용할 수 있다.

한편, 확정연금형은 연금지급기간을 미리 일정기간으로 정해 놓고 그 지급기간 내에 연금수익자가 사망 시 미지급된 연금액을 일시금으로 지급한다. 그러므로 확정연금형은 장수에 따른 경제적 불안을 제거함과 동시에 연금지급 개시 후 일찍 사망함으로써 상실할 수 있는 납입보험료의 반환을 보장한다. 즉 확정연금형의 경우 생존연금 지급개시 후 10년형의 경우 10

02 연금지급은 원칙적으로 1년 단위지만 현실적으로 월별, 분기별, 반기별 등 다양한 기간을 설정하고 있다.

년, 15년형의 경우 15년, 20년형의 경우 20년까지의 생존연금 확정지급기간 내에 사망시에는 각각 미지급된 생존연금 연액을 일시금으로 지급한다.

확정연금형은 종신연금형과 비교할 때, 납입보험료의 상당한 부분을 반환받는 장점이 있는 반면에 매년 지급하는 연금금액이 종신연금형에 비해 상대적으로 적다.

## 5) 변액보험

### (1) 변액보험의 의의

인플레이션이 만연됨에 따라 고정된 급부(보험금)를 지급하는 전통적 생명보험상품은 상대적으로 매력이 없어지게 되었다. 특히 생명보험상품은 보험계약기간이 장기이므로 인플레이션의 영향은 매우 크다 할 것이다. 따라서 생명보험회사들은 인플레이션을 헷지할 수 있는 상품개발에 많은 노력을 경주하고 있는데, 그 대표적인 상품이 변액보험이다.

변액보험은 종신보험을 기본형태로 하고 물가의 상승에 따른 보험금의 구매력 하락을 방지하기 위하여 고안된 상품으로서, 보험계약자가 납입한 보험료를 모아 기금을 구성한 후 주식, 채권 등 유가증권에 투자하여 발생한 이익을 배분해 주는 실적배당형 보험으로 보험기간 중에 보험금액 등이 변동하는 보험을 말하며, 보험의 기능(보장기능과 저축기능)에 투자기능을 추가한 일종의 간접투자상품으로 보장도 받으면서 높은 투자수익도 기대할 수 있는 보험상품이다.

예를 들어, 주 계약 1억원짜리 종신보험에 가입한 경우에는 사망 시에 미리 약정된 1억원의 보험금이 지급되지만, 변액보험의 경우는 최저 사망보험금으로 정해진 금액(1억원)에 더해 투자수익에 따라 추가 보험금을 지급받게 된다.

한편, 변액보험의 사망보험금은 투자결과와 무관하게 항상 보장되는 최초에 계약한 기본보험계약의 기본보험금과 투자실적에 따라 증가하는 변동보험금으로 구성된다. 다시 말해 변액보험가입자는 경기가 좋아져 주식과 채권가격이 올라가는 "자산가치 상승의 혜택"을 만끽하면서 "물가 상승의 부담(인플레이션에 따른 돈의 가치 하락 위험)"까지 덜 수 있게 된다.

### (2) 변액보험의 특징

변액보험은 투자실적에 따라 보험금과 해약환급금이 변동되는 전형적인 투자형 상품이다. 변액보험은 보험과 투자를 결합한 상품으로 투신사 수익증권 또는 뮤추얼펀드와 유사한 구조를 갖고 있다. 투자실적이 좋을 경우 보험금과 해약환급금이 증가하는 반면 투자실적이 악화되면 원금 이하의 해약환급금을 받을 수도 있는 전형적인 'High Risk, High Return'형 실적배당형 보험상품이다. 그러나 보험 고유의 기능인 보장을 제공하기 위해 사망 시에는 투자실적과는 관계없이 최저한도의 사망보험금(기본보험금)을 보장한다. 그러나 해약환급금의 최저 보증은 이루어지지 않는다.

변액보험은 전통적 생명보험상품과는 달리 안정성보다는 수익성을 중시하기 때문에 보험계약자가 납입한 보험료에서 사업비와 사망보험료를 차감한 보험료를 특별계정에 산입하여 운용된다. 특별계정의 자산운용수익이 보험계약자에게 환원되는 상품의 특성상 자산운용에 따른 손실가능성에 대한 책임 또한 보험계약자에게 있다. 그래서 특별계정수익률 하락 시 보험계약자 원금에서 손해가 발생할 수 있다.

변액보험은 펀드의 유형에 따라 우량공사채형(채권관련 상품에 80% 이상 투자하고 나머지는 단기 유동성 금융자산에 투자), 혼합안정형(채권관련 상품에 50~80% 투자하고, 주식관련 상품에 20~50% 투자하며, 나머지는 단기 유동성 금융자산에 투자), 혼합성장형(주식관련 상품에 70% 이상 투자하고 채권관련 상품에 30% 이내로 투자하고 나머지는 단기 유동성 금융자산에 투자) 등이 있는데, 보험계약자는 보험회사가 설정한 펀드 중 원하는 자산운용형태를 직접 선택할 수 있다. 이렇게 보험계약자가 선택한 펀드는 주식, 채권시장 등의 동향에 따라 매년 4회까지 펀드변경을 신청할 수 있기 때문에 주식 · 채권시장을 잘 살피며 수익률을 관리해야 한다.

변액보험은 전통적 생명보험상품인 종신보험에 비해 상대적으로 보험료가 높다. 투자손실이 나더라도 최저 사망보험금을 보장(최저 사망보험금 보증비용)하고 또한 특별계정을 관리하는 데 따른 비용(특별계정 운용수수료)이 들기 때문에 보험료가 높아지게 된다.

변액보험은 불완전판매로 인한 가입자의 피해방지 및 건전한 모집질서 유지를 위하여 별도의 자격이 있는 사람만이 판매할 수 있다. 보험사 임직원(보험설계사)의 경우 생명보험협회가 주관한 시험에 합격해야 하고, 보험중개사 및 보험대리점의 경우 보험연수원 및 보험회사가 실시한 소정의 교육을 이수하여야 판매할 수 있다.

변액보험은 실적배당형 상품이므로 예금자보호법에 의해 보호받지 못한다. 단, 부가되는 특약은 예금자보호법에서 정하는 바에 따라 그 지급을 보장한다. 그러므로 무엇보다도 자산구조가 우량한 보험회사를 선택하는 것이 중요하다. 한편, 예금자보호법이란 금융기관 파산 시 계약자를 보호하기 위하여 예금보험기금을 설치 · 운영하여 1인당 최고 5천만원까지 예금보험기금에서 지급을 보장한다.

변액보험은 목표수익률을 사전에 제시하지 못한다. 계약체결 시 계약자에게 최근 운용실적을 포함한 변액보험 운용설명서를 제공할 수는 있지만, 모집단계에서 목표수익률의 사전제시를 엄격히 제한한다. 그리고 펀드의 운용실적은 각 보험회사 홈페이지 변액보험 공시실을 통해 매일 공시되므로 보험계약자는 언제든지 본인이 선택한 펀드의 투자수익률을 확인할 수 있다.

### 6) 유니버셜보험

유니버셜보험(universal life insurance)의 주요 특징은 보험계약자의 선택에 따라 보험료와 보험금을 자유롭게 조정할 수 있으며, 납입보험료의 사용내용을 보험계약자가 쉽게 이해할 수 있도록 상품운영의 투명성을 제고하였다. 유니버셜보험은 생명보험의 원가를 인하시키고 보험이용의 신축성을 증대하면서 생명보험의 저축 및 투자기능을 효율화시키는 목적에서 개발된 것이다.

유니버셜보험은 보험료의 추가납입, 보험금을 중도인출할 수 있는 특징을 지닌 상품이다. 즉 보험계약체결 시에 요구되는 제1회 보험료를 납입한 후에는 경제적 또는 기타 여건에 따라 보험계약자가 납입보험료를 자율적으로 감소 또는 증가시킬 수 있다. 또한 일반적으로 시간의 흐름에 따라 한 가정의 사망보험금에 대한 필요성은 변하게 되므로, 보험계약자의 희망에 따라 보험계약기간 동안에 사망보험금을 언제든지 변경할 수 있다.

유니버셜보험은 기본보험금에 공시이율에 의해 부리되어 추가적립된 금액을 보험금으로 지급하는 상품으로 일반계정에서 운용되고 운용리스크를 보험회사가 부담한다.

유니버셜보험은 명칭대로 그 유용성이 다양하다. 하나의 보험증권으로 다양한 생명보험의 기능을 발휘할 수 있다. 보험계약체결 후 경제 및 가정사정에 따라 보험료의 크기를 자유롭게 선택할 수 있으며, 또한 저축 및 투자의 목적으로 보험료를 증가 또는 감소시킬 수도 있다. 사망에 대한 보장기능도 필요성에 따라 언제든지 확대 또는 축소시킬 수 있다. 종합적인 관점에서 유니버셜보험은 보험계약자의 다양한 보험욕구를 경제 · 사회변화에 대응하여 충족시킬 수 있도록 개발된 것이라고 할 수 있다.

### 7) 변액유니버셜보험

변액유니버셜보험은 변액보험과 유니버셜보험의 특성을 부분적으로 혼합한 형태이다. 변액보험의 특성인 특별계정의 투자신축성과 유니버셜보험의 특성인 보험료 및 사망보험금의 신축성을 적절히 복합시킨 것이다. 즉 변액유니버셜보험은 보험계약자의 선택에 따라 자유롭게 보험료를 증가 또는 감소시키며, 또한 사망보험금의 크기도 언제든지 조정할 수 있다. 한편, 납입된 보험료는 사업비와 사망보험료를 차감한 후 특별계정의 투자포트폴리오를 만들어 투자관리된다. 보험계약자는 투자포트폴리오를 선정할 때 자유롭게 의사를 표시할 수 있다.

변액유니버셜보험은 증권의 현금가치를 단순한 저축수단으로 생각하기보다 오히려 투자수단으로 생각하는 사람들에게 그 유용성이 더 크다고 할 수 있다. 특별계정에 의한 현금가치의 투자는 전통적 생명보험보다 투자리스크가 커지는 반면 투자수익률도 커질 수 있는 이점이 있다. 그러나 생명보험의 본질적 기능이 인간생애가치의 보장과 안전한 저축임을 감안할 때 과도한 투자리스크를 택하는 것은 바람직하지 않다.

### 8) CI보험

치명적 질병(critical illness) 발병 시 사망보험금의 일부를 생활자금으로 선지급하여 고액의 치료비, 가족생활비, 간병비 등 생활자금으로 활용하게 하고 사망 시에는 잔여보험금으로 유족의 생활안정을 도모하게 하는 상품이다.

### 9) 단체보험

단체보험이란 기업체, 국영기업체, 관공서, 조합, 변호사회, 의사회, 각종의 협회, 동창회, 향군회, 종교단체 등 5인 이상의 근로자 또는 구성원이 있는 특정 단체에 소속한 근로자 또는 구성원을 위하여 단체의 대표자가 하나의 보험증권으로 보험계약을 일괄체결하는 생명보험을 말한다. 단체보험계약이 체결된 때에 보험자는 보험계약자(단체의 대표자)에 대해서만 보험증권을 교부하고 개인 피보험자에게는 그들이 단체보험에 가입되었다는 사실을 증명하는 보험증서를 발급한다.

한편, 단체보험은 개인보험과 달리 위험선택의 대상을 개인으로 하지 않고 피보험자집단을 하나의 그룹으로 취급하고 있기 때문에 원칙적으로 개개인에 대한 의사의 진단을 실시하지 않는다. 즉 대상단체 자체의 위험도가 일정한 표준 내에 있다면 단체로서 계약하고, 그 근로자 등 개개인의 건강상태는 그렇게 문제를 삼지 않는다. 그리고 단체가 규약에 따라 근로자 등의 전부 또는 일부를 피보험자로 하는 계약을 체결하는 경우에는 피보험자인 근로자 등의 서면에 의한 동의를 필요로 하지 않는다.

또한 단체보험은 대량판매 및 일괄업무처리에 따라 마케팅비용과 사무비용 그리고 진단경비 등 사업비를 크게 절감할 수 있어 개인보험보다 상대적으로 보험료가 저렴하고 또한 단체의 대표자가 보험료의 대부분을 부담한다. 그리고 단체의 대표자는 세금공제혜택을 받을 수 있어서 근로자복지제도를 운영하는 데 많은 도움이 된다.

그러나 단체보험은 보험보장이 영구적이지 못하고 임시적인 성격을 갖고 있다. 즉 근로자 등이 단체보험을 개인보험으로 전환하지 않는 한 단체의 대표자가 단체보험을 중단하거나 근로자 등이 퇴직 또는 탈퇴를 할 경우 보험보장이 중단된다. 또 다른 문제는 단체보험의 혜택을 받고 있는 근로자 등은 단체보험에 만족하여 개인보험의 필요성을 느끼지 못할 수 있다.

이와 같이 단체보험은 근로자복지제도의 수단으로 널리 활용되고 있으며, 대량판매방법을 이용하여 보험혜택을 받고 있지 않은 많은 사람들에게 보험보장을 확대하고, 개인보험에서 보험가입이 불가능한 많은 사람들에게도 보험혜택을 주고 있다.

## 제3절 생명보험료와 생명보험금

### 1. 생명보험료

#### 1) 기본요소

생명보험료를 산출하는 데 기본적으로 고려되는 요소는 사망률, 예정이율, 그리고 사업비율이다. 생명보험의 순보험료를 산출하는 데 사망률이 높아지면 순보험료 수준은 높아진다. 따라서 나이가 많은 사람에 대한 순보험료는 나이가 적은 사람에 비하여 커지게 된다. 예를 들어 20살 난 청년의 순보험료는 50살 난 장년의 그것보다 훨씬 적게 된다.

생명보험은 계약기간이 대체로 1년 이상의 장기계약이고 저축성 기능이 있기 때문에 납입된 보험료에 대하여 이자를 부리하는 것이 일반적이다. 이때 순보험료 산출에 적용되는 이자율을 예정이자율이라고 한다. 생명보험의 예정이율이 높을수록 순보험료는 낮아지게 된다. 예를 들어 예정이율이 10%인 보험계약의 순보험료는 예정이율이 5%인 보험계약의 순보험료보다 매우 낮게 된다. 예정이율이 높으면 그만큼 납입한 순보험료에 대하여 높은 이자로 부리시켜 주는 것이다.

순보험료가 결정된 후 사업비율을 적용하여 총보험료를 산출하게 된다. 사업비는 보험사업을 영위하는 데 소요되는 직접 또는 간접경비 모두 포괄하는데 사업비율이 높을수록 총보험료는 당연히 높아지는 것이다.

생명보험료의 형태는 기본적으로 등급별 요율이다. 가장 대표적 등급의 기준은 피보험자의 연령과 성별이다. 이 두 가지 요소는 피보험자집단의 사망률을 결정하는 것이다. 이 두 가지 요소 이외에 피보험자집단을 세분하기 위하여 흡연자와 비흡연자를 구분하고, 정상적인 체위와 건강을 유지하는 사람들과 비정상적인 사람들을 구분하고, 특별히 위험한 직종에 종사하는 사람들에 대하여 보험계약을 제한하거나 높은 보험료를 적용하기도 한다.

한편, 생명보험료는 생명보험의 기본적 형태에 따라 산출하는 방법이 다소 다르다. 정기보험은 보험기간을 정해 놓고 그 보험기간 내에 피보험자가 사망하면 보험금이 지급되지만, 보험기간이 만기가 될 때 만기보험금이 없는 순수보장성보험이다. 따라서 만기보험금을 위한 보험료가 필요하지 않다.

종신보험은 보험기간이 종신이어서 피보험자가 사망해야 보험계약이 끝나는 것이다. 따라서 피보험자는 반드시 한 번 보험금을 받을 수 있으며 이것을 위하여 보험자는 보험금지급을 위한 적립금을 계속 쌓아가야 한다. 종신보험에서 보험계약은 피보험자가 100살이 넘으면 보험금을 지급하도록 되어 있어서 보험기간이 100살까지라고 할 수 있다.

양로보험은 보험기간이 정기보험과 같이 정해지고 보험기간 내에 사망하면 사망보험금이 지급되며 피보험자가 사망하지 않고 만기가 도래하면 만기보험금을 지급한다. 양로보험료를 산정할 때 고려되어야 하는 것은 사망보험금에 대한 보험료와 함께 만기보험금에 대한 보험료도 포함되어야 한다.

### 2) 자연보험료와 평준보험료

보험료 산출의 기초가 되는 예정사망률이 1년 단위로 측정되기 때문에 연령이 증가함에 따라 보험료가 매년 증가하게 되는데, 이를 자연보험료라 한다.

그러나 보험계약자의 연령이 증가함에 따라 매년 보험료가 증가하여 상당한 기간이 지나면 보험료가 매우 높아져 건강이 좋은 보험계약자는 해약하고 건강이 나쁜 보험계약자는 높은 보험료에도 불구하고 계약을 유지함으로써 보험회사의 경영에 악영향을 미치게 된다. 또 다른 문제는 보험료가 매년 증가하기 때문에 보험계약자에게 많은 혼란을 주고 계약관리도 복잡하게 된다. 자연보험료는 생명보험료를 산출하는 원리를 제공하지만 실제의 생명보험시장에서 이용되는 것은 매우 드물다.

한편, 평준보험료는 계약체결 시부터 계약만기까지 납입하는 보험료가 동일하다. 평준보험료는 그 성격상 계약체결 시부터 일정기간까지 매년 실제로 필요한 사망보험료보다 많은 보험료를 납입하고 있으며, 일정기간 이후부터는 실제로 필요한 보험료보다 적은 보험료를 내고 있는 것이다.

### 3) 보험료의 납입

보험료의 납입은 보험료 산출의 기초가 되는 예정사망률이 1년 단위로 측정되기 때문에 연납이 원칙이다. 즉 보험료를 매년 1회 납입하는 것이 원칙이지만, 일반적으로는 보험료를 연간 12회 즉 매월 납입(월납)하게 된다.

보험료 납입기간에 따라 전기납, 단기납, 일시납으로 분류할 수 있다. 전기납은 보험기간 전 기간에 걸쳐 보험료를 납입하는 것을 말하며, 단기납은 보험기간보다 짧은 기간 동안 보험료를 납입하는 것을 말하고, 일시납은 보험계약체결과 동시에 전 보험기간에 대한 보험료를 일시에 납입하는 것을 말한다. 예컨대, 보험기간을 20년으로 하는 정기보험인 경우 보험료 납입기간으로 일시납, 5년납, 10년납, 전기납이 있다.

### 4) 보험료의 납입최고기간과 계약의 부활

#### (1) 보험료의 납입최고기간

보험계약자가 제2회 이후의 보험료를 납입기일까지 납입하지 아니하는 때에는 납입기일 다음 날부터 납입기일이 속하는 달의 다음 달 말일까지를 납입최고기간[03]으로 한다.

보험회사는 납입최고기간이 끝나기 15일 이전까지 보험계약자(타인을 위한 보험의 경우 특정된 보험수익자 포함)에게 서면 또는 전화(음성녹음)로 알려야 한다.

납입최고기간 안에 보험료를 납입하지 않은 경우 납입최고기간이 끝나는 날의 다음 날 보험계약을 해지한다. 이 경우 보험계약자의 청구에 의해 해약환급금을 지급한다. 보험계약이 해지된 후에 발생한 보험사고에 대해 보험회사는 보험금지급책임이 없다. 그러나 납입최고기간 안에 발생한 사고에 대해서는 보험회사가 약정한 보험금을 지급한다.

#### (2) 계약의 부활

계약의 부활이란 보험계약을 해지 이전의 상태로 회복시켜 주는 것을 말한다.

03 다만, 보험회사의 방문수금 불이행 또는 은행 납입통지서의 미교부, 자동이체 미신청 등 보험회사의 책임 있는 사유로 인하여 보험계약자가 보험료를 납입하지 못한 경우에는 납입기일부터 3개월이 되는 날까지를 납입최고기간으로 한다.

보험료의 납입연체로 인하여 계약이 해지되었으나 해약환급금을 받지 아니한 경우 보험계약자는 해지된 날부터 2년 이내에 보험회사가 정한 절차에 따라 계약의 부활을 청약할 수 있다.

보험회사는 부활계약을 심사하여 질병 또는 입원사실이 있을 경우 부활청약을 거절할 수 있다. 그리고 보험회사가 부활계약을 승낙한 때에는 부활을 청약한 날까지의 연체된 보험료에 각 상품별로 회사가 정하는 이율로 계산한 이자를 더하여 납입하여야 한다.

그리고 보험계약을 부활하는 경우에는 책임개시일, 고지의무 등은 신계약절차와 동일하게 이루어진다. 그래서 연체보험료를 납입한 날부터 보험자의 책임이 개시되며, 보험계약해지 후 연체보험료 입금 전까지의 기간 동안에는 보험회사에게 책임이 없다.

## 2. 생명보험금

### 1) 보험금의 종류 및 지급사유

보험회사는 피보험자에게 생존(중도, 만기), 사망, 제1급장해, 실종선고, 인정사망, 제2급~제6급장해, 질병, 입원, 통원, 요양, 수술, 수발이 필요한 상태가 발생한 때에는 보험수익자에게 약정한 보험금을 지급한다.

#### (1) 중도보험금

보험기간 중의 특정 시점에 살아 있을 경우이다.

#### (2) 만기보험금

보험기간이 끝날 때까지 살아 있을 경우이다.

### (3) 사망보험금

보험기간 중 사망(실종선고[04] 및 인정사망[05] 포함)하거나 장해등급분류표 중 제1급의 장해상태가 된 경우

### (4) 장해보험금

보험기간 중 발생한 재해로 인하여 장해등급분류표 중 제2급 내지 제6급의 장해상태가 되었을 경우이다.

한편, 장해상태의 등급이 재해일부터 180일 이내에 확정되지 아니한 경우에는 180일이 되는 날의 의사 진단에 기초하여 고정될 것으로 인정되는 상태를 장해상태의 등급으로 결정한다.

그리고 장해상태의 등급이 결정되었으나 그 이후 보장을 받을 수 있는 기간(계약의 효력이 없어진 경우에는 재해일부터 2년 이내) 중에 장해상태가 더 악화된 경우에는 더 악화된 장해상태(사망포함)를 기준으로 장해등급을 결정한다.

### (5) 입원보험금 등

보험기간 중 질병이 발생하거나 입원, 통원, 요양, 수술 또는 수발이 필요한 상태가 되었을 경우이다.

## 2) 보험금을 지급하지 아니하는 경우

보험회사는 다음 중 어느 한 가지의 경우에 의하여 보험금지급사유가 발생한 때에는 보험금을 지급하지 아니하며 동시에 이 계약을 해지할 수 있다.

① 피보험자가 고의로 자신을 해친 경우에는 계약을 해지하고 이미 납입

04 생사가 분명하지 아니한 경우 실종신고 후 5년, 전쟁 · 선박의 침몰 · 항공기의 추락의 경우에는 실종신고 후 1년이 지나면 가정법원에 실종선고를 청구할 수 있다.

05 재해로 인하여 사망한 것으로 정부기관이 인정하여 관공서의 사망보고에 따라 호적에 기재된 경우에는 그러한 사고가 발생한 때를 사망한 것으로 인정한다.

한 보험료를 보험계약자에게 반환한다. 그러나 피보험자가 정신질환 상태에서 자신을 해친 경우와 계약의 책임개시일로부터 2년이 경과된 후에 자살하거나 자신을 해침으로써 제1급의 장해상태가 되었을 경우에는 약정된 보험금을 지급한다.

② 보험수익자가 고의로 피보험자를 해친 경우에는 계약을 해지하고 지급하지 아니한 보험금에 해당하는 해약환급금을 보험계약자에게 지급한다. 그러나 그 보험수익자가 보험금의 일부 보험수익자인 경우에는 그 보험수익자에 해당하는 보험금을 제외한 나머지 보험금을 다른 보험수익자에게 지급한다.

③ 보험계약자가 고의로 피보험자를 해친 경우에는 계약을 해지하고 이미 납입한 보험료를 보험계약자에게 반환하지 않는다.

### 3) 보험수익자

보험수익자란 용어는 손해보험에서는 사용되지 않고 인보험에서만 사용된다. 보험수익자란 손해보험에서의 피보험자를 의미하기 때문이다. 생명보험의 경우 피보험자는 자연인에 국한하나, 보험수익자는 자연인은 물론 법인도 될 수 있다.

인보험에서 사용되는 보험수익자는 보험사고발생 시 보험자로부터 보험금을 지급받는 보험금청구권자로서 보험계약자가 보험계약 시 지정할 수 있다. 그리고 보험계약자가 보험수익자를 변경하고자 할 경우에는 보험금의 지급사유가 발생하기 전에 피보험자의 서면에 의한 동의가 있어야 한다.

만약 보험계약자가 보험수익자를 지정하지 않은 경우에는 중도보험금과 만기보험금의 경우에는 보험수익자를 보험계약자로 하며, 사망보험금, 장해보험금, 입원보험금의 경우에는 보험수익자를 피보험자로 하며, 피보험자의 사망 시에는 피보험자의 법적 상속인이 보험수익자가 된다.

### 4) 보험금 등의 지급절차

보험금 등의 청구 시 구비서류(청약서는 필요 없음)는 청구서(회사양식), 사고증명서(사망진단서, 장해진단서, 입원치료확인서 등), 보험증권, 신분증(본인이 아닌 경우 본인의 인감증명서 포함) 등이다.

보험회사는 보험금청구서류를 접수한 날로부터 3일 이내에 보험금 또는 해약환급금을 지급한다. 단, 지급사유의 조사나 확인이 필요한 때는 접수 후 10일 이내에 지급한다.

보험회사는 중도보험금 및 만기보험금의 지급시기가 도래할 때에는 도래일 7일 이전에 보험계약자 또는 보험수익자에게 사유와 지급금액을 통지한다.

보험회사가 보험금지급사유의 조사 및 확인을 위하여 지급기일 이내에 보험금을 지급하지 못할 것으로 예상되는 경우에는 그 구체적인 사유, 지급예정일 및 보험금 가지급제도에 대하여 피보험자 또는 보험수익자에게 서면으로 통지하여야 하며, 장해등급의 판정 및 지급할 보험금의 결정과 관련하여 보험금지급이 지연되는 경우에는 보험수익자의 청구에 따라 보험회사가 추정하는 보험금을 우선적으로 가지급할 수 있다.

보험계약자(보험금지급사유 발생 후에는 보험수익자)는 사망보험금 또는 장해보험금의 전부 또는 일부에 대하여 분할지급 또는 일시지급방법으로 변경할 수 있는데, 통상 일시금으로 보험금을 지급받고 있다.

**보험이야기**

**1. 보험가입하고 바로 사망하면?(moneytoday.co.kr 2004/10/4)**

몇 년 전 중국에서는 사회를 떠들썩하게 만든 소송사건이 하나 있었다.

한 보험계약자의 유가족들이 생명보험회사를 상대로 거액의 사망보험금지급청구소송을 제기한 것이다.

그 사연의 내막은 이렇다. A라는 회사원이 B보험사에 1억원에 이르는 고액의 생명보험에 가입한 후 오후 출장길에서 불의의 교통사고로 사망하고 말았다.

이후 유가족들은 A씨의 보험가입 사실을 알고 B보험사에 사망보험금을 청구했으나 계약이 성립되지 않았기 때문에 보험금을 지급할 수 없다는 보험사의 황당한(?) 통보를 받았다. 억울한 유족들은 즉각 소송을 제기하면서 사회적인 관심을 끌었다.

보험계약의 성립은 원래 계약자가 보험가입을 위해 청약을 하고 회사가 이를 승낙해야 이뤄지는데, B보험사는 A씨가 비록 청약 후 1회 보험료를 냈지만 회사의 보험가입 승낙이 내려지지 않은 상태에서 사망했으므로 지급할 수 없다는 입장이었다.

이와 같은 사건이 우리나라에 일어났다면 어떻게 됐을까?

결론적으로 우리나라는 일반적으로 가입자가 청약서 작성 후 첫 보험료를 납입했다면 보험사의 승낙이 있기 전에라도 보험료를 납부한 시점부터 사고로 인한 보장을 받을 수 있다.

다만 여기에서 주의해야 할 점은 보험가입 시 작성해야 하는 청약서상의 가입일자와 시간을 정확하게 기입해야 한다는 것이다. 보험가입은 주로 생활설계사가 고객의 직장이나 집 등을 방문해 계약하는 것이 보통이므로 고객이 보험료를 회사 구좌에 입금시키는 시간과는 차이가 있을 수 있다.

따라서 보험의 책임개시기준이 되는 제1회 보험료 납부일자와 시간을 정확히 작성해야 한다. 그래야만 보험료가 고객의 손을 떠나 보험사에 입금될 때까지의 시간 동안 교통사고 등 사고로 인한 보험금지급사유가 발생할 경우 계약불성립 여부를 놓고 벌어질 수 있는 양자 간의 분쟁소지를 없앨 수 있다.

그러나 암보험, 종신보험 등 특정 보험상품의 일부 조건에 대해서는 책임개시 시점이 달라진다는 것도 보험가입 전 꼭 알아둬야 한다.

암을 특화 보장하는 상품과 특약의 경우 계약일로부터 90일이 지난 후 진단받는 경우에 한해 보험금을 지급받을 수 있다. 종신보험의 경우 자살은 가입일로부터 2년이 지난 후에 발생할 때에만 보험금이 지급된다.

이와 같이 보험개시 시점을 상품에 따라 달리하는 이유는 암에 걸렸음을 알면서도 이를 숨기고 보험을 가입하거나, 돈을 목적으로 보험에 가입한 후 자살하는 등 고객의 '도덕적 해이' 때문이다.

이를 용납할 경우 보험금의 지급건이 예상보다 많아져 보험회사의 경영효율이 저하되거나 배당이 줄어들어 선의의 다수 보험계약자와 보험회사에 불이익이 생길 우려가 크기 때문에 이를 미연에 방지하기 위해서다.

### 2. 긴 병에도 효자는 있다(moneytoday.co.kr 2004/8/5)

옛말에 '긴 병에 효자 없다'는 말이 있다. 이 말은 그만큼 부모가 병에 결렸을 경우 그 병을 치료하는 당사자나 가족, 주변 사람들이 경제적 · 육체적 · 정신적으로 힘들어 오랜 기간 동안 지극정성으로 병간호를 하기 힘들다는 뜻일 것이다.

특히 최근에는 생활습관의 서구화와 평균수명연장에 따라 암, 뇌졸중, 급성심근경색증 등 중대한 질병의 발병률이 갈수록 높아지고 있는 추세다.

반면 의료기술의 발달로 인해 암 등의 중대한 질병이 발병해도 생존률은 급격히 늘고 있는 추세다. 예를 들면 암의 경우 진단 후 5년 이상 생존률이 50%를 넘어섰고, 뇌졸중은 진단 후 1년 이상 생존할 확률이 69%, 급성심근경색증은 6년 이상 생존률이 20%를 상회하고 있다.

한마디로 돈만 있으면 죽을병에 걸려도 살 수 있는 시대가 됐다는 말이다. 그러나 이에 비례해 질병치료비용은 갈수록 급증하는 추세다. 자식을 효자로 만드느냐, 아니면 불효자로 만드느냐는 얼마만큼 많은 돈을 가지고 치료를 받을 수 있느냐 아니면 그에 대해 미리 준비하느냐와 직결된다고 볼 수 있다.

이와 같은 추세에 맞춰 생명보험사들도 중대한 질병에 걸리거나 수술을 받게 될 경우 실질적인 치료자금을 사망 이전에 지급하는 새로운 스타일의 'CI(치명적 질병)보험'을 지난해 말부터 적극적으로 판매하고 있다.

CI(Critical illness)보험이란 사고나 질병 등으로 생명에 치명적인 영향을 주는 중병상태가 됐을 때 고액의 보험금을 일시금으로 지급하는 생활보험을 말한다. 미리 지급된 보험금을 통해 치명적인 질병을 치료할 수 있다는 의미다.

CI보험은 남아프리카공화국의 크루사더(Crusader)생명보험의 의사였던 마리우스 바나드(Marius Barnard)씨로부터 시작됐다. 그는 자신의 환자들이 심장관련 중병으로 인해 엄청난 의료비 부담, 실직, 부채, 급작스런 삶의 질 저하 등으로 육체적 · 경제적 곤란을 겪고 있는 것을 보면서 보험상품개발에 나섰다고 한다.

그 당시 생명보험은 사망하는 경우에만 보험금을 지급함에 따라 중병으로 고통받고 있는 자신의 환자들이 아무런 혜택을 받지 못한 채 재정파탄상태에 이르게 되었기 때문이다.

그는 1983년 주요 치명적 질병이 발병하면 사망보험금을 미리 일시금으로 지급받아 단순히 의료비로만 사용하는 것이 아니라 수혜자가 원하는 다양한 목적에 사용할 수 있도록 보험상품을 개발했다. 이와 같이 개발된 세계 최초 CI보험은 남아프리카공화국에서 높은 판매실적을 나타내면서 전 세계적으로 퍼져 나갔다.

이처럼 치명적인 질병에 걸려도 먼저 보험금을 받아 사용할 수 있고, 이 자금을 통해 새로운 삶을 만들어 갈 수 있는 CI보험이 인기를 끄는 것도 하나의 사회적 조류로 볼 수 있다. 자식에게 소정의 보험금을 남기는 것보다는 사랑스런 자식과 건강하게 오래오래 사는 것이 더욱 소중하기 때문이다. 긴 병에 효자는 없을지 모르지만, 미리미리 준비한다면 긴 병에도 보험이 효자 노릇을 톡톡히 할 것이다.

### 3. 교통사고 우울증, 자살 2년 미만도 보험금지급(soscall.co.kr, 2003/07/14)

교통사고를 당한 뒤 우울증에 시달리다 자살했다면 보험에 가입한 지 2년이 지나지 않았더라도 사망보험금을 줘야 한다는 결정이 나왔다.

13일 금융감독원에 따르면 최근 금융분쟁조정위원회는 A씨의 보험수익자가 B보험회사를 상대로 사망보험금지급을 요구하며 제출한 분쟁조정신청에 대해 7억 4천만원의 보험금지급 결정을 내렸다.

A씨는 지난 2000년 2월 교통사고를 당해 하반신을 못 쓰게 됐고 이로 인해 우울증에 시달리다 2001년 3월 투신, 스스로 목숨을 끊었다. B보험회사는 그러나 A씨가 자살한 시점은

보험에 가입한 지 2년이 지나지 않았다는 이유로 사망보험금지급을 거절했다.

금융감독원이 정한 표준보험약관은 보험에 가입하고 2년 이후에 자살하면 사망보험금을 지급하지만 2년이 지나지 않은 시점에 자살할 경우에는 그때까지 낸 보험료만 돌려주도록 규정하고 있다.

분쟁조정위는 그러나 교통사고로 인해 몸을 크게 다친 상황에서는 우울증이 오는 것이 의학적으로 가능하다는 전문가들의 견해를 수용, 이 경우는 단순 자살이 아니라 재해로 봐야 한다고 결정했다.

### 4. 나라면 종신보험 이렇게 가입한다(moneta.donga.com, 2004/07/23)

답은 딱 하나, '보장은 최고로 보험료 납입은 최대한 길게'입니다.

먼저 보장내용은 보험회사가 인수하는 범위 안에서 최대한 가입하길 권하고 싶습니다. 보험컨설팅을 하다 보면 한눈에 들어오는 것이 납입기간입니다. 대부분이 적금인 양 10년납 20년납으로 가입들 하시는데요. 지금의 30만원이 물가 3%를 기준으로 10년 뒤엔 얼마나 할까요? 정답은 403,180원이다. 그렇담 20년 후는? 541,830원 정도이지요.

반대로 사망보험금은 지금 1억의 10년 후의 가치는 얼마일까요? 현재가치 3%를 기준으로 한다 해도 74,410,000정도입니다. 그럼 20년은? 거의 절반인 55,370,000정도의 금액밖에는 되지 않습니다.

눈에는 보이지 않지만 보장가치는 하락하는데 왜 보험료는 미리 납입하시는지요?

보험료 납입을 최대한 길게 잡고 결혼 시, 자녀출생 시, 자녀결혼 시, 노후준비 등 필요시점에 따라 수시로 수선하며 보장금액을 증액시키거나 감액시키다가 노후에 부분해지하거나 연금으로 전환하여 사용하는 것이 어떨까 합니다.

맹목적으로 묵묵히 저축만 하는 세상은 지나가고 있습니다. 자산의 포트폴리오에서 보험상품에 대한 비중이 점점 커지고 있습니다.

충분한 보험회사 직원의 설명과 함께 다양한 사례, 계산방식에 대한 확인을 부탁드리며 저축만이 능사는 아니다라는 걸 꼭 글 말미에 넣고 싶었습니다.

### 5. 자살과 생명보험(insi.co.kr 2004/7/12)

말똥에 굴러도 이승이 좋다(雖臥馬糞 此生可願 : 수와마분 차생가원)고 했거늘 어찌하여 우리나라의 자살률은 해마다 대폭 증가하여 OECD 29개 회원국 중 4위로 올라섰다. 그리하여 대기업 회장, 사장, 지방자치단체장 등 사회저명인사들의 자살에 이어 생활고에 시달리는 서민들이 가족들과 동반자살을 하는 등 자살이 새로운 사회문제로 부각되고 있다. 특히 경제적인 이유로 사랑하는 가족을 잃어야 한다는 것은 정말 가슴 아픈 일이다. 우리 모두 힘을 모아 경제를 살려야 하겠다.

가족 중에 누가 자살을 한 경우 생명보험에서 보험금이 지급될까? 자살은 명백한 고의이고 고의사고는 세계 어느 나라에서도 보험금을 지급하지 않는다. 보험이란 우연한 사고를 담보하기 때문이다.

그러나 현재 우리나라 생명보험에서는 가입 후 2년이 지나 자살하면 보험금이 지급된다.

생명보험 약관에 보면 보험회사가 보험금을 지급하지 아니하는 사유로 '피보험자가 고의로 자신을 해친 경우'를 규정하고 있으나 다시 '피보험자가 정신질환상태에서 자신을 해친 경우와 계약의 책임개시일(부활계약의 경우는 부활청약일)로부터 2년이 경과된 후에 자살한 경우'는 예외로 하고 있다.

명백한 고의인 자살에 대해 보험금을 지급할 수 있는 이론적 배경은, 자살은 일시적 충동에 의한 것이기 때문에 자살하는 시점에서는 고의이지만 가입시점으로 보아서는 2년 후에 자살하고자 하는 일시적 충동이 생기는 것 자체가 우연하다고 보는 것이다.

그럼 2년 후에 자살할 작정을 하고 거액의 보험을 가입하면 어쩔 것인가? 가입 당시에는 자살할 일시적 충동이 생겼을지라도 살다 보면 금방 마음이 바뀌게 마련이다. 그래서 '자살'을 거꾸로 하면 '살자'가 되는 것이다.

이처럼 자살의 경우에도 2년이 지나서 자살하면 보험금이 지급되지만 다만 재해사망이 아닌 일반사망금만 지급이 된다(보통 재해사망의 경우에는 일반사망에 비해 몇 배의 보험금이 지급되도록 되어 있음). 그리고 생명보험상품의 경우에는 기간이 2년으로 되어 있지만 보험과 유사한 공제 등의 경우는 1년으로 정해져 있다. 따라서 기왕 죽을 작정을 한 처지라면 보험보다는 공제에 가입해서 1년만 꾹꾹 참으면…

그러나 사람의 마음은 세월 따라 새로워지는 법(人心新歲月), 얼마 안 가 세상이 아름다워 보일 것이다. 그리고 아무리 보험금이 많이 지급된다고 한들 딱 하나밖에 없는 소중한 생명과 비할 수 있을까?

### 6. 부부싸움 끝에 자살했다면 보험금 줘야(fins.co.kr, 2006/5/8)

아파트에서 부부싸움을 하다 홧김에 투신자살을 했다면 보험금을 지급해야 한다는 대법원 판결이 나왔다.

대법원 3부(주심 김영란 대법관)는 아파트에서 몸을 던져 숨진 부인의 종신보험금을 지급하라며 남편 김모씨가 D보험사를 상대로 낸 보험금청구소송 상고심에서 '피고는 종신보험 피보험자 가족인 원고측에게 1억 5천만원을 지급하라'고 원고승소 판결한 원심을 확정했다고 8일 밝혔다.

재판부는 판결문에서 '김씨의 부인은 불안한 심리상태를 이기지 못해 순간적인 정신적 공황상태에서 사망의 결과를 제대로 이해하거나 예측하지 못한 채 극도로 모멸스럽고 격분된 순간을 벗어날 방편으로 아파트에서 뛰어내림으로써 자유로운 의사결정에 의하지 않고 사망에 이른 것으로 봐야 한다'고 밝혔다.

재판부는 또 '이 사건은 자유로운 의사결정이 제한된 상태에서 김씨의 부인이 추락함으로써 사망하게 된 우발적인 것으로 봐야 하며 고의적인 자해에 해당하지 않는다는 점에서 보험약관상의 재해에 해당한다'고 설명했다.

출산 후 수유장애와 맹장수술 등으로 수차례 병원을 찾았던 김씨의 부인은 2003년 10월 자신의 평택 소재 아파트에서 보증문제로 부부싸움을 하다가 아파트 밖으로 몸을 던져 숨졌고 남편 김씨는 보험금지급을 요구했다 거부당하자 소송을 냈다.

| Chapter 12 |

# 상해보험

## 제1절 상해보험의 의의와 특성

### 1. 상해보험의 의의

의학의 발달과 평균수명의 연장 그리고 자연환경과 사회적 환경의 변화에 따라 질병과 상해의 발생이 증가하는 상황에서 의료비의 지출은 매우 빠른 속도로 증가하고 있다. 특히 교통사고 등에 의한 심각한 상해나 난치의 질병에 걸렸을 때 치료비는 엄청난 수준으로 발생하여 개인이 부담하기에 거의 불가능한 것이 현실이다. 이때 소득의 상실과 막대한 치료비의 발생은 개인 및 가정의 경제를 파탄에 이르게 할 수 있는 심각한 문제가 된다.

상법 제737조에서는 "상해보험계약의 보험자는 신체의 상해에 관한 보험사고가 생길 경우에 보험금액 기타의 급여를 할 책임이 있다"고 상해보험을 규정하고 있다. 그리고 상해보험 보통약관 제3조에서는 "보험회사는 피보험자가 보험기간 중에 급격하고도 우연한 외래의 사고로 신체에 상해를 입었을 때에는 그 상해로 인하여 생긴 손해를 보상한다"고 규정하고 있다.

그러므로 상해보험이란 급격하고도 우연한 외래의 사고로 피보험자가 상해를 입었을 때 그 상해로 인한 손해를 보상하는 보험이다.

## 2. 상해보험의 특성

상법은 상해보험을 인보험으로 분류하여 생명보험에 관한 규정을 준용하고 있다. 다만, 생명보험의 경우 만 15세 미만자, 심신상실자, 심신박약자를 피보험자로 하여 사망을 보험금지급사유로 한 계약의 경우에는 계약을 무효로 하지만, 상해보험에서는 이들의 신체의 상해를 보험사고로 하는 계약도 가능하다.

상해보험은 정액보상의 방식과 실손보상의 방식으로 영위되고 있다. 즉 상해사고로 인한 사망의 경우 지급되는 사망보험금은 정액보상하며 그리고 후유장해보험금은 신체의 장해정도에 따라 정액보상하고 있다.

그러나 의료비보험금은 보험증권에 기재된 의료비보험가입금액을 한도로 의료실비를 보상하고 있다. 즉 의료비보험금은 손실보상의 원칙이 적용되고 있다. 다시 말하면, 질병이나 상해를 치료하기 위하여 실제로 발생한 의료비용만을 보험회사가 보상하는 것이다. 만약에 동일한 질병 또는 상해에 대하여 이중으로 의료비용을 보상받는다거나 실제로 발생한 비용 이상으로 보상받을 수 있다면 보험으로 인하여 부당한 이득을 얻게 된다.

이러한 부당한 이득을 방지하기 위하여 의료비보험금의 경우에는 청구권대위를 행사할 수 있지만, 보험의 목적이 사람의 신체인 상해보험의 경우에는 그 성질상 잔존물대위는 있을 수 없다.

# 제2절 상해보험 보통약관의 주요 내용

## 1. 보상하는 손해

보험회사는 피보험자가 보험기간 중에 급격하고도 우연한 외래의 사고로 신체에 상해를 입었을 때에는 그 상해로 인하여 생긴 손해를 보상한다.

이러한 상해에는 유독가스 또는 유독물질을 우연하게도 일시에 흡입 · 흡수 또는 섭취하였을 때에 생긴 중독증상을 포함하지만, 세균성 음식물중독과 상습적으로 흡입, 흡수 또는 섭취한 결과로 생긴 중독증상은 이에 포함되지 않는다.

상해보험의 경우 보험사고는 급격하고도 우연한 외래의 사고에 의한 신체의 상해를 의미한다. 따라서 상해보험에서 보험사고가 성립되기 위해서는 첫째, 예측불능의 돌발적인 사고(급격성), 둘째, 피보험자가 예상할 수 없는 우연한 사고(우연성), 셋째, 질병이나 신체의 결함이 아닌 명백하게 외부로부터 생긴 사고(외래성)를 갖추어야 한다.

## 2. 보험금의 종류 및 지급사유

### 1) 사망보험금

보험회사는 피보험자가 보험사고인 상해를 입고 사고일로부터 180일 안에 그 직접결과로써 사망하였을 때에는 보험가입금액 전액을 보험수익자(보험수익자의 지정이 없을 때에는 피보험자의 법정상속인)에게 사망보험금으로 지급한다.

피보험자가 탄 항공기 또는 선박이 조난 또는 행방불명된 그날로부터 90일이 지나도록 피보험자가 발견되지 아니한 때에는 사망으로 추정하여 사망보험금을 지급한다. 다만, 90일 이전이라도 국가기관이 인정하는 경우에는 사망으로 간주하여 사망보험금을 지급한다. 만약 이후에 피보험자의 생존이 확인되었을 때에는 지급한 보험금을 회수한다.

### 2) 후유장해보험금

보험회사는 피보험자가 보험사고인 상해를 입고 그 직접결과로써 피해일로부터 180일 안에 신체의 일부를 잃었거나 또는 그 기능이 영구히 상실

(후유장해)된 경우에는 후유장해등급표에서 정한 지급률을 보험가입금액에 곱하여 후유장해보험금을 피보험자에게 지급한다.

만약 피보험자가 사고일로부터 180일이 지나도록 계속 치료하여야 할 상태에 있을 때에는 이 기간이 끝나는 전일에 있어서의 의사의 진단에 따라 후유장해 판정시기를 결정하고 이에 따라 결정된 후유장해보험금을 지급한다.

후유장해등급표에 기재되지 않은 후유장해에 대하여는 피보험자의 직업, 연령, 신분 또는 성별 등에 관계없이 신체의 장해정도에 따라 후유장해등급표의 구분에 준하여 보험금의 지급액을 결정한다. 다만, 후유장해등급표의 각 장해분류별 최저지급률 장해정도에 이르지 않는 후유장해에 대하여는 후유장해보험금을 지급하지 않는다.

그리고 같은 사고로 두 가지 이상의 후유장해가 생긴 때에는 그 각각에 대하여 후유장해보험금을 적용한 후 그 합계액을 지급한다. 다만, 후유장해등급표에 언급된 상지(팔과 손) 또는 하지(다리와 발)의 후유장해에 대하여는 한쪽 각각의 후유장해보험금은 보험가입금액의 60%를 한도로 한다.

### 3) 의료비보험금

보험회사는 피보험자가 보험사고인 상해를 입고 그 직접결과로써 의사의 치료를 필요로 한 때에는 1사고마다 보험증권에 기재된 의료비보험가입금액을 한도로 의료실비를 지급한다. 그러나 어떠한 경우에도 사고일로부터 180일을 넘을 수 없다.

만약 의료실비에 대하여 보험금을 지급할 다수보험계약이 체결되어 있는 경우에는 각각의 보험증권의 보험가입금액을 합계하고 비례분할해서 산출하여 각각 보상한다. 즉 '의료실비×각 보험자가 인수한 보험가입금액 / 보험가입금액의 합계액'으로 보상책임을 지게 된다.

상해보험은 사망보험금과 후유장해보험금에 대하여는 정액보상하지만, 의료비보험금은 보험증권에 기재된 의료비보험가입금액을 한도로 의료실비를 보상하고 있어서 손실보상의 원칙이 적용되고 있다. 따라서 의료비보험금에 한해서는 청구권대위를 행사할 수 있게 된다.

## 3. 보상하지 아니하는 손해

보험회사는 그 원인의 직접 · 간접을 묻지 아니하고 다음의 사유로 생긴 손해는 보상하지 아니한다.

① 보험계약자나 피보험자의 고의
② 보험수익자의 고의. 그러나 사망보험금수익자가 두 사람 이상일 때 다른 사람이 수취할 금액에 대해서는 보상한다.
③ 피보험자의 자해, 자살, 자살미수, 범죄행위 또는 폭력행위(단, 정당방위로 인정되는 경우에는 보상한다)
④ 피보험자의 무면허운전 또는 음주운전
⑤ 피보험자의 뇌질환, 질병 또는 심신상실
⑥ 피보험자의 임신, 출산, 유산 또는 외과적 수술, 그 밖에 의료처치. 그러나 회사가 부담하는 위험의 결과로 상해를 치료하는 경우에는 보상한다.
⑦ 피보험자의 의수, 의족, 의치 및 이와 유사한 신체보조장구에 입은 손해
⑧ 피보험자의 형의 집행
⑨ 지진, 분화, 해일 또는 이와 비슷한 천재지변
⑩ 선박승무원, 어부, 사공, 기타 선박에 탑승하는 것을 직무로 하는 자가 직무상 선박에 탑승하고 있는 동안 전쟁, 외국의 무력행사, 혁명, 내란, 사변, 폭동, 소요, 기타 이들과 유사한 사태
⑪ 핵연료물질(사용된 연료를 포함) 또는 핵연료물질에 의하여 오염된 물질(원자핵분열 생성물을 포함)의 방사성, 폭발성 또는 그 밖의 유해한 특성에 의한 사고

⑫ 위 이외의 방사선 조사(照射) 또는 방사능 오염

또한 보험회사는 피보험자가 다음에 열거된 행위를 하는 동안에 생긴 손해에 대하여는 보상하지 아니한다. 그러나 미리 이에 해당하는 보험료를 받았을 때에는 보상한다.

① 전문등반(전문적인 등산용구를 사용하여 암벽을 오르거나 특수한 기술과 경험을 필요로 하는 등반을 말한다), 글라이더조종, 스카이다이빙, 스쿠버다이빙, 행글라이딩 또는 이와 비슷한 위험한 운동
② 모터보트, 자동차 또는 오토바이에 의한 경기, 시범 또는 시운전(단, 공용도로상에서 시운전을 하는 동안 발생한 상해는 보상한다)
③ 피보험자가 항로(정기편이나 부정기편을 묻지 아니한다)의 항공기가 아닌 다른 항공기를 조종하는 동안

### 4. 계약의 무효

보험계약자, 피보험자 또는 보험수익자의 사기행위가 있거나, 타인의 사망을 보험사고로 하는 계약에서 계약체결 시에 그 타인의 서면에 의한 동의를 얻지 아니한 경우에는 계약을 무효로 한다.

## 제3절 제3보험업

### 1. 제3보험업의 의의

보험업법에서는 손해보험업과 생명보험업 그리고 제3보험업(상해보험, 질병보험, 간병보험)으로 분류하고 있다. 그리고 손해보험업과 생명보험업

은 겸영하지 못하도록 하고 있지만, 제3보험업은 손해보험업과 생명보험업이 다 함께 영위할 수 있는 보험업이다.

## 2. 제3보험상품

제3보험상품은 보장성 보험으로 일반 사망의 급부 없이 재해, 질병, 간병상태발생 시 고액의 급부를 보장한다. 이러한 제3보험상품은 손해보험사나 생명보험사 모두 판매할 수 있는 보험상품이다.

### 1) 상해보험

우연한 외래의 사고로 인하여 발생한 신체의 상해, 이의 치료 및 상해의 결과로 인한 장해 및 사망을 보장하는 제3보험상품으로 저렴한 보험료가 특징이다.

### 2) 질병보험

질병으로 입원, 수술, 요양 등을 보장하는 상품으로 급증하는 3대 성인병(암, 뇌졸중, 급성심근경색) 및 여성전용질병 등 특화된 위험보장이 가능한 상품으로 원칙적으로 일반사망에 대한 보장이 없으므로 보험료가 저렴하면서 각종 질병으로 인한 치료비 등에 대해 고액 보장을 하는 제3보험상품이다. 질병보험은 모든 질병을 대상으로 담보하는 것과 암이나 성인병 등 특수질병만을 대상으로 담보하는 보험이 있다.

### 3) 간병보험

간병비나 간병연금 등의 급부를 제공하는 상품으로 제3보험의 형식으로 생명보험사나 손해보험사 모두 판매할 수 있다.

보험이야기

### 1. 맞아 죽은 것도 억울한데(금융감독원 분쟁조정사례 98-58, 2001/03/29)

Q : 저희 아들은 얼마 전 술자리에서 회사 동료직원과 싸움이 일어나 상대방에게 폭행을 당하고, 노상에서 넘어지는 바람에 머리를 크게 다쳐 사망하였습니다. 사고 당시에 아들은 모 손해보험회사의 상해보험에 가입되어 있어서 보험금을 청구하였습니다. 하지만 보험회사에서는 아들이 사고 당시에 먼저 상대방의 뺨을 한 차례 때려 시비를 걸었고, 이는 폭력행위에 해당하는 사고로서 상해보험에서는 보상하여 주지 않은 사고임을 주장하며, 보험금지급을 거부하였습니다. 멀쩡한 자식이 죽은 것도 억울한데, 보험회사에서는 폭력행위로 인하여 죽은 것이기 때문에 보험금지급도 안 된다고 하니 너무 억울하고 분합니다. 정말 보험회사에서 주장하는 대로 보험금을 받을 수 없는 것인가요?

A : 아닙니다. 보험금을 받으실 수 있습니다.

상해보험 보통약관상에는 보상하지 아니하는 손해에서 "그 원인의 직접 · 간접을 묻지 아니하고 피보험자의 자해, 자살, 자살미수, 범죄행위 또는 폭력행위(단, 정당방위로 인정되는 경우에는 보상하여 드립니다)로 생긴 손해는 보상하여 드리지 아니합니다"라고 규정하고 있습니다. 하지만, 아드님이 가해자의 뺨을 1회 때린 것으로 되어 있는 점으로 보아 아드님은 폭력행위를 행사하고 상대방의 가해행위를 유발한 책임이 일부 인정되는 것은 사실입니다. 아드님의 이 정도 폭력행위가 자신의 사망을 초래할 정도의 위험성이 큰 폭력행위라고 보기 어렵고, 또한 사망을 각오하면서까지 폭력을 행사하였다고 보기도 어려우므로 망인의 사망과 폭력행위 사이에 상당 인과관계가 있다고 보기 어렵습니다.

왜냐하면, 일반적으로 약관해석상에서 폭력행위로 인한 사망이라 함은 피보험자가 자신의 사망을 초래할 위험 및 가능성을 충분히 예상할 수 있음에도 불구하고 피보험자가 사망을 각오하고 폭력을 행사하여 결과적으로 사망에 이르게 되어 피보험자의 폭력행위와 피보험자의 사망 사이에 상당 인과관계가 있는 경우를 가리키는 것으로 제한적이고 한정적으로 해석함이 관례입니다.

일반적으로 상해사고에서는 고의사고 및 자발적 위험행동에 대한 면책을 위하여 보상하지 않는 사고에 대한 규정을 약관상에 삽입하고 있는데, 이러한 약관에서 특히 문제가 되고 있는 규정이 폭력행위에 관한 조항입니다. 폭력행위는 일반적으로 정당방위 등의 경우는 예외로 하고 있습니다.

### 2. 사망의 원인(?)을 따져봅시다(대법원 2000. 3. 28, 99다67147)

Q : 얼마 전 친구와 같이 겨울 사냥을 갔었습니다. 그런데 사냥 도중 엽총 오발로 인하여 친구가 대퇴부에 총상을 입고 병원에 응급후송된 후 몇 차례 수술을 받고, 사고가 난 지 20일 만에 심근경색을 사인으로 사망하였습니다. 저희는 사냥 전에 상해보험에 가입하여 상해사고에 나름대로 대비하였는데 보험회사에서는 이 사고가 상해사고가 아니라고 보험금지급을 거부하였습니다.

친구는 사고 당시에 당뇨병 증세가 있었는데 보험회사에서는 사망원인인 심근경색과 친구의 당뇨병 사이의 명백한 인과관계를 증명하지도 못하면서, 수술 후 당뇨병으로 사망한 것이라고 주장하고 있습니다. 이 내용은 병원에서도 명백히 판단하기 어렵다고 합니다. 사고의 원인은 오발사고가 원인이 된 것으로 저는 생각되는데 정말 보험회사에서 주장하는 대로 이 사고는 상해사고에 해당이 안 되는 것인지요. 알려주시기 바랍니다.

A : 상해사망보험금을 받으실 수 있습니다.

일반적으로 약관의 "상해의 직접결과로 사망하였을 때'라 함은 상해가 사망의 주요한 원인이든가 병존하는 다른 사망원인이 있는 경우에는 상해가 적어도 병존하는 다른 사망원인과 대체로 같은 정도로 사망에 영향을 미친 경우를 말하는 것으로서 상해가 사망에 경미한 영향을 미친 경우는 이에 해당되지 않는다는 것을 뜻합니다.

이 경우는 지병인 당뇨병이 심근경색에 영향을 미쳤다는 의학적 뒷받침이 명확하지도 않은 상태입니다. 따라서 오발사고가 사망의 주된 원인으로 판단 가능합니다. 또한, 일반적으로 법정에서는 사망의 인과관계는 의학적 · 자연과학적 인과관계가 아니라 사회적 · 법적 인과관계이고, 그 인과관계는 반드시 의학적 · 자연과학적으로 명백히 입증되어야 하는 것은 아닌 것으로 보고 있습니다. 특히 보험에 관련된 민사분쟁의 경우에는 위의 내용이 적극적으로 적용됩니다. 위의 모든 내용을 근거로 판단할 때 이러한 경우에는 상해사고로 인정받으실 수 있습니다.

보험에서 의미하는 상해사고는 상해의 원인이 된 사고가 주된 역할로 사고결과를 발생케 하였다면 그 사고 자체가 "급격성, 우연성, 외래성"을 충족하는가 여부만을 고려하여 판단하여야 할 것입니다. 위의 판례와 같이 사망원인이 되는 사고를 무엇으로 볼 것인가에 대한 또 다른 지식을 제공한 판례입니다.

### 3. 만취상태 목욕탕 익사도 상해보험금 받는다(fins.co.kr, 2006/2/23)

술에 취한 채 대중목욕탕 탕 안에서 목욕하다 익사하는 것은 우연한 외래사고인 상해사고에 해당하기 때문에 보험사로부터 상해보험금을 받을 수 있다는 분쟁조정결과가 나왔다.

금융감독원 분쟁조정위원회는 23일 대중목욕탕 익사는 상해사고에 해당하지 않는다면서 보험금지급을 거부한 손해보험사에 대해 상해보험금 5천만원과 장례비 500만원을 신청자에게 지급하라고 결정했다.

상해보험은 우연한 외래사고로 신체에 상해를 입었을 때 보상받을 수 있는 보험으로 질병과 같은 내부 원인에 의한 신체손상의 경우 보험금을 받을 수 없으며 외부로부터 우연한 돌발사고를 당해야 한다.

신청자는 지난해 4월 12일 오전 2시 30분께 장인이 만취한 상태에서 대중목욕탕을 이용하다 탕 안에서 숨지자 급격하고도 우연한 익사사고로 숨진 것이라면서 보험사에 대해 사망보험금을 지급해 줄 것을 요청했다.

그러나 보험사는 국립과학수사연구소가 부검 감정서에서 사망자에 대해 관상동맥경화 증상 소견을 보였다면서 사망자는 목욕 도중 본인의 체질적인 사유로 익사한 것이므로 보험금을 줄 수 없다고 주장했다.

하지만 분쟁조정위원회는 '사망자가 과다한 음주로 몸을 제대로 가누지 못해 익사했을 가능성을 배제할 수 없다'면서 '이는 급격하고 우연한 외래의 사고로 인한 상해사망에 해당하는 것'이라고 설명했다.

금감원 관계자는 '술에 취해 잠을 자다 구토를 해 구토물이 기도를 막아 숨진 경우도 질병이나 체질적 요인으로 숨진 것이 아니라 술을 마신 외부행위에 의해 상해사고를 입은 것으로 인정한다'고 덧붙였다.

그는 '따라서 보험사가 상해보험금지급책임을 면하기 위해서는 사망자의 체질적인 요인이 사망의 원인이라는 점을 입증해야 한다'면서 '그러나 이번 사례에서는 보험사가 이를 입증하지 못했다'고 강조했다.

### 4. 암 투병 중 자살했더라도 보험금지급(fins.co.kr, 2005/7/28)

암보험가입자가 암 투병 중 고통을 이기지 못해 자살했더라도 암과 자살 간에 인과관계가 인정된다는 점에서 보험사는 보험금을 전액지급해야 한다는 판결이 나왔다.

서울고법 민사20부(안영률 부장판사)는 28일 H보험사가 암 투병 중 숨진 곽모씨의 남편을 상대로 낸 채무부존재 확인청구소송 항소심에서 '보험사는 곽씨 남편에게 보험가입금액 6,500여만원을 지급하라'고 원심과 같이 판결했다.

재판부는 '암보험 약관에 '자해 · 자살 · 자살미수 등으로 생긴 손해는 보상하지 않는다'고 명시돼 있지만 말기암에 따른 극심한 통증, 우울증, 무력감, 불안감으로 인해 자살에 이르게 됐다면 질병과 사망 간에 상당한 인과관계가 인정되는 만큼 면책규정이 적용되어서는 안 된다'고 밝혔다.

재판부는 '보험사의 면책조항은 보험금 취득을 노린 인위적인 보험사고를 방지하기 위해 규정된 것인 만큼 면책규정 적용 여부를 판단할 때는 이 점도 고려해야 한다'고 덧붙였다.

곽씨는 2001년 7월 자궁암을 발견한 후 항암치료를 받았으나 1년여 만인 2002년 10월 골반과 폐, 신장 등으로 암이 전이되면서 구토, 복부 통증, 불면증 등을 호소하다 고통을 이기지 못한 채 한 달 뒤 유서를 남기고 자살했다.

곽씨의 남편은 회사에서 가입해 준 '단체상해보험'에 따라 보험금지급을 청구했으나 보험사는 면책조항을 내세워 보험금지급을 거부해 왔다.

### 5. 자살남편 사고사 위장 보험금 타내(www.fins.co.kr, 2007/02/16)

농약을 마시고 스스로 목숨을 끊은 남편을 사고로 사망한 것으로 위장, 보험금을 타낸 부인 등 일가족 3명이 경찰에 덜미가 잡혔다. 12일 전주 덕진경찰서에 따르면 고모(58)씨의 남편 A(당시 62세)씨는 작년 4월 18일 고씨와 부부싸움을 벌인 뒤 홧김에 창고에 가서 제초제를 마셨다.

A씨는 평소에도 자주 부인과 싸웠던 것으로 드러났으며 이날 A씨가 제초제를 마신 것을 발견한 가족들이 A씨를 급히 인근 병원으로 옮겼으나 결국 A씨는 다음 날인 19일 치료 도중

숨졌다. 앞서 같은 달 6일 A씨의 사위 문모(38)씨는 A씨의 명의로 상해보험에 가입, 보험금을 1번 납부한 상태였다.

A씨의 죽음을 사고로 위장, 보험금을 타내기로 공모한 이들은 작년 9월 해당 보험회사를 찾아가 '벌초하려고 물병에 농약을 담아 식탁 밑에 놓았는데 (A씨가) 음료수로 착각하고 농약을 마셔 숨졌다'는 내용의 보험청구서를 작성, 보험금 1천만원을 타냈다.

경찰은 이들 3명을 사기 혐의로 불구속 입건하는 한편 제초제를 음독해 입원한 A씨가 치료 도중 숨져 변사 의심이 있는데도 경찰에 신고하지 않은 혐의(의료법 위반)로 모 대학 신장내과과장 박모(52)씨도 불구속 입건했다.

### 6. 보험금지급 면책사유 입증책임 보험사에 있다(fins.co.kr, 2006/5/18)

자살여부로 논란을 빚고 있는 보험가입자에 대해 보험사가 자살을 했다는 객관적인 물증을 제시하지 못하면 사망상해보험금을 지급해야 한다는 결정이 나왔다.

금융감독원 분쟁조정위원회는 18일 오토바이를 타고 집을 나간 뒤 한강에서 익사체로 발견된 보험가입자에 대해 자살이라고 주장하며 보험금지급을 거부한 보험사에 대해 돈을 주라고 결정했다.

이 보험가입자는 지난 2004년 9월 15일 오토바이를 타고 집을 나간 뒤 연락이 두절됐으나 나흘 뒤 한강에서 숨진 채로 발견된 이후 사망자 가족과 보험사는 자살여부를 둘러싸고 논쟁을 벌여 왔다.

보험사는 관할 경찰서 조사에 따르면 보험가입자는 처지를 비관해 자살한 것으로 추정하고 있다고 강조하고 우연한 사고가 아닌 자살의 경우 보험약관에 의거해 보험금을 지급할 수 없다고 주장했다. 그러나 분쟁조정위원회는 보험사가 자살을 이유로 보험금을 지급해야 하는 책임을 면하기 위해서는 가입자가 고의로 자살을 했다는 사실을 입증할 책임이 있다면서 사망자 유족의 손을 들어줬다.

금감원 관계자는 '여기서 말하는 입증은 자살의 개연성을 추정할 수 있을 정도로는 부족하고 자살의사를 밝힌 유서 등 객관적인 물증이나 명백한 주위 정황사실을 제시해야 한다'고 설명했다.

사망자는 카드빚이 있는 등 경제적으로 어려움이 있었고 벌금 200만원을 내지 않아 수배를 받고 있었으며 사망 직전 외제 차량을 들이받아 관할 경찰서로부터 출두요청을 받고 있는 상태였다.

금감원은 그러나 이 정도의 주변 정황은 보험가입자의 자살을 인정할 만한 증거가 되지 않는다고 지적하고 사망자는 급격하고도 우연한 외래의 사고로 사망한 것으로 인정할 수밖에 없다고 강조했다.

# 찾 | 아 | 보 | 기

## 저자약력


### 도중권

- 건국대학교 무역학과 졸업
- 건국대학교 대학원 무역학과 수료(경제학박사)
- 관세사 자격시험 출제위원 및 선정위원
- 국가고시 시험문제 출제위원 및 선정위원)
- 국가고시 면접위원(관세직 공무원)
- 관세청 승진심사위원
- 현) 한국관세학회 부회장
  관동대학교 경영대학 부학장
  관동대학교 경영대학 무역학과 교수


[주요저서 및 논문]

- 무역상무론, 도서출판 청람
- 해상보험론, 도서출판 청람
- 무역계약론, 도서출판 동우
- 해상보험계약에서의 선박불내항에 대한 보험자의 면책범위(박사학위논문)
- 기평가보험에서의 보상액대위주의의 문제(한국해운학회지)
- 항해의 지연손해에 대한 보험자면책의 문제(한국해운학회지)
- 해상보험계약에서 협회적하약관의 문제점과 개선방안(전자상거래지)
- 해상보험에서의 이로에 관한 연구(한국무역학회지)
- 적하보험에서의 입증책임에 관한 연구(한국관세학회지)
- CISG상의 매도인의 하자보완권(한국관세학회지)
- 2009년 협회적하약관(A)에서의 불내항-부적합에 대한 보험자의 면책범위(한국관세학회지) 등 다수


**현대생활과 보험 (제2판)**

2014년 3월 10일 1판 1쇄 발행
2019년 2월 20일 2판 2쇄 발행

저 자 | 도중권
발행인 | 이수영
발행처 | 도서출판 청람
서울시 마포구 독막로 288(대흥동, 세양상가 109호)
전 화 | 02)3272-2601(대)~2
팩 스 | 02)3272~2603
이메일 | crbooks@daum.net
홈페이지 | http://www.crbooks.co.kr
등 록 | 2000. 8. 26 제6-0509호

ISBN 978-89-5972-560-1 93320 [정가 17,000원]